KRAKAU

Mit Tarnów, Wieliczka, Zakopane, Ojców-Nationalpark und Auschwitz

Joanna Walas-Klute und Thorsten Klute

Für Marie-Heleen und Sophie-Christin

4., aktualisierte Auflage 2015

Trescher Verlag Berlin
Reinhardtstr. 9
10117 Berlin
www.trescher-verlag.de

ISBN 978–3–89794-316-2

Herausgegeben von Detlev von Oppeln und
Bernd Schwenkros

Reihenentwurf und Gesamtgestaltung:
Bernd Chill
Gestaltung, Satz und Bildbearbeitung:
Annette Zidek, Ulla Nickl
Lektorat: Hinnerk Dreppenstedt
Redaktionelle Mitarbeit: Anna Zimmermann
Stadtpläne und Karten: Martin Kapp, Johann
Maria Just

Gedruckt auf chlorfrei gebleichtem Papier

Printed in Germany

Alle Angaben in diesem Reiseführer wurden
sorgfältig recherchiert und überprüft. Dennoch
können Entwicklungen vor Ort dazu führen,
dass einzelne Informationen nicht mehr aktuell
sind. Gerne nehmen wir dazu Ihre Hinweise und
Anregungen entgegen. Bitte schreiben Sie an
post@trescher-verlag.de.

ESSAYS

Vorwort

Sie wollen Krakau besuchen? Freuen Sie sich auf eine der schönsten Städte Europas! Hier, wo sich Weichsel und Wawelschloss küssen, kann man den Herzschlag Polens spüren. Der Marktplatz mit der Marienkirche, den Tuchhallen und dem alten Rathausturm, das jüdische Viertel Kazimierz und als krasser Gegensatz dazu die Trabantenstadt Nowa Huta: Krakau ist ein Spiegelbild polnischer Geschichte. Bis zum 17. Jahrhundert Hauptstadt Polens, zur Zeit der polnischen Teilungen, als Polen von der Landkarte verschwunden war, mit dem Status einer freien Stadt ausgestattet und damit Zentrum des polnischen Nationalbewusstseins, im Zweiten Weltkrieg von Zerstörungen weitgehend verschont geblieben, ist Krakau auch heute noch von ganz besonderer Bedeutung für das Land. Die alten Gemäuer im Stadtzentrum sind Zeugen dieser Geschichte. Und wer mit der notwendigen Sensibilität durch Krakau schlendert, der möchte glauben, diese Mauern könnten jeden Moment beginnen, von dieser Geschichte zu erzählen.

Aber auch die Krakauer Umgebung lohnt eine Betrachtung aus unmittelbarer Nähe. Das in die UNESCO-Liste des Weltkulturerbes eingetragene Salzbergwerk Wieliczka, die Hohe Tatra mit ihrer polnischen Wintersporthauptstadt Zakopane und eine Floßfahrt auf dem polnisch-slowakischen Grenzfluss Dunajec sind Höhepunkte einer Visite in der Region im Süden Polens. Und ein Besuch des ehemaligen Konzentrationslagers Auschwitz-Birkenau, in dem der Nachwelt der Wahnsinn des Nationalsozialismus verdeutlicht wird, ist für viele ein ›Muss‹ bei einem Krakau-Aufenthalt.

Angesichts der zahlreichen Sehenswürdigkeiten, Gedenkstätten und Attraktionen der Region verwundert die rasante Entwicklung des Tourismus in Krakau kaum. Zu Spitzenzeiten scheint es schon fast ein wenig, als leide die Stadt unter ihrem eigenen Erfolg: Wenn sich im Juli und August an manchen Tagen die Massen auf dem Marktplatz und seinen umliegenden Straßen bewegen, ist von Ruhe und Geschichten erzählenden Steinen nur noch wenig zu spüren.

Dieser Reiseführer liegt nunmehr in der vierten Auflage vor. Seit der letzten Auflage aus dem Jahr 2012 hat sich einiges in der Stadt verändert. Die neue Cricoteka, die neue Weichselbrücke zwischen Kazimierz und Podgórze, neue Restaurants, veränderte Öffnungszeiten und Preise und vieles andere mehr – Krakau hat sich weiterentwickelt. Dieser aktualisierte Reiseführer will ein zuverlässiger Begleiter eines jeden Besuchers der Stadt sein, unabhängig von der Dauer des Aufenthalts. Kurz- und Rundreisende können in diesem Reiseführer auf die Schnelle die notwendige Orientierung finden. Urlauber mit einem längeren Krakau-Aufenthalt sowie diejenigen, die aus beruflichen Gründen oder zu Studienzwecken eine Zeit lang in der Stadt und ihrer Umgebung bleiben, sollen ebenso von dem Buch angesprochen werden. Für die Anregungen, die wir nach der dritten Auflage des Reiseführers von verschiedenen Seiten erhalten haben, sind wir sehr dankbar.

Beim Entdecken Krakaus und seiner reizvollen Umgebung wünschen wir viel Spaß!

Die Marienkirche auf dem Rynek

Hinweise zur Benutzung

Mehr als 25 Jahre ist es nun her, dass die Solidarność und der Mauerfall die vollständige Reisefreiheit zwischen Polen einerseits und Deutschland, Österreich und auch der Schweiz andererseits herbeiführen konnten. Mehr als vier Millionen Deutsche besuchen mittlerweile jährlich Polen. Und doch ist in deutschsprachigen Medien noch immer viel vom unbekannten Polen zu lesen. So bildet eine allgemeine Einführung in Land und Leute mit einem kurzen Abriss der polnischen Geschichte sowie Informationen zu Ess- und Lebensgewohnheiten und auch zur Anreise den Auftakt dieses Reisehandbuchs. Anschließend taucht der Stadtführer mit Spaziergängen in die Sehenswürdigkeiten der Stadt Krakau ein, beginnend mit der Altstadt, um dann etwa mit Kazimierz, Podgórze und Nowa Huta verschiedene Bezirke mit ihren touristischen Besonderheiten vorzustellen. Anschließend widmet sich der Reiseführer Zielen im Umland.

Karten und Informationskästchen helfen dabei, die Orientierung zu behalten und Ansprechpartner bereits im Vorfeld ausfindig zu machen. Neben zahlreichen Anschriften und Telefonnummern werden auch Internetadressen für weitere Informationen zu den in den einzelnen Kapiteln beschriebenen Orten angegeben. So werden Öffnungszeiten genannt, wohl wissend, dass gerade diese sich im Laufe der Zeit auch verändern können. Die Eintrittspreise der Museen und anderer Einrichtungen sind in der Regel verhältnismäßig niedrig. Nur dort, wo die Preise einer normalen Einzelkarte über fünf Euro liegen, werden die Preise in diesem Buch in Złoty angegeben. Die Hotelpreise werden zur besseren Orientierung in Euro angegeben, obwohl natürlich der Złoty in Polen das überall uneingeschränkt und ausschließlich akzeptierte Zahlungsmittel ist. Deshalb ist zu berücksichtigen, dass neben gewöhnlichen Preisveränderungen auch Währungsschwankungen Abweichungen bei den angegebenen Hotelpreisangaben in Euro verursachen können.

Ein Sprachführer sowie die wichtigsten Informationen zur Reisevorbereitung sind zum Ende unter der Rubrik ›Reisetipps von A bis Z‹ zusammengestellt.

Häufig gebrauchte Begriffe und Abkürzungen

ulica (ul.)	Straße
plac (pl.)	Platz
aleja (al.)	Allee
św.	sankt (heilig, in Straßen- und Kirchennamen)
kościół	Kirche
ratusz	Rathaus
brama	Tor
zamek	Burg
rynek	Markt (Ring)
jezioro	See

Zeichenlegende

ℹ Allgemeine Informationen

🚗 Anreise mit dem PKW

🚌 Anreise mit öffentlichen
Verkehrsmitteln

🛏 Hotels, Pensionen und Herbergen

🏛 Museen und sonstige
Sehenswürdigkeiten

⛺ Campingplätze

🍴 Restaurants und Imbissstuben

🚲 Fahrradverleih

⛳ Golfplatz

🏊 Freibad

⛷ Wintersportmöglichkeiten

Auf dem Rynek

Das Wichtigste in Kürze

Allgemeine Informationen

Verschiedene Touristeninformationsstellen in Krakau geben Antworten auf viele Fragen, die sich vor Ort ergeben können (detaillierte Informationen dazu ab S. 126). Telefonische Auskünfte können unter der Nummer 0048/12/4320110 abgerufen werden. Unter www.krakau. travel bietet die Krakauer Touristeninformation zudem auch in deutscher Sprache viele Informationen zu Anreise, Übernachtungsmöglichkeiten, Sehenswürdigkeiten, Ereignissen u.v.m.

Informationen zu einzelnen Themengebieten: s. Internethinweise (S. 217).

Informationen vor Reiseantritt sowie Broschüren zu verschiedenen Themen sind beim **Polnischen Fremdenverkehrsamt** erhältlich: Kurfürstendamm 71, 10709 Berlin, Tel. 030/210092-0, Fax 210092-14, info.de@polen.travel.

Anreise

Die Autobahn nach Krakau ist inzwischen sowohl von Dresden als auch von Cottbus aus vollständig zweispurig ausgebaut, auch wenn hinter Cottbus bei der Einfahrt nach Polen auf einer Strecke von etwa 60 Kilometern jahrzehntealte Betonplatten die Fahrt noch sehr erschweren. Über Wrocław (Breslau) und Katowice gelangt man schließlich über die mautpflichtige A4 bequem nach Krakau. Von Österreich führt die Fahrt je nach Ausgangsort durch die Slowakische oder die Tschechische Republik. Der Krakauer Flughafen ist von vielen Städten Europas aus gut zu erreichen. Auch verschiedene Billigfluglinien nehmen regelmäßig Kurs auf Krakau. Mit dem Zug ist Krakau von Wien und von Norden aus über Warschau zu erreichen. Zwischen Krakau und Berlin verkehren zurzeit keine Direktzüge, sondern nur Fernbusse.

Einreise

Polen ist Mitglied der Europäischen Union. Unionsbürger benötigen daher für die Einreise weder ein Visum noch einen Reisepass. Gleiches gilt für Staatsangehörige der Schweiz. Zudem ist Polen Teil des Schengen-Raums, so dass Grenzkontrollen nur noch in wenigen Ausnahmefällen stattfinden. Das Mitführen eines gültigen Personalausweises ist natürlich trotzdem dringend zu empfehlen.

Währung und Geld

Der Polnische Złoty (PLN) ist die einzig akzeptierte Währung in Polen. Nicht zuletzt die Turbulenzen auf den weltweiten Finanzmärkten haben dem Verhältnis des Złoty zum Euro in den letzten Jahren einige Schwankungen gebracht.

Im Jahr 2014 lag der Kurs für einen Euro weitgehend zwischen 4,10 PLN und 4,20 PLN. EC-Automaten sind landesweit flächendeckend vorhanden. Im Krakauer Zentrum gibt es zudem zahlreiche Wechselstuben.

Sicherheit

Sich hartnäckig haltende Gerüchte über Diebstahl in Polen können die Autoren aus eigener Erfahrung nicht bestätigen. Krakau ist kein bisschen unsicherer oder sicherer als Großstädte in Deutschland, Österreich oder der Schweiz. Es empfiehlt sich jedoch, wie in jeder anderen europäischen Großstadt auch, Autos auf bewachten Parkplätzen abzustellen, auf seine Handtaschen gerade in größeren Menschenansammlungen aufzupassen und den Hotelsafe zu nutzen.

Telefon/Notrufe

Die internationale Vorwahl für Polen lautet 0048. Die regionale Vorwahl für Krakau und Umgebung ist (0)12. Für

Anrufe aus Polen nach Deutschland gilt die Vorwahl 0049, nach Österreich die 0043, in die Schweiz die 0041.

Landesweit geltende Notrufnummern: Polizei 997, Feuerwehr 998, Rettungsdienst 999.

Das Mobilfunknetz ist in Polen flächendeckend ausgebaut, so dass das Telefonieren mit dem Handy problemlos funktioniert.

Reisezeit

Da Krakau zu jeder Jahreszeit fasziniert, sind auch das gesamte Jahr über zahlreiche Touristen in der Stadt. Der Höhepunkt des Touristenzustroms ist alljährlich im Juli und im August. Aber auch zu Weihnachten, Sylvester und Ostern kommen viele Besucher nach Krakau.

Unterkunft

Das Netz von Hotels und Pensionen ist in Krakau sehr dicht. Für nahezu alle Ansprüche und in allen Preisklassen sind Unterkünfte zu finden. Gerade im Zentrum der Stadt liegen die Preise jedoch spürbar höher als an der Peripherie der Stadt oder in den umliegenden Kleinstädten.

Herausragende Sehenswürdigkeiten

Marktplatz (Rynek): Einer der größten mittelalterlichen Marktplätze Europas, vollständig umgeben von Bürgerhäusern, immer wieder Schauplatz verschiedener Veranstaltungen und nicht zuletzt deshalb Herzstück des Krakauer Stadtzentrums (S. 61).

Marienkirche: Kirche am Krakauer Marktplatz mit zwei ungleichen Türmen. Vom Turm der Marienkirche spielt zu jeder vollen Stunde ein Trompeter den Hejnał. Im Innern imposanter Hochaltar des Nürnberger Bildhauers Veit Stoß aus dem 15. Jahrhundert (S. 62).

Tuchhallen (Sukiennice): Große Markthalle mittelalterlichen Ursprungs, teilt den Marktplatz in zwei Hälften und beherbergt heute neben zahlreichen Krämerbuden auch eine sehenswerte Galerie. In den Tuchhallen befindet sich der Eingang zum unterirdischen Museum zur Stadtgeschichte (S. 67).

Wawel: Polnisches Nationalheiligtum, gebildet aus Kathedrale und Schloss, auf einem Hügel direkt an der Weichsel gelegen. Der Wawel war Sitz der Königsfamilie und nach der Verlagerung der Hauptstadt nach Warschau weiterhin Krönungsort (S. 83).

Kazimierz: Schon im 14. Jahrhundert als damals eigenständige Stadt gegründet, entwickelte sich Kazimierz im Laufe der Jahrhunderte zum Zentrum jüdischen Lebens in Krakau mit einer Anziehungskraft für Juden aus ganz Europa. Heute, nach dem Holocaust, mit Synagogen, Friedhöfen, Restaurants und Kultureinrichtungen eines der bedeutendsten Zeugnisse jüdischen Lebens in Mitteleuropa (S. 92).

Wieliczka: 15 Kilometer von Krakau entfernter Ort, berühmt wegen des Salzbergwerks (UNESCO-Weltkulturerbe, S. 158).

Auschwitz-Birkenau: Auch heute noch, 67 Jahre nach der Befreiung des Konzentrationslagers Auschwitz-Birkenau, weltweites Symbol für den von den Nationalsozialisten begangenen Völkermord. Das heutige Museum auf dem Gelände des Konzentrations- und Vernichtungslagers hält die Erinnerung wach und mahnt (S. 169).

Zakopane: Zentrum der Hohen Tatra und polnische Wintersporthauptstadt (S. 182).

Ausführliche reisepraktische Informationen bieten die Reisetipps von A bis Z ab Seite 210.

»Diese Hauptstadt ... hatte eine besondere Lebendigkeit.
Niemals, auch in den schwersten Bedrückungen,
erlaubte sie es sich, eine kleine Stadt zu werden, genau
wie sie heute um nichts zulassen will, Provinz zu werden ...«

Tadeusz Boy-Żeleński (1874–1941)

Der Rynek mit den Tuchhallen

LAND UND LEUTE

Polen und Krakau im Überblick

Polen

Fläche: 312 678 km².

Einwohner: etwa 38 Mio.

Bevölkerungsdichte: etwa 122 pro km².

Verwaltungsgliederung: Polen ist in 16 Wojewodschaften unterteilt. Diese sind Selbstverwaltungseinheiten ohne Verfassungskompetenzen.

Staatsform: Parlamentarische Republik.

Sprache: Einzige Amtssprache: Polnisch.

Ethnische Zusammensetzung: Knapp 97 Prozent Polen, kleine Minderheiten sind Deutsche, Weißrussen, Ukrainer und andere.

Religion: Mehr als 95 % der Bevölkerung sind römisch-katholisch, kleine Minderheiten sind Protestanten und orthodoxe Christen und einige wenige Muslime.

Politik: Staatspräsident Bronisław Komorowski, Ministerpräsident Donald Tusk.

Wirtschaft: Polens Wirtschaftskraft steigt seit Jahren deutlich. Das Pro-Kopf-Bruttoinlandsprodukt liegt inzwischen bei etwa 19 000 US-Dollar und ist damit halb so hoch wie das deutsche, die Inflationsrate bei ca. 4 Prozent (2011), die Arbeitslosenquote bei knapp unter 10 Prozent (2011) und die Öffentliche Verschuldung bei etwa 55 Prozent des Bruttoinlandsprodukts.

Landeswährung: Polnische Złoty (PLN), 1 Złoty=100 Groszy. 1 EUR= 4,19 PLN (Ende 2014).

Feiertage: 1. Januar (Neujahr), 6. Januar, Ostersonntag, Ostermontag, 1. Mai (Maifeiertag), 3. Mai (Tag der Verfassung von 1791), Pfingsten, Fronleichnam, 15. August (Mariä Himmelfahrt), 1. November (Allerheiligen), 11. November (Unabhängigkeitstag), 1. und 2. Weihnachtsfeiertag.

Größte Städte: Warschau (Hauptstadt, ca. 1,7 Millionen Einwohner), Krakau (ca. 758 000), Łódź (ca. 750 000).

Das Krakauer Stadtwappen

Höchste Berge: Das höchste Gebirge ist die Hohe Tatra. Der höchste Berg Polens ist der Rysy (2499 m).

Längste Flüsse: Weichsel (Wisła, 1022 km), Oder (Odra, 840 km).

Zeit: Mitteleuropäische Zeit (MEZ), auch Mitteleuropäische Sommerzeit.

Kfz-Kennzeichen: PL.

Telefonvorwahl: 0048.

Internetkennung: pl.

Krakau

Geografische Lage: 50° 4'N, 19° 56'O.

Fläche: 326,8 km².

Einwohner: etwa 758 000.

Bevölkerungsdichte: etwa 2300 pro km².

Städtepartnerschaften: zahlreiche Partnerstädte, darunter in Deutschland Nürnberg, Frankfurt am Main und Leipzig, in Österreich Innsbruck.

Politik: Stadtpräsident Prof. Jacek Majchrowski seit 2002.

Wirtschaft: Krakau ist eine der wirtschaftlich stärksten Städte Polens. Große Bedeutung haben die Bereiche Technologie, Handel und Tourismus.

Hochschulen: Insgesamt 24 staatliche und nichtstaatliche Universitäten und Hochschulen mit insgesamt 210 000 Studierenden.

Kfz-Kennzeichen: K.

Telefonvorwahl: (0)12.

Geographie

Wer sich Krakau aus Richtung Westen über die Autobahn A4 nähert, bekommt bereits etwa 15 Kilometer vor dem Stadtkern einen Eindruck von den Schönheiten, mit denen Krakau und die umliegende Region ihre Gäste empfangen. Auf einem Berg links der Autobahn grüßt ein Kamaldulenser-Kloster aus dem 17. Jahrhundert aus dem Wald heraus alle vorbeifahrenden Autos, nur kurze Zeit später wird die Weichsel überquert. Krakau, die alte Hauptstadt Polens, liegt im Süden des Landes und dort etwa auf der Hälfte der Strecke von der Grenze zu Deutschland bis zur polnisch-ukrainischen Grenze. Bis zur heutigen Hauptstadt Warschau sind es mehr als 300 Kilometer. Die polnische Wintersporthauptstadt Zakopane im Hochgebirge der Hohen Tatra hingegen ist nur etwa 100 Kilometer von Krakau entfernt.

Die Weichsel

Krakau wird von der Weichsel geprägt. Bereits die Bezeichnung für einen vor langer Zeit auf dem Gebiet des heutigen Polens lebenden Urstamm ›Wiślany‹, was so viel wie ›Weichselbewohner‹ heißt, lässt auf die Bedeutung des Flusses

Die 16 Wojewodschaften und ihre Hauptstädte

für Polen schließen. Der insgesamt 1068 Kilometer lange Fluss, der auf Polnisch ›Wisła‹ heißt, entspringt in den Westbeskiden und mündet in der Danziger Bucht in die Ostsee. Während die Weichsel Polen in Ost und West teilt, lässt ihr Verlauf in Krakau einen größeren nördlichen und einen kleineren südlichen Teil entstehen. Der Fluss ist fester Bestandteil des Krakauer Stadtbilds. Das Wawelschloss, das polnische Nationalheiligtum, wurde auf einem Hügel direkt an der Weichsel errichtet. Die Wawelansicht mit der vorbeifließenden Weichsel ist vermutlich eines der meistfotografierten Motive Krakaus. Im Sommer wird die Weichsel nicht nur für Ausflugsfahrten mit dem Schiff genutzt, ihre Ufer sind vielmehr auch Liegewiese für Sonnenanbeter und Flaniermeile für Spaziergänger.

Die Region Kleinpolen

Krakau lebt nicht nur von seiner Eigenschaft als frühere Hauptstadt Polens, sondern ist heute politisches und wirtschaftliches Zentrum einer ganzen Region, nämlich der Wojewodschaft Małopolska (Kleinpolen). Der Name Małopolska (Polonia Minor) tauchte erstmals im 13. Jahrhundert auf und setzte sich im 15. Jahrhundert durch. Er bezeichnet nicht etwa einen kleinen Teil Polens, sondern deutet auf eine im Vergleich zur älteren Region Großpolen (Polonia Maior), auf Polnisch Wielkopolska, jüngere polnische Region hin. Auch wenn sich Kleinpolen geographisch gesehen vom westlich von Krakau gelegenen Chrzanów bis an die

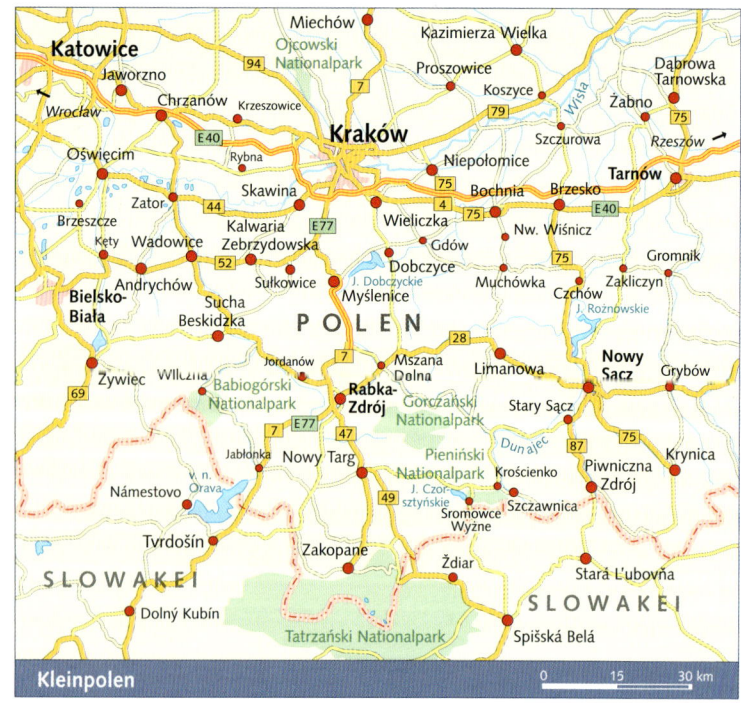

polnisch-ukrainische Grenze erstreckt, so bestehen doch zwischen dem westlichen und dem östlichen Kleinpolen erhebliche regionale und vor allem auch wirtschaftliche Unterschiede, die sich auch in den Grenzen der in den 1990er Jahren neu gestalteten Wojewodschaften (Verwaltungsbezirke) widerspiegeln. Wenn heute von Kleinpolen die Rede ist, dann ist regelmäßig der westliche Teil der Region gemeint, dessen Hauptstadt Krakau ist: von Auschwitz und Chrzanów im Westen bis Tarnów im Osten, von Miechów im Norden bis Zakopane und Krynica an der slowakischen Grenze im Süden – das sind die Eckpunkte der heutigen Wojewodschaft Małopolska.

Auf den gut 15 000 Quadratkilometern – etwa 5 Prozent der Fläche Polens – leben rund 3,2 Millionen der insgesamt etwas mehr als 38 Millionen Einwohner Polens. Allein etwa 758 000 Einwohner der Region leben in Krakau, dem kulturellen, wirtschaftlichen und politischen Zentrum Kleinpolens. Keine der übrigen 54 Städte, 182 Gemeinden und 2635 Dörfer der Region kann die Größe Krakaus auch nur annähernd erreichen.

Außerhalb Krakaus ist die Region überwiegend ländlich geprägt. Je weiter man sich nach Süden der Grenze zur Slowakei nähert, desto gebirgiger wird das Gelände. Bereits wenige Kilometer hinter Krakau, zwischen Wieliczka und Dobczyce, beginnt hügeliges Terrain. Gut 80 Kilometer weiter gen Süden erreichen diese Nordausläufer der Karpaten in der Hohen Tatra eine Höhe von über 2000 Metern. Die Gegensätze zwischen der polnischen Metropole und Kulturstadt Europas 2000 Krakau, ihrer ländlich geprägten näheren Umgebung und der alpinen Hohen Tatra, dem angeblich kleinsten Hochgebirge der Welt, prägen das Bild Kleinpolens.

Dieser kulturelle Reichtum einerseits und die Begegnung mit dem Reichtum der teilweise noch unberührten Natur andererseits sind in der polnischen Seele tief verwurzelt. Natürlich: Das über 300 Kilometer von Krakau entfernte Warschau ist heute Hauptstadt des Landes. Doch wer Polen verstehen will, muss Krakau gesehen haben. In dieser Stadt wurden die Fundamente für die polnische Identität gelegt, die von Außenstehenden gelegentlich auch als übertriebener Nationalismus empfunden wird. In dieser Region werden traditionelle Werte besonders geschätzt, wird die nationale Identität noch stärker mit dem christlichen Glauben in Verbindung gebracht als im übrigen und ohnehin an Traditionen reichen Polen.

Klima und Reisezeit

Krakau hat zu jeder Jahreszeit eine Menge zu bieten. Die das ganze Jahr über hohe Anzahl von Touristen in der Innenstadt scheint das zu bestätigen. Und doch haben die Jahreszeiten natürlich Einfluss auf die Ziele während eines Besuchs in Krakau. So ist die Krakauer Altstadt in den Sommermonaten Juli und August besonders stark frequentiert, wenn die Temperaturen es auch noch nachts zulassen, im T-Shirt in einem der unzähligen Marktplatzcafés zu sitzen und stundenlang das Geschehen auf dem Rynek zu beobachten. Im Winter hingegen wird Krakau neben den Städtereisenden auch von Tagestouristen aus der Skiregion der Hohen Tatra besucht. Und Museen wie der Wawel, das unterirdische Museum am Marktplatz sowie das Museum in der Schindler-Fabrik sind unabhängig von Jahreszeit und Wetter ein echter Publikumsmagnet.

Land und Leute

Polen ist Teil der Zone des gemäßigten Übergangsklimas zwischen kontinentalem und Meeresklima. Feuchte atlantische Luftmassen treffen hier auf die trockene Luft Eurasiens. Je weiter man nach Osten kommt, desto kontinentaler verhält sich das Klima. Während im Norden und Westen des Landes milde Winter und eher kühlere Sommer mit relativ hohen Niederschlagsquoten dominieren, ist das Klima im Süden und Osten spürbar kontinentaler ausgerichtet. So erklärt sich für Krakau auch das im Vergleich zum Westen Europas regelmäßig etwas wärmere Wetter im Sommer und die kühlere Luft im Winter. Temperaturen von über 30 Grad Celsius in den Sommermonaten sind in Krakau ebenso

Farbenpracht in der Hohen Tatra

wenig eine Seltenheit wie klirrende Kälte von minus 10 Grad Celsius im Winter.

Von orkanartigen Stürmen blieb Krakau in der Vergangenheit glücklicherweise verschont. Doch in den Gebirgslagen südlich von Krakau sind gelegentlich starke Fallwinde zu verzeichnen. Diese können dann durchaus gewaltige Schäden anrichten. Im Mai 1968 etwa wurde ein solcher Sturm mit Windstärke 12 der Beaufort-Skala auf dem Kasprowy Wierch bei Zakopane gemessen. Der katastrophale Orkan riss damals 1600 Hektar Wald nieder. Ohnehin ist das Klima in der polnischen Hochgebirgsregion, die nur etwa 100 Kilometer von Krakau entfernt liegt, am interessantesten. Je höher man gelangt, desto rauer wird es. Am wärmsten ist es in den Höhenlagen der Tatra im Juli. Auf dem Kasprowy Wierch bei Zakopane beträgt die Durchschnittstemperatur dann 7,5 Grad Celsius; auch in den Tälern steigen die Temperaturen im Sommer oft nicht über 15 Grad. Die kältesten Monate sind hingegen der Januar und der Februar mit durchschnittlich minus 8,5 Grad. Nachts kann das Thermometer in den Tatraorten dann durchaus auch auf 20 Grad unter Null und darunter fallen. Bemerkenswert ist dabei, dass die Temperaturen in der Tatra im Winter teilweise umgekehrt zu gewöhnlichen Höhenstufen verlaufen. Je höher man in den kältesten Monaten aufsteigt, desto wärmer ist es häufig, so dass es auf dem Kasprowy Wierch im Januar oftmals wärmer ist als im Zentrum der polnischen Gebirgshauptstadt Zakopane. Anders verhält es sich jedoch bei der Dauer der Winter. In der Stadt Zakopane hält sich die kälteste Jahreszeit in der Regel von Ende November bis Ende März, in den Höhenlagen des Kasprowy Wierch von Mitte Oktober sogar bis Anfang Mai.

Die höchste Regenwahrscheinlichkeit in der Hohen Tatra liegt im Juni und Juli vor, wenn die Westwinde feuchte Luft in die Berge wehen. Der Ostwind der Wintermonate ist indessen eher eine Garantie für stabiles und niederschlagsarmes Wetter. Trotz aller gesicherten Tendenzen des vergangenen Jahrhunderts darf nicht übersehen werden, dass die aufgezeichneten

Niederschläge der jüngsten Vergangenheit von den Durchschnittswerten der vorangegangenen Dekaden abweichen. Die Sommer sind in der Tatra auffallend trockener als die durchschnittlichen Wärmeperioden der vergangenen Jahrzehnte, was mit den sich weltweit verändernden Klimabedingungen erklärt wird. Statistiken und Zahlen hin oder her: Wer in die polnische Gebirgsregion fährt, sei es die Tatra, die Beskiden oder die Pieninen, sollte sich auf ein wechselhaftes Wetter einstellen. Innerhalb weniger Stunden kann sich das Wetter mehrmals verändern, und eine Regenjacke kann auf ausgedehnten Wanderungen auch dann hilfreich sein, wenn man morgens bei schönstem Sonnenschein gestartet ist.

Umwelt

Trotz der dichten Bebauung im Zentrum überrascht Krakau seine Gäste immer wieder mit seinen Grünanlagen und Waldgebieten. Der etwa acht Kilometer westlich vom Stadtzentrum gelegene Wolski-Wald (Las Wolski) ist mit seiner 422 Hektar großen Fläche so etwas wie die grüne Lunge Krakaus. Neben dichtem Waldbewuchs beherbergt er auch bauliche Attraktionen wie den Zoo und das Kamaldulenser-Kloster. Auch interessante Parks wie die Planty, die einen Grüngürtel um die Krakauer Altstadt legen, oder der gut einen Kilometer vom Marktplatz entfernte Jordan-Park machen den Reiz der Stadt Krakau aus. Diese Flächen prägen die Stadt und geben ihr eine unverwechselbare Note, und daher sind dem Wolski-Wald wie auch den anderen Parks in diesem Buch eigene Abschnitte gewidmet (s. S. 120, S. 82, S. 116).

Es gibt große Wald- und Parkflächen, aber gleichzeitig nach wie vor ein Problem beim Umweltschutz, über das man in Krakau nicht so leicht hinwegsehen kann: die Feinstaubbelastung in der Luft. An manchen Stellen der Stadt werden die Grenzwerte an mehr als der Hälfte der Tage eines Jahres überschritten, zum Teil sogar deutlich. Ursache der hohen Feinstaubbelastung sind nicht nur der motorisierte Verkehr und die Industrie, sondern vor allem auch das Heizen mit nicht immer hochwertigen Brennstoffen in alten Öfen privater Häuser. Bei feuchtkaltem Wetter mit geringer Windstärke ist die Luft dann besonders ungesund. Der über Krakau und der Umgebung liegende Smog lässt sich an manchen Tagen gut von einer der Erhöhungen in der Umgebung der Stadt aus erkennen.

Immerhin ist das Thema in der Politik angekommen, und im Kommunalwahlkampf im Herbst 2014 spielte die Krakauer Luftqualität eine bedeutende Rolle. Es werden wohl größere Anstrengungen erforderlich sein, um spürbare Verbesserungen zu erzielen.

Geschichte

Bei einem Blick in die bewegte Vergangenheit Polens fällt schnell auf, dass die Geschichte Krakaus untrennbar mit der Geschichte Polens verbunden ist. Von 1038 bis zum Anfang des 17. Jahrhunderts war Krakau die Hauptstadt Polens, und noch bis 1734 wurden die polnischen Könige auf dem Krakauer Wawelhügel gekrönt. Über knapp 700 Jahre war die Stadt also Schauplatz wichtigster Ereignisse des Landes.

Land und Leute

Die polnischen Könige und Prinzen

■ **Piasten-Dynastie**

960–992	Mieszko I.
992–1025	Bolesław I. Chrobry (der Tapfere, 1025 polnischer König)
1025–1034	Mieszko II. Lambert (1025–1033 polnischer König)
1031	Bezprym (kurze Doppelherrschaft mit Mieszko II. Lambert)
1034–1058	Kazimierz I. Odnowiciel (der Erneuerer)
1058–1079	Bolesław II. Śmiały (der Kühne, 1076 polnischer König)
1079–1102	Władysław I. Herman
1102–1107	Zbigniew und Bolesław III. Krzywousty (der Schiefmündige), gemeinsame Regentschaft
1107–1138	Bolesław III. Krzywousty (der Schiefmündige)
1138–1146	Władysław II. Wygnaniec* (der Vertriebene)
1146–1173	Bolesław IV. Kędzierzawy* (der Kraushaarige)
1173–1177	Mieszko III. Stary* (der Alte)
1177–1194	Kazimierz II. Sprawiedliwy* (der Gerechte)
1194–1202	Leszek Biały (der Weiße) und Mieszko III. Stary (der Alte), gemeinsame Regentschaft*
1202	Władysław III. Laskonogi* (der Stockbeinige)
1202–1210	Leszek Biały* (der Weiße)
1210–1211	Mieszko IV. Plątonogi*
1211–1227	Leszek Biały* (der Weiße)
1228	Władysław III. Laskonogi* (der Stockbeinige)
1229–1232	Konrad I. Mazowiecki* (von Masowien)
1232–1238	Henryk I.Brodaty* (der Bärtige)
1238–1241	Henryk II. Pobożny* (der Fromme)
1241–1243	Konrad I. Mazowiecki* (von Mazowien)
1243–1279	Bolesław V. Wstydliwy* (der Schamhafte)
1279–1288	Leszek Czarny* (der Schwarze)
1288–1290	Henryk IV. Probus*
1290–1291	Przemysł II. (1295–1296 polnischer König)*

■ **Przemyśliden-Dynastie**

1291–1305	Wacław II. Czeski (1300 polnischer König)*
1305–1306	Wacław III. Czeski*

■ **Piasten-Dynastie**

1306–1333	Władysław I. Łokietek (Ellenlang, 1320 polnischer König)
1333–1370	Kazimierz III. der Große

■ **Andegawenen-Dynastie**

1370–1382	Ludwik Węgierski Wielki (der Große)
1384–1399	Jadwiga

■ **Jagiellonen-Dynastie**

1386–1434	Władysław II. Jagiełło
1434–1444	Władysław III. Warneńczyk (gestorben in Warna)
1447–1492	Kazimierz IV. Jagiellończyk (der Jagiellone)
1492–1501	Jan I. Olbracht
1501–1506	Aleksander Jagiellończyk (der Jagiellone)
1506–1548	Zygmunt I. Stary (der Alte)
1548–1572	Zygmunt II. August, formal polnischer König seit 1529

■ **Wahlkönige**

1573–1574	Henryk Walezy
1576–1586	Stefan Batory
1587–1632	Zygmunt III. Waza
1632–1648	Władysław IV. Waza
1648–1668	Jan II. Kazimierz (Waza)
1669–1673	Michał Korybut Wiśniowiecki
1674–1696	Jan III. Sobieski
1697–1706	August I. Mocny (August der Starke)
1704–1709	Stanisław Leszczyński
1709–1733	August II. Mocny (der Starke)
1733–1736	Stanisław Leszczyński
1733–1763	August III.
1764–1795	Stanisław August Poniatowski

* Aus der Zeit der Aufteilung Polens in zahlreiche Fürstentümer sind nur die in Krakau herrschenden Fürsten angegeben.

Stefan Batory   *Stanisław Poniatowski*   *Zygmunt I. Stary*

Land und Leute

Die Anfänge Polens

Nachdem sich im 9. Jahrhundert in der Region um das heutige Krakau der west-
slawische Stamm der Wiślany (Weichselbewohner) angesiedelt hatte, dauerte
es nicht lange, bis er gegen Ende des 9., Anfang des 10. Jahrhunderts von dem
Großmährischen Reich unterworfen wurde. Erst gegen Ende des 10. Jahrhunderts wurde das heutige Kleinpolen zu einem Teil des polnischen Staates. Einer
Legende nach soll König Krak der Gründer Krakaus gewesen sein und einen
fürchterlichen Drachen in einer Höhle am Wawelhügel besiegt haben.

　　Historisch belegt ist der Name Krakau erstmals in dem berühmten Reisebe-
richt des jüdisch-spanischen Kaufmanns Ibrahim Ibn Jakub aus dem Jahr 965.
Diesem Bericht zufolge war Krakau dem böhmischen König Bolesław unterstellt.
Im selben Jahr heiratete der polnische Herzog Mieszko I., der zunächst in Gniez-
no (Gnesen) in Wielkopolska (Großpolen) herrschte, die böhmische christliche
Prinzessin Dubrava. Mieszko, der zu der sich von Böhmen loslösenden Piasten-
Dynastie gehörte, ließ sich 966 taufen und legte damit den Grundstein für die
Christianisierung Polens. Die Entstehung des Missionsbistums Poznań (Posen)
im selben Jahr gilt heute als das Gründungsjahr Polens.

Die Piasten-Dynastie

Auf Mieszko folgte Fürst Bolesław Chrobry (der Tapfere). Er schuf eine eigen-
ständige polnische Kircheneinheit und gründete im Jahr 1000 das Bistum Krakau.
Zwar war damals noch Gniezno das kirchliche Zentrum des Landes, doch gewann
Krakau zunehmend an Bedeutung. Das Reich des Fürsten erstreckte sich von der
Odermündung bis zum Bug im Osten und zur ungarischen Grenze im Süden.
Um 1020, also fünf Jahre vor der Krönung Bolesławs Chrobry zum ersten polnischen König im Jahr 1025, begann man mit dem Bau der ersten Kathedrale auf
dem Wawel. Nur wenige Jahre später – das genaue Datum wird unterschiedlich
angegeben – wurde Krakau unter der Regentschaft des Königs Kazimierz Odnowiciel (der Erneuerer) infolge von Zerstörungen anderer Zentren des Landes
zur polnischen Hauptstadt. Kazimierz Odnowiciel pflegte gute Beziehungen ins
Rheinland und holte in dieser Zeit nicht nur deutsche Ritter nach Krakau, sondern
auch die Benediktinermönche, die im 11. Jahrhundert das Kloster in Tyniec
vor den Toren Krakaus gründeten. Der Sohn Kazimierz' Odnowiciel, Bolesław
II. Śmiały (der Kühne), wurde zwar 1076 auf dem Wawel zum König gekrönt,
musste jedoch bereits drei Jahre später infolge der Ermordung des Krakauer
Bischofs Stanisław flüchten: Bolesław II. Śmiały und Bischof Stanisław waren
tief zerstritten gewesen. Wie der Konflikt zwischen den Vertretern der weltlichen
und der kirchlichen Macht tatsächlich verlief, welche genauen Ursachen er hatte
und ob tatsächlich der König selbst den Bischof getötet hat, kann heute nicht
sicher gesagt werden. Jedenfalls wurde Bischof Stanisław im 13. Jahrhundert
heiliggesprochen und zum Schutzpatron Polens ernannt. Das Grab des Bischofs
befindet sich heute in der Krakauer Wawelkathedrale. Bolesław II. Śmiały hingegen
wurde von seinem Bruder Władysław I. Herman auf dem Thron abgelöst. Während
dessen Regentschaft begann der Bau der zweiten Kathedrale auf dem Wawelhügel.

Von 1138 bis 1320 war Polen wegen des Testaments König Bolesław III. Krzy-
wousty (der Schiefmündige) in zahlreiche Fürstentümer aufgesplittert. Zwar blieb
Krakau mit dem Status eines Senioralbezirks weiterhin Hauptstadt, so dass die
Krakauer Herrscher in dieser Zeit zugleich die Oberfürsten des Landes waren,
doch ging der Einfluss der Stadt zurück. Im 13. Jahrhundert erhielt Krakau das
Stadtrecht; zu dieser Zeit wohnten hier etwa 5000 Menschen. In dieser Epoche
wurde die Stadt mehrfach von den Tataren überfallen und weitgehend zerstört.
Erst ab 1320, als Władysław Łokietek auf dem Wawel die Königskrone erhielt
und die Zersplitterung des Landes zugunsten eines erneuerten einheitlichen Staates aufgegeben wurde, fungierte Krakau wieder als echte Hauptstadt. Władysław
Łokietek war auch der erste auf dem Wawel beigesetzte König. In die Fußstapfen
Władysław Łokieteks trat Kazimierz Wielki (der Große). Unter seiner Herrschaft
wurde die Krakauer Universität als zweite Universität Mitteleuropas ebenso wie
der damals noch von der Weichsel und einem ihrer Nebenarme umschlungene
Stadtteil Kazimierz gegründet. Auch die Anfänge des Ortsteils Kleparz, der
heute für seinen Markt bekannt ist, fallen in diese Zeit. Krakau war in dieser
Zeit eine internationale Stadt auf polnischem Boden. Architekten und Künstler
aus verschiedenen Teilen Europas kamen in die Stadt und bereicherten sie mit
ihren unterschiedlichen kulturellen Traditionen. Unter Kazimierz Wielki erhielt
auch die Steinbauweise einen Aufschwung, nicht nur in Krakau, sondern in ganz
Polen. In Polen heißt es, dass Kazimierz Wielki zu Beginn seiner Regentschaft
ein hölzernes Land vorgefunden und ein aus Stein erbautes hinterlassen hat.
Insgesamt wird die Regierungszeit Kazimierz' Wielki häufig als eine Zeit der
Stabilisierung für Polen bewertet. Aufmerksame Beobachter werden feststellen,
dass gerade an die Errungenschaften des Königs Kazimierz Wielki in Krakau
und Umgebung immer wieder erinnert wird.

Die Jagiellonen-Dynastie

Krakaus Blütezeit setzte hingegen erst einige Jahrzehnte nach der Herrschaft
des Kazimierz Wielki ein, als die Dynastie der Jagiellonen die Herrschaft über
Polen übernahm. Die Jagiellonen, deren Name auf Jagiełło zurückgeht – den
Großherzog von Litauen –, kamen auf Umwegen auf den Krakauer Thron. Als
nämlich nach dem Tod Kazimierz' Wielki im Jahr 1370 keine direkten Nach-
kommen des Königs vorhanden waren, trat zunächst sein Neffe König Ludwig
von Ungarn die Nachfolge an; anschließend wurde 1384 dessen Tochter Jadwiga – gerade zehn Jahre alt – zur Königin gekrönt. Die Regentschaft einer Frau
durfte jedoch in der Welt des 14. Jahrhunderts nur ein vorübergehender Zustand
sein. Ein Mann musste her, und auf der Suche nach einem geeigneten König
entschied sich der Krakauer Adel für den Großfürsten Jagiełło von Litauen
als Jadwigas Ehemann. Dieser ließ sich taufen, nahm den Namen Władysław
an und wurde 1386 König. Auf Initiative seiner Frau Jadwiga gründete dieser
Władysław II. Jagiełło im Jahr 1400 die Krakauer Universität neu, die zwar 36
Jahre zuvor erstmals eröffnet worden war, aber nach nur wenigen Jahren hatte
schließen müssen. Bis heute heißt die Universität daher Jagiellonen-Universität
(Uniwersytet Jagielloński).

Unter der Herrschaft der Jagiellonen-Dynastie entstanden im 15. und 16. Jahrhundert viele der Bauten und Kunstgegenstände, die auch heute noch Krakaus kulturhistorischen Reichtum ausmachen; die Bürgerhäuser wurden zunehmend aus Stein und nicht mehr aus Holz gebaut. Der Nürnberger Bildhauer Veit Stoß, der auf Polnisch Wit Stwosz genannt wird, kam nach Krakau und schnitzte den einzigartigen Altar in der Marienkirche am Marktplatz. Das Wawelschloss wurde im Renaissancestil errichtet, und die Tuchhallen auf dem Marktplatz erhielten ihr Renaissancegesicht. Ebenso wurde die Stadt unter der Herrschaft der Jagiellonen-Dynastie mit einer Mauer umgeben, von der eine beeindruckende Festungsanlage, der vor dem Florianstor stehende Barbakan, heute noch zu sehen ist.

Im 16. Jahrhundert wohnten in der polnischen Hauptstadt bereits 20 000 Menschen. Neben Polen hielten sich viele Deutsche und Italiener in Krakau auf. Damit einher gingen auch religiöse Unterschiede. Neben Christen lebte eine große jüdische Bevölkerungsgruppe in Krakau; am Ende des 15. Jahrhunderts verließen die Krakauer Juden aber die Stadt und zogen nach Kazimierz, das damals noch vor den Toren Krakaus lag und eine eigenständige Stadt bildete. Nach der Gründung der Universität in unmittelbarer Nähe der jüdischen Siedlung in der heutigen Straße św. Anny war es zu Auseinandersetzungen zwischen der christlichen und der jüdischen Bevölkerung gekommen. Nach diesen Übergriffen wurden die Juden der Stadt schließlich nach Kazimierz umgesiedelt. Trotzdem hatten sie weiterhin die Möglichkeit, in Krakau Handel zu treiben.

In die Zeit der Herrschaft der Jagiellonen-Dynastie fallen auch die Ereignisse um die Reformation und die Gegenreformation. Anders als in Skandinavien und in Deuschland erhielt die Reformation weniger durch Aktivitäten von Anhängern Luthers, sondern vor allem durch Schüler Calvins Einzug in Polen. Um 1560 befand sich der Calvinismus in Polen zwar auf dem Höhepunkt, musste sich jedoch mit einer gleichzeitig beginnenden katholischen Gegenbewegung auseinandersetzen. Der polnische König Zygmunt II. August, den Calvin in Briefwechseln für seine reformatorischen Ziele gewinnen wollte, verhielt sich in Glaubensfragen grundsätzlich tolerant, doch ließ er den Calvinismus nicht als zweite Staatskonfession zu. Auch der Sejm, der Reichstag, stützte die katholische Kirche. Der Protestantismus konnte daher in Polen keine tieferen Spuren hinterlassen; erst recht nicht in Krakau, wo die St.-Peter-und-Pauls-Kirche in der ul. Grodzka als Symbol für die Stärke der katholischen Kirche errichtet wurde. Nach ihrer Weihung predigte hier der wortgewaltige Piotr Skarga, einer der Anführer der polnischen Gegenreformation, gegen die damaligen Erneuerer. Heute befindet sich die einzige evangelisch-lutherische Kirche der Stadt, ebenfalls in der ulica Grodzka, in unmittelbarer Nähe eines Denkmals für Piotr Skarga.

Aufgrund der zahlreichen kulturellen Leistungen in der Jagiellonenzeit wird diese Epoche der polnischen Geschichte gelegentlich als das ›Goldene Zeitalter‹ Krakaus und Polens bezeichnet. Vor allem mit den Königen Zygmunt I. Stary (der Alte) und Zygmunt II. August ist diese Bewertung verbunden. Der Tod Zygmunts II. August markiert das Ende dieses Zeitalters und der von 1386 bis 1572 dauernden Herrschaft der Jagiellonen.

Das Wahlkönigtum

Mit dem Tod Zygmunts II. August wurde in Polen das Wahlkönigtum eingeführt. Der Adel bestimmte von nun an, wer auf dem polnischen Thron saß. Im Jahr 1587 übernahm Zygmunt III. Waza aus der Wasa-Dynastie, Sohn des Königs von Schweden und Enkelsohn des polnischen Königs Zygmunt I. Stary, die Regentschaft. Zwar war Zygmunt III. Waza eigentlich schwedischer Thronfolger. Seine Politik der Gegenreformation wurde ihm jedoch im protestantischen Schweden zum Verhängnis. Der schwedische Reichstag setzte ihn daher 1599 ab. Zygmunt III. Waza übernahm schließlich das Zepter in Polen, hielt aber seinen Anspruch auf den schwedischen Thron aufrecht. In Krakau ließ er mit der Kirche St. Peter und Paul in der ul. Grodzka die erste Barockkirche der Stadt erbauen. Aber dem König war der Krakauer Wawelhügel zu weit von seiner schwedischen Heimat entfernt. 1609 verließ er daher die Stadt, und nur zwei Jahre später verlegte der nach Schweden orientierte Zygmunt III. Waza den Hof nach Warschau – Krakau verlor seine Hauptstadtrolle. Zwar fanden die Krönungen ebenso wie die Begräbniszeremonien weiterhin auf dem Wawelhügel statt, regiert wurde jedoch von nun an in Warschau.

Im 17. Jahrhundert wurde Krakau schwer erschüttert. Zum einen breitete sich die Pest aus, und zum anderen belagerten schwedische Truppen das ganze Land und verwüsteten viele Städte. Hintergrund der Überfälle der Schweden war einerseits der Wunsch, die Kontrolle über den gesamten Ostseeraum zu erringen. Andererseits war den Schweden die Regentschaft des polnischen Königs Zygmunt III. Waza, der Estland an Polen angeschlossen hatte und damit die Pläne einer schwedischen Vormachtstellung an der Ostsee behindert hatte, ein Dorn im Auge. Durch die Kriege des 18. Jahrhunderts, darunter weitere schwedische Angriffe und eine russische Besatzung, nahm Krakau weiteren Schaden. Als 1733 russische Truppen in Warschau einmarschierten, endete auch die Regentschaft Königs August II., Kurfürst von Sachsen und König Polens, auch August der Starke genannt. Sein Nachfolger August III. war 1734 der vorletzte polnische König und auch der letzte, der in der ehemaligen Hauptstadt die Königskrone erhielt. Gut zwei Jahrzehnte später trieb der Siebenjährige Krieg (1756–1763), in dem Großbritannien und Preußen gegen ein aus Frankreich, Österreich, Schweden und Russland bestehendes Bündnis kämpften, den baulichen Verfall Krakaus weiter voran.

Die drei Polnischen Teilungen

Im 18. Jahrhundert erfuhr der Adel, der für die Wahl der polnischen Könige verantwortlich war, eine deutliche Schwächung. Streitigkeiten zwischen den verschiedenen Parteien der Adelsgeschlechter verhinderten längst überfällige Reformen, nicht zuletzt weil jeder Adelsvertreter im Sejm, dem Parlament und obersten Gesetzgebungsorgan, ein Vetorecht hatte. Die Nachbarstaaten Russland und Preußen, die kein Interesse an einem starken Polen hatten, nutzten diese Schwäche im polnischen Staat aus: Sie zogen einige Vertreter des polnischen Adels auf ihre Seite und schwächten somit das auf dem Einstimmigkeitsprinzip im Gesetzgebungsverfahren beruhende politische System weiter. Gerade Russland, das auch als Beschützer der orthodoxen Minderheit im katholischen Polen auftrat, machte auf diesem Weg seinen Einfluss in Polen geltend. So überrascht es nicht, dass 1764 mit Stanisław August Poniatowski ein ehemaliger Liebhaber der Zarin Katharina II. zum polnischen König gewählt wurde. Gerade diese Nähe zu Russland wurde dem gebildeten, reformorientierten und diplomatisch erfahrenen König zum Verhängnis. Im Jahr 1768 schloss sich in der Ortschaft Bar in Podolien – damals Ostpolen, heute zur Ukraine gehörig – ein Militärbündnis des polnischen Adels gegen König Stanisław August Poniatowski zusammen. Dieser Zusammenschluss ging als die sogenannte Konföderation von Bar in die polnische Geschichte ein. Ein Bürgerkrieg begann, in den sich die Nachbarmächte Preußen, Österreich und Russland wie auch Frankreich und wegen der Feindschaft zu Russland sogar die Türkei einmischten. 1772 wurde das Bündnis von Bar zerschlagen. Polen verlor rund ein Drittel seines Gebietes an Russland, Österreich und Preußen. Österreich verleibte sich dabei unter anderem einen Großteil des heutigen Kleinpolen ein – also des heutigen Südpolens, in dem sich auch Krakau befindet – und nannte die der Habsburgerkrone unterstellte Region Galizien. Krakau blieb zwar zunächst noch polnisch, wurde aber zur Grenzstadt. Bereits der damals noch von Krakau getrennte heutige Stadtteil Kazimierz gehörte zu Österreich. Die etwa 80 Kilometer östlich von Krakau gelegene Stadt Tarnów wurde zum Zentrum des westlichen Galizien.

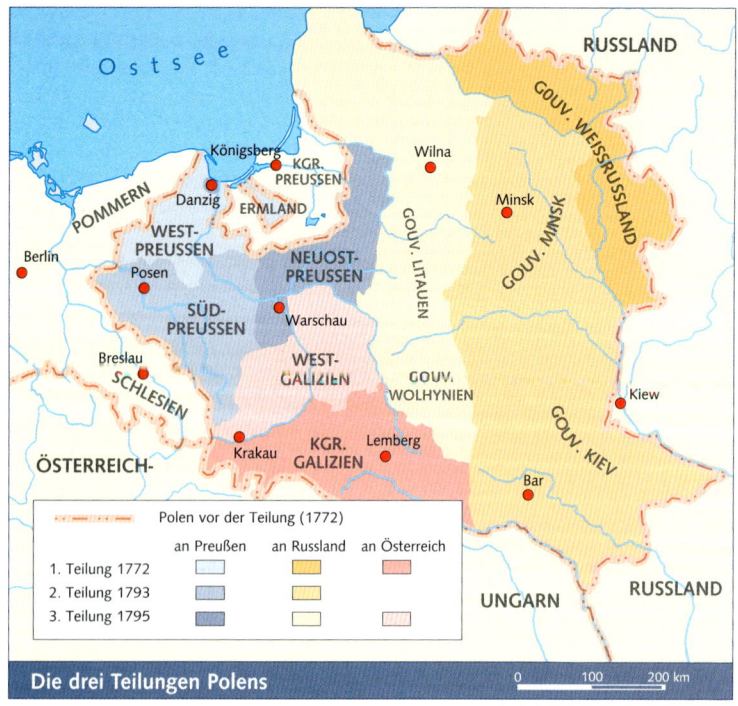

Die drei Teilungen Polens

Am 3. Mai 1791 wurde auf Betrei-
ben von König Stanisław August Poniatowski und einiger patriotisch gesinnter
Adliger eine für diese Zeit sehr moderne Verfassung vom Sejm verabschiedet. Straßennamen wie ›Aleja 3. Maja‹,
also 3.-Mai-Allee, erinnern noch heute
an dieses Ereignis. Die Mai-Verfassung
sah eine Abschaffung des Vetorechts
des Adels vor, führte die Gewaltentei-
lung ein und gewährte den Städten und
Märkten Selbstverwaltungsrechte. Die
dem Beispiel der Französischen Revolution folgende Verfassung wies damit
deutlich demokratische Züge auf und
war daher den Monarchien suspekt, die
Polen umgaben. Zwar hatten Preußen
und Österreich noch 1790 in der Kon-
vention von Reichenbach die Integrität

*Die Lage des Königreichs Polen im Jahre
1773, Stich von Johann Esaias Nilson
(1721–1788)*

Polens anerkannt. Doch traf Preußen schon bald mit Russland Absprachen
über Polen. Noch im Mai 1791 marschierten die Truppen der russischen Zarin
Katharina II. in Polen ein. Die polnische Verteidigung unter der Führung des
Königs Stanisław August Poniatowski und seiner Feldherren Tadeusz Kościuszko
und Józef Poniatowski scheiterte. Die Armeen kapitulierten vor den russischen
Truppen, die neue Verfassung wurde aufgehoben, und Russland und Preußen
vollzogen die sogenannte Zweite Polnische Teilung. Polen musste erneut erhebliche Gebietsverluste hinnehmen.

Auch von dieser zweiten Teilung Polens war Krakau nicht direkt betroffen.
Die Stadt blieb polnisch. Doch schwor der Anführer des Aufstandes gegen die
Besatzer, der Nationalheld Tadeusz Kościuszko, der erste aus dem Bürgertum
stammende Anführer Polens, im Jahr 1794 auf dem Krakauer Marktplatz seinen
Einsatz für die Unabhängigkeit seines Landes. Wieder einmal stand Krakau im
Mittelpunkt des Geschehens. Ein Aufstand begann. Kościuszkos Kampf war
indessen vergebens: 1795 verschwand Polen infolge der dritten Teilung, an der
sich nun auch wieder Österreich beteiligte, endgültig von der Landkarte – für über
120 Jahre. Krakau fiel an Österreich, das gesamte heutige Kleinpolen stand nun
unter der Habsburgerkrone und war Teil Galiziens, das bis nach Lemberg in der
heutigen Ukraine reichte. Krakau wurde nach Wien und Budapest zur drittgrößten
Stadt des Habsburgerreichs und übernahm die Rolle des Zentrums Westgaliziens.

Krakau und Kleinpolen unter den Besatzungsmächten

Das beginnende 19. Jahrhundert war in Europa vom Expansionsstreben Napoleons bestimmt. Seine Heere besiegten Preußen, er zog 1806 in Warschau ein
und gründete im Jahr darauf das Herzogtum Warschau. Krakau und seine Umgebung wurden diesem Herzogtum zwei Jahre später angeschlossen. Nach Nie-

Tadeusz Kościuszko, undatiertes Bildnis
von Antoni Oleszczyński (1794-1879)

derlagen des französischen Herrschers besetzten 1812 russische Truppen die Region, und Krakau wurde schließlich auf dem Wiener Kongress im Jahr 1815 in einem Kompromiss zwischen Österreich und Russland zu einer unter dem Einfluss der Teilungsmächte stehenden freien Stadt, der sogenannten ›Republik Krakau‹. Alle übrigen Landesteile blieben von den Nachbarn annektiert, das heutige Kleinpolen gehörte in dieser Zeit weiter zu Galizien und stand unter österreichischer Herrschaft. Die Freie Stadt Krakau indessen war seit dem Wiener Kongress so etwas wie das einzige polnische Gebiet. Es überrascht kaum, dass Krakau damit zum Zentrum des polnischen Nationalbewusstseins wurde. So fand Tadeusz Kościuszko, der 1817 in der Schweiz verstorbene Anführer des Aufstandes gegen die Teilungsmächte, 1818 in der Krypta der Wawelkathedrale seine letzte Ruhestätte. Ihm zu Ehren wurde der Kościuszkohügel aufgeschüttet, auf den man vom Wawel blickt, wenn man vom Eingang zur Drachenhöhle über die Weichsel schaut.

Adlige Verschwörer begannen 1846 in Krakau einen Aufstand gegen die Besatzungsmächte, doch sie scheiterten. Die einst Freie Republik verlor ihre Autonomie und fiel gemäß einer Vereinbarung zwischen Russland und Österreich an das Habsburgerreich. Trotz aller Schwierigkeiten und Repressionen gestand Österreich seinen annektierten Gebieten deutlich mehr eigene Rechte zu, als Preußen und Russland ihren ehemals polnischen Gebieten gewährten. So konnte sich in Galizien die polnische Kultur in der zweiten Hälfte des 19. Jahrhunderts weiterentwickeln. Der Name Kleinpolen erhielt damit eine ganz andere Bedeutung: Das Gebiet um Krakau wurde mit der gewährten relativen Autonomie tatsächlich zu einem ›kleinen Polen‹.

Zwischen den Weltkriegen

Das Ende des Ersten Weltkriegs beendete zugleich auch das Zeitalter der Monarchien, die über Jahrhunderte Europa geprägt hatten. In den Konferenzen, die in verschiedenen Pariser Vororten stattfanden, wurde nicht nur über die Verlierer gerichtet, hier wurden auch die Grundzüge einer neuen Ordnung in Europa festgelegt.

Auch die Unabhängigkeit Polens stand wieder auf der Tagesordnung der Weltpolitik. Im November 1918, als der sozialistische Politiker und Marschall Józef Piłsudski den Oberbefehl über die polnischen Streitkräfte erhielt, erlangte Polen – wie auch eine ganze Reihe kleinerer Staaten – seine Unabhängigkeit zurück. Warschau wurde wieder Hauptstadt. Eine Monarchie gab es nicht, so dass auch keine Krönungen auf dem Wawel stattfinden konnten. Doch das junge

demokratische Gebilde war instabil.
Von den Erfahrungen der Vergangenheit geprägt, überwog in Polen die
Auffassung, nur mit einem autoritären
Staat gegenüber Russland bestehen zu
können. Der polnische Staat war mit
riesigen Problemen im Inneren und
nach außen konfrontiert. Wegen der
schweren Wirtschaftskrise und der
Auseinandersetzungen mit den Nachbarn, vor allem der 1922 formal gegründeten Sowjetunion, kam das Land
nicht zur Ruhe. 1926 nutzte Marschall
Józef Piłsudski die in der Folge einer
Agrarreform entstandenen innenpolitischen Spannungen zu einem Staats-
streich und errichtete unter formaler
Beibehaltung der Verfassung und des

*Józef Piłsudski war der dominierende
Politiker der Zwischenkriegszeit*

Parlaments ein autoritäres System. Die wirtschaftlichen Probleme aber blieben.
Polen sah sich zudem durch die Machtübernahme der Nationalsozialisten in
Deutschland mit einem zunehmend aggressiver auftretenden Nachbarn im
Westen konfrontiert. Daher schloss Polen 1939 mit England und Frankreich
Verträge über gegenseitige Hilfe im Kriegsfall.

Polen 1921–1939

Der Zweite Weltkrieg

Am 1. September 1939 überfiel Deutschland Polen und begann damit den Zweiten Weltkrieg. Zwar erklärten Frankreich und England wenige Tage später Deutschland den Krieg, die Westmächte griffen aber nicht aktiv in die Kämpfe ein. Polen war auf sich allein gestellt. In Folge heftiger Kämpfe kapitulierte Polen nach wenigen Wochen. Das Deutsche Reich und die Sowjetunion, die bereits vor Beginn des Krieges in einem geheimen Zusatzprotokoll zum sogenannten ›Hitler-Stalin-Pakt‹ ihre Interessen in Bezug auf Polen abgegrenzt hatten, teilten das polnische Territorium vollständig unter sich auf. Krakau gehörte nun zu dem von den Nazis beherrschten ›Generalgouvernement Polen‹, und das Wawelschloss, das polnische Nationalheiligtum, wurde zum Sitz des von Adolf Hitler eingesetzten Generalgouverneurs Hans Frank.

Gerade in Polen betrieb Hitler seine Rassen- und Vernichtungspolitik mit besonderer Rücksichtslosigkeit. Kaum eine polnische Familie blieb von den Folgen des Krieges und der Naziherrschaft verschont. Das gilt auch für Krakau. Am 6. November 1939 verhafteten die Nazis im Rahmen der ›Sonderaktion Krakau‹ im Collegium Novum, einem Gebäude der Krakauer Universität, 183 Professoren, Universitätsassistenten und andere Hochschulmitarbeiter. Unter dem Vorwand, dass ein Vortrag mit dem Titel „Der deutsche Standpunkt in Wissenschafts- und Hochschulfragen" gehalten werden solle, hatte man sie unter der Leitung des SS-Obersturmbannführers Bruno Müller zusammengeholt. Mit dem Vorwurf, sie hätten Wissenschaft betrieben, ohne die Erlaubnis der Besatzungsmacht eingeholt zu haben, verhafteten die Nazis die Krakauer Wissenschaftler und deportierten die meisten von ihnen in das Konzentrationslager Sachsenhausen, einige später auch von dort nach Dachau. In Folge internationaler Proteste kam der größte Teil der verhafteten Wissenschaftler frei. Einige von ihnen bezahlten die ›Sonderaktion Krakau‹ jedoch mit ihrem Leben.

Die deutschen Besatzer plünderten in Krakau bedeutsame Kultureinrichtungen und entwürdigten und zerstörten jüdische Einrichtungen. Im Stadtteil Podgórze errichteten sie ein Ghetto, etwas weiter südlich, im Ortsteil Płaszów, ein Arbeitslager. 1942 wurde das Ghetto aufgelöst. Die Überlebenden wurden in das etwa 80 Kilometer westlich von Krakau gelegene Konzentrationslager Auschwitz-Birkenau abtransportiert. Das jüdische Leben in Krakau wurde in diesen Jahren nahezu vollständig ausgelöscht.

Einige, wenn auch zu wenige, Deutsche stellten sich der Vernichtungsmaschinerie entgegen. Einer der bekanntesten ist Oskar Schindler. Der deutsche Emaillewarenhersteller, der in Krakau seine Fabrik hatte, rettete über 1000 Menschen das Leben. Erst Jahrzehnte später stieß dieses mutige Vorgehen mit dem von Steven Spielberg unter anderem in Krakau gedrehten Film ›Schindlers Liste‹ auf das Interesse der weltweiten Öffentlichkeit. Heute ist die sogenannte Schindler-Fabrik eines der bedeutsamsten Museen Krakaus.

In baulicher Hinsicht überstand Krakau – anders etwa als das völlig zerstörte Warschau – den Zweiten Weltkrieg weitgehend unbeschädigt. So folgenreich das rasche Vorrücken der Roten Armee später auch für Polen war – in der Krakauer Altstadt verhinderte es 1945 größere Zerstörungen.

Krakau in der Volksrepublik Polen

Die Vertreibungen in der Folge des Zweiten Weltkriegs, mit denen die deutsche Bevölkerung Schlesiens, Pommerns und Ostpreußens und die polnische Bevölkerung in den östlichen Landesteilen, die heute zur Ukraine und zu Weißrussland gehören, ihre Heimat verloren, gingen auch an Kleinpolen nicht spurlos vorbei. Einige der aus den früheren polnischen Ostgebieten Vertriebenen kamen nach Krakau. Die Lemken, eine an der Grenze zur heutigen Slowakei und damit auch in Kleinpolen und weiter östlich in den polnischen Waldkarpaten beheimatete slawische Minderheit mit orthodox-christlicher Glaubensrichtung, wurden im Rahmen der sogenannten ›Aktion Weichsel‹ zur Aufgabe ihrer angestammten Siedlungsgebiete gezwungen und in das nun zu Polen gehörende Schlesien umgesiedelt. Aus der Sowjetunion massiv unterstützte kommunistische Politiker gewannen die Oberhand. Das stalinistische Regime etablierte sich mit Hilfe von landesweiten Enteignungen und einer Bodenreform. 1955 trat Polen dem Militärbündnis der sozialistischen Staaten bei, dem ›Warschauer Pakt‹. Damit war der sowjetische Einfluss in Polen endgültig abgesichert.

Im Jahr 1946 entschied sich die bürgerlich-religiös geprägte Krakauer Bevölkerung in einem Referendum gegen den Kommunismus. Für die kommunistische Führung war klar: Ein proletarisches Gegengewicht musste her. Daher ließ sie in den 1950er Jahren etwa zehn Kilometer nordöstlich des Krakauer Stadtzentrums ein riesiges Stahlwerk errichten und baute in den Folgejahren einige große Wohnsiedlungen in Nähe des Werks. So entstand die Satellitenstadt Nowa Huta, in der in den folgenden Jahrzehnten bis zu 250 000 Menschen lebten. Trotz aller Bemühungen der Machthaber ließ sich Krakau nicht in eine proletarische Vorzeigestadt verwandeln. Die Krakauer leisteten

Tadeusz Mazowiecki, der erste frei gewählte Ministerpräsident Polens, im Jahr 2007

Widerstand gegen das Regime. Als 1978 der Krakauer Kardinal Karol Wojtyła zum Papst gewählt wurde und den Namen Johannes Paul II. annahm, begann in Polen ein Prozess, den nicht wenige als entscheidenden Schritt auf dem Weg zum Sturz der kommunistischen Herrschaft ansehen. Die Pilgerreisen des polnischen Papstes in sein Heimatland in den Jahren 1979, 1983 und 1987 wurden zu friedlichen Massendemonstrationen gegen das Regime. Vor über einer Million Menschen hielt Johannes Paul II. 1979 auf den Krakauer Błonia-Wiesen eine Messe. Die Gewerkschaft Solidarność (›Solidarität‹), die sich 1980 in Danzig im Zusammenhang mit Streiks in der dortigen Leninwerft gebildet hatte, erstarkte auch in Krakau als gesellschaftliche Bewegung. Lech Wałęsa, Elektriker auf der Danziger Leninwerft und späterer Friedensnobelpreisträger, wurde zur Symbolfigur und zum landesweiten Anführer der Solidarność.

Infolge des Aufstiegs der demokratischen Opposition rief Staatschef General Jaruzelski am 13. Dezember 1981 das Kriegsrecht in der Volksrepublik Polen aus; eine einschneidende Maßnahme gegen die Demokraten, die Jaruzelski nach dem Ende des Kommunismus mit dem Ziel begründete, einer bevorstehenden sowjetischen Intervention in das für Moskau zum Unsicherheitsfaktor gewordenen Polen vorgebeugt zu haben. Auch Krakau wurde Zeuge des Kriegszustands. In Nowa Huta fuhren Panzer auf – Polen bedrohten Polen. Krakau und Nowa Huta waren im Süden Polens Keimzellen des Kampfes für Freiheit, Demokratie und Menschenrechte. Im Mai 1988 ging das Regime mit Waffen gegen die streikenden Arbeiter von Nowa Huta vor – vergebens: Die Militärregierung musste einlenken. An einem runden Tisch kamen in Warschau Vertreter des Regimes und der demokratischen Opposition zusammen. 1989 fanden die ersten freien Wahlen statt, aus denen die Solidarność als Siegerin hervorging, auch in Kleinpolen. Der im Jahr 2014 verstorbene Tadeusz Mazowiecki wurde der erste frei gewählte Ministerpräsident und verdiente sich weltweit Anerkennung, Lech Wałęsa wurde Staatspräsident.

Polens Politik heute

Heute ist Polen längst im demokratischen Europa angekommen. Völlig selbstverständlich sieht man sich als Teil Europas. Die Achtung der Menschenrechte ist eines der obersten Gebote im Land. 1995 trat Polen der Welthandelsorganisation WTO bei, 1999 der NATO und 2004 der Europäischen Union. Trotz aller Schwierigkeiten im Alltag hat sich die Wirtschaft Polens in beeindruckender Weise entwickelt.

Welche Bedeutung gerade der Beitritt zur Europäischen Union für Polen hat, wird in einem Kommentar des früheren Bürgerrechtlers und Untergrundpublizisten und späteren Chefredakteurs der polnischen Tageszeitung ›Gazeta Wyborcza‹, Adam Michnik, deutlich. Nachdem die Mitgliedsstaaten der Europäischen Union am 13. Dezember 2002 auf dem Gipfel in Kopenhagen die Weichen für den Beitritt Polens und auch anderer Staaten des ehemaligen Warschauer Pakts gestellt hatten, schrieb Michnik in der Gazeta Wyborcza am nächsten Tag: »Gewöhnlich meiden wir Pathos, hier hingegen sagen wir mit von Ergriffenheit und Hoffnung erfüllter Stimme: In Polen, unserem Vaterland, ist etwas sehr Gutes geschehen. Wir sind im demokratischen Europa. Es ging der Traum einiger Generationen von Polen, die beharrlich mit den Köpfen die Mauern der totalitären Diktaturen durchschlugen, in Erfüllung. … Wir danken allen, die dazu beigetragen haben – das ist unser gemeinsamer Erfolg, ein Erfolg der gesamten polnischen Demokratie. Für uns, die Menschen der früheren demokratischen Opposition, ist das die wahre Vollendung des Augusts des Jahres 1980, des Komitees der Arbeiterverteidigung und der Solidarność. Für unsere damaligen Gegner ist das die Bestätigung des Sinns der Wahlen aus den Zeiten des runden Tischs, als sie die Welt der Diktatur zugunsten der Logik der Demokratie wegwarfen. Das, was vor 20 Jahren unvorstellbar war, wurde Realität. Der 13. Dezember – Symbol des Dramas des Kriegszustandes – wird zum Symbol der Freude und des Erfolgs.«

Über den Beitritt zur Europäischen Union wurde im Jahr 2003 schließlich eine Volksabstimmung durchgeführt. Das Ergebnis war eindeutig: Gut 77 Prozent stimmten mit ›Ja‹. Im Jahr 2014, zehn Jahre nach dem vollzogenen EU-Beitritt, waren Umfragen zufolge sogar schon 89 Prozent der Polinnen und Polen der Auffassung, dass die Zugehörigkeit ihres Landes zur Europäischen Union für Polen vorteilhaft ist. Für viele entstehende Demokratien hat der polnische Weg heute Vorbildcharakter. Und während in den ersten 20 Jahren nach der Einführung der parlamentarischen Demokratie jede polnische Regierung höchstens vier Jahre im Amt bleiben durfte und Regierungsparteien regelmäßig bei der nächsten Wahl unterlagen, zum Teil sogar dramatisch, wurde bei den Wahlen zum Sejm, dem Polnischen Parlament, im Oktober 2011 erstmals eine Regierung vom Volk bestätigt. Unter der Führung des international angesehenen polnischen Ministerpräsidenten Donald Tusk erzielte dessen Bürgerplattform (Platforma Obywatelska, PO), die im Europäischen Parlament der Fraktion der Christdemokraten/Europäische Volkspartei angehört, annähernd 40 Prozent. Die Bürgerplattform PO regiert wie in den vier Jahren zuvor weiter mit ihrem kleineren Koalitionspartner, der Bauernpartei PSL.

Donald Tusk hatte bei den Parlamentswahlen im Herbst 2007 die national-konservative Regierung unter Ministerpräsident Jarosław Kaczyński abgelöst. Dessen rechte Koalition aus seiner Partei Recht und Gerechtigkeit (Prawo i Sprawiedliwość, PiS) und zwei radikalen, heute von der politischen Bühne Polens vollständig verschwundenen Parteien hatte zuvor international für Aufsehen gesorgt. Gerade in Wahlkampfzeiten schürte Kaczyński gern die Angst vor Deutschland. In der Zeit der erstarkten nationalen Rechten entstand so manche im Ausland als skurril gewertete Diskussion. So stellten einige Abgeordnete der Regierungsfraktionen Ende 2006 den ernstgemeinten Antrag, Jesus Christus zum König Polens auszurufen. Die Polnische Bischofskonferenz sprach sich dagegen aus. Mit den Worten ›Der Maurer soll Wohnungen bauen, der Schneider Kleidung nähen und Abgeordnete sollen sich da einbringen, wo sie sich auskennen‹, wurde der damalige Warschauer Erzbischof Głódź zitiert. Internationale Beachtung erhielt im Jahr 2007 auch die damalige polnische Ombudsfrau für Kinder mit ihrem Verdacht, die in ganz Europa von Kleinkindern gern gesehenen Filme der Teletubbies, eine Reihe der britischen BBC, befördere die Homosexualität.

Auch wenn Skurrilitäten dieser Art heute nicht mehr auf der Tagesordnung stehen, so schien das Verhältnis zwischen den führenden politischen Parteien Polens in den letzten Jahren ausgesprochen konfrontativ und unversöhnlich zu sein. Vor allem zwischen der liberalen Bürgerplattform PO und der national-konservativen Partei Recht und Gerechtigkeit PiS sind die Gräben tief. Besonders deutlich wurde dies im April 2010, nachdem ein polnisches Flugzeug beim russischen Smolensk abgestürzt war: Mitten im damaligen Präsidentschaftswahl-kampf war Lech Kaczyński, damals polnischer Präsident und Zwillingsbruder des früheren Ministerpräsidenten und polnischen Oppositionsführers Jarosław Kaczyński, mit einer großen Gruppe ranghoher polnischer Vertreter aus Politik,

Wirtschaft und Gesellschaft nach Smolensk geflogen, um an einer Gedenkfeier für die polnischen Opfer des stalinistischen Massakers von Katyń teilzunehmen. Beim Anflug auf Smolensk herrschte dichter Nebel. Das Flughafenpersonal riet deshalb von einer Landung ab. Der Pilot setzte trotzdem zur Landung an, auf Druck ranghoher Staatsbeamter, wie später spekuliert wurde. Die Maschine streifte bei der Landung Bäume und prallte auf dem Boden auf. Alle Insassen des Flugzeugs verstarben, darunter der polnische Präsident Lech Kaczyński und seine Ehefrau. Es handelte sich um eine nationale Tragödie für Polen. Schnell kamen Verschwörungstheorien auf, die Auseinandersetzungen zwischen den Parteien und auch in der Bevölkerung erhielten zusätzliche Schärfe. Aus den Präsidentschaftswahlen Mitte 2010 ging Bronisław Komorowski von der Bürgerplattform als Sieger gegen Jarosław Kaczyński hervor, den Zwillingsbruder des verstorbenen Präsidenten Lech Kaczyński.

Die politische Linke ist in Polen seit Jahren in der Krise. Das Bündnis der Demokratischen Linken, das nach der Wende aus der Polnischen Vereinigten Arbeiterpartei hervorgegangen war, stellte zwar mit Aleksander Kwaśniewski von 1995 bis 2005 den Staatspräsidenten und führte Polen unter der Regierung von Ministerpräsident Leszek Miller in die Europäische Union, schrumpfte in den Jahren danach allerdings so sehr, dass es bei den Wahlen im Herbst 2011 nur noch unter 10 Prozent landete. Obwohl einige Beobachter die Notwendigkeit einer stärkeren echten Mitte-Links-Kraft in Polen sehen, ist diese bisher noch nicht entstanden.

Donald Tusk, der im Jahr 2011 erste wiedergewählte Ministerpräsident im demokratischen Polen, erklärte im September 2014 seinen vorzeitigen Rücktritt von diesem Amt. Die Staats- und Regierungschefs der EU hatten ihn kurz zuvor nicht zuletzt aufgrund seiner erfolgreichen Politik zum Präsidenten des Europäischen Rates bestimmt. Dieses europäische Spitzenamt übt Donald Tusk nun seit Dezember 2014 aus. Als seine Nachfolgerin als Polnische Ministerpräsidentin wählte der Sejm nach Tusks Rücktritt die im Jahr 1956 geborene Ärztin Ewa Kopacz von der Bürgerplattform. Sie war bis dahin Parlamentspräsidentin.

Donald Tusk bei einem Besuch des Europaparlaments im Januar 2012

Die deutsch-polnischen Beziehungen

»Die deutsch-polnischen Beziehungen sind heute so gut wie nie zuvor.« Oft fielen diese oder ähnliche Worte bei offiziellen Begegnungen zwischen Deutschen und Polen in den vergangenen Jahren. In der Tat arbeiten die beiden Staaten heute partnerschaftlich zusammen. Das war nicht immer so. Die deutsch-polnische Geschichte war lange Zeit von Unterdrückung und Krieg geprägt. Gemeinsam mit Russland und Österreich sorgte Preußen im 18. Jahrhundert dafür, dass der polnische Staat für etwa 120 Jahre aufhörte zu existieren. Ein Beschluss des Vorparlaments in der Frankfurter Paulskirche im März 1848, in dem die Wiederherstellung des polnischen

In Polen ist der Kniefall Willy Brandts unvergessen

Staates als die ›heilige Pflicht des deutschen Volkes‹ und die Teilung als ›schreiendes Unrecht‹ bezeichnet wurde, hatte keine nachhaltigen Auswirkungen. Erst nach dem Ersten Weltkrieg erlangte Polen seine Unabhängigkeit zurück. Sie dauerte nur knapp 21 Jahre. Im September 1939 überfiel Deutschland Polen – der Beginn des Zweiten Weltkriegs. Die deutschen Besatzer verfolgten ihr Ziel, die ›Germanisierung‹ des eroberten Gebiets, mit fürchterlicher Brutalität. Die polnische Stadt Auschwitz ist seitdem ein Synonym für den Holocaust. Dass Stalins Truppen sich in den von der Sowjetunion besetzten polnischen Gebieten kaum weniger brutal verhielten, kann die Schuld der Nazis keineswegs relativieren. Im August 1945 wurden neue Nachkriegsgrenzen festgelegt. Die polnische Grenze wurde bis zur Oder-Neiße-Linie nach Westen verschoben. Zugleich verlor Polen seine östlichen, heute zur Ukraine und zu Weißrussland gehörenden Gebiete. Millionen Menschen wurden aus ihrer Heimat vertrieben.

Angesichts dieser Vergangenheit erscheint die Entwicklung der deutsch-polnischen Beziehungen wie ein Wunder. Zwar nahm die DDR schon 1949 diplomatische Beziehungen zum sozialistischen Bruderstaat auf und schloss 1950 sogar einen Freundschaftsvertrag, in dem die Oder-Neiße-Linie als Grenze zwischen den beiden Staaten verbindlich festgeschrieben wurde. Doch blieb diese Freundschaft nur vordergründig. Dass die DDR keinerlei Verantwortung für die Taten des Zweiten Weltkriegs übernehmen wollte, war für viele Polen unerträglich. Die Kontakte zwischen Warschau und Bonn waren zunächst noch frostiger. Die Oder-Neiße-Linie als östliche Grenze Deutschlands war für viele Deutsche in den ersten Nachkriegsjahren inakzeptabel. Ein Briefwechsel mit den katholischen Bischöfen in Deutschland, mit dem die polnischen Bischöfe 1965 die Hand zur Versöhnung ausstreckten, war dann ein wichtiger Schritt auf dem Weg zur Annäherung zwischen den Bürgern beider Staaten. Bedeutsam war auch die ebenfalls 1965 veröffentlichte und von heftigen innenpolitischen Diskussionen begleitete Denkschrift der evangelischen Kirche in Deutschland, in der die Anerkennung der Oder-Neiße-Linie gefordert wurde. Im Jahr 1970 unterzeichneten die polnische und die deutsche Regierung den Warschauer Vertrag, in dem die Bundesrepublik Deutschland auf Gebietsansprüche verzichtete. Die ungewöhnliche Geste des am Mahnmal für die Opfer des Aufstandes im Warschauer Ghetto knienden Bundeskanzlers Willy Brandt wurde weltweit zum Symbol einer Annäherung der ehemals verfeindeten Staaten. Große Gesten sorgten auch nach 1989 für Auftrieb in den deutsch-polnischen Beziehungen. Unter Bundeskanzler Helmut Kohl bestätigte das vereinigte Deutschland im Jahr 1990 die Oder-Neiße-Grenze. Ein Jahr später wurde zwischen Polen und Deutschland der ›Vertrag über gute Nachbarschaft und freundschaftliche Zusammenarbeit‹ geschlossen. Zahlreiche deutsch-polnische Städtepartnerschaften wurden in den Jahren nach der Vertragsunterzeichnung begründet und bringen seitdem die Menschen einander näher. Ebenso bedeutsam sind die Errichtung des Deutsch-Polnischen Jugendwerks und der Stiftung Deutsch-Polnische Zusammenarbeit.

Władysław Bartoszewski

Zur Verbesserung des Deutschlandbilds in Polen hat auch der Besuch des Bundespräsidenten Roman Herzog im Jahr 1994 anlässlich des 50. Jahrestags des Warschauer Ghettoaufstandes erheblich beigetragen. Auf Einladung des damaligen polnischen Präsidenten Lech Wałęsa war Herzog nach Warschau gereist und hatte die vorbehaltlose Anerkennung der deutschen Schuld für die Leiden der polnischen Bevölkerung im Zweiten Weltkrieg erklärt. Ein Jahr später hielt der damalige polnische Außenminister Władysław Bartoszewski eine Ansprache vor dem Deutschen Bundestag. Bartoszewski drückte damals im Namen seines Volkes das Bedauern über das Nachkriegsschicksal der deutschen Flüchtlinge und Vertriebenen aus.

Inzwischen ist die Zeit der großen Gesten vorüber. In der EU arbeiten beide Regierungen eng zusammen, auch wenn es, wie zum Beispiel in Energiefragen, immer wieder mal unterschiedliche Ansätze gibt. Es ist Normalität in die deutsch-polnischen Beziehungen eingekehrt, und gerade das ist vor dem Hintergrund der schwierigen Geschichte die eigentliche Sensation. Zu glauben, die Beziehungen beider Länder zueinander bräuchten deshalb kein besonderes Augenmerk mehr, wäre allerdings fahrlässig. Gerade die Ukraine-Krise des Jahres 2014 und die Rolle Russlands haben das deutlich gezeigt. Die auf historischen Erfahrungen beruhende, tief in der polnischen Seele sitzende Angst vor Russland hat in Polen offen die Frage aufkommen lassen, ob Deutschland sein Nachbarland Polen im Bündnisfall verteidigen würde. Mit Blick auf einige verständnisvolle deutsche Stimmen zu Putins Verhalten gab die große Tageszeitung ›Gazeta Wyborcza‹ eine pessimistische Antwort. Diese Skepsis macht klar: für Einrichtungen wie das Deutsch-Polnische Jugendwerk, die Stiftung Deutsch-Polnische Zusammenarbeit und viele andere zivilgesellschaftliche Initiativen gibt es weiterhin eine ebenso große Daseinsberechtigung wie für einen vertrauensbildenden Dialog beider Länder.

Kunst und Kultur

In Krakau, das Schauplatz vieler wichtiger Ereignisse der polnischen Geschichte und für die Entwicklung des polnischen Nationalbewusstseins so sehr prägend war und wo sich die älteste Universität Polens befindet, ist der kulturelle Herzschlag des Landes besonders deutlich zu spüren. Natürlich gibt es auch in Warschau, Breslau und anderswo ausgezeichnete Theater, und natürlich kommen international anerkannte polnische Künstler und Literaten auch aus anderen Städten des Landes. Doch haben Kultur und Wissenschaft in Krakau traditionell und nach wie vor eine herausragende Stellung inne.

Wissenschaft

Wer abseits der Haupttouristentrassen durch Krakaus Straßen schlendert, wird schnell feststellen, dass die Stadt trotz ihrer reichen Geschichte und historischen Bausubstanz jung wirkt. Ganz sicher liegt das auch an den insgesamt knapp 200 000 Studierenden, die laut Stadtverwaltung im Jahr 2013 an den 22 staatlichen und privaten Krakauer Universitäten und Hochschulen eingeschrieben sind – eine sehr beachtliche Zahl, wenn man bedenkt, dass in Krakau knapp 760 000 Menschen leben. Aber bei Weitem nicht jede und jeder Studierende an einer der Krakauer Hochschulen wohnt auch in der Stadt. Zum einen ist das berufsbegleitende Fernstudium, im Polnischen ›studia zaoczne‹ genannt, in Polen sehr beliebt. Zum anderen zieht die Stadt viele täglich pendelnde Studierende aus dem Umland an. Sie kommen, um an so berühmten Universitäten wie der Jagiellonen-Universität, der Akademie der Schönen Künste oder der nach Johannes Paul II. benannten Päpstlichen Universität zu studieren. Dabei können sie sich in bester Gesellschaft fühlen. So war der Astronom Nikolaus Kopernikus im 15. Jahrhundert Krakauer Student, ebenso wie im vergangenen Jahrhundert der Theologe und spätere Papst Karol Wojtyła und die Literaturnobelpreisträgerin Wisława Szymborska.

Bei der Vielzahl an Hochschulen ist das Studienangebot sehr breit gefächert. Neben traditionellen Fachrichtungen wie Medizin, Jura und Theologie entstehen auch immer wieder neue Studiengänge wie zum Beispiel das im Februar 2012 neu eingerichtete Postgraduiertenstudium Önologie an der Jagiellonen-Universität, mit dem man den sich erst entwickelnden Weinbau in Polen unterstützen wird.

Literatur

Dass Literatur in Polen groß geschrieben wird, lässt bereits die Anzahl der Literaturnobelpreisträger erahnen: Insgesamt vier Polen wurde diese besondere Ehre in der Geschichte der vom Schweden Alfred Nobel gegründeten Stiftung zuteil, nämlich Henryk Sienkiewicz im Jahr 1905, Władysław Reymont (1924), Czesław Miłosz (1980) und Wisława Szymborska (1996). Czesław Miłosz und Wisława Szymborska sind eng mit Krakau verbunden. Der 1911 im heutigen Litauen geborene Czesław Miłosz arbeitete nach dem Zweiten Weltkrieg zunächst in New York, Washington und Paris als Kulturattaché in den polnischen Vertretungen, bis er sich 1951 bewusst gegen die Volksrepublik Polen entschied und

zunächst in Frankreich lebte. Dort veröffentlichte er mit dem Essayband ›Ver-
führtes Denken‹ (Zniewolony umysł)
ein sehr kritisches Werk zum damals
herrschenden Stalinismus. In den
1960er Jahren wurde er schließlich Li-
teraturprofessor an der kalifornischen
Berkeley-Universität. In Polen durften
seine Bücher in dieser Zeit längst nicht
mehr erscheinen – bis zum Jahr 1980,
als Miłosz den Literaturnobelpreis
erhielt. Nach der Revolution im Jahr
1989 zog Miłosz, der inzwischen die
US-amerikanische Staatsangehörig-
keit erhalten hatte, nach Krakau, auch
wenn er zunächst noch auch seinen
Wohnsitz in Kalifornien aufrechthielt.
Im Jahr 2004 starb Miłosz, den einige
für den größten polnischen Dichter des
20. Jahrhunderts halten, in Krakau.

*Wisława Szymborska, Portrait von
Krzysztof Gierałtowski*

Noch enger mit Krakau verbunden als Miłosz ist Wisława Szymborska. Als sie
1996 mit dem Literaturnobelpreis »für eine Poesie, die mit ironischer Präzision
den historischen und biologischen Zusammenhang in Fragmenten menschlicher
Wirklichkeit hervortreten lässt«, wie es in der Erläuterung des Nobelpreisko-
mitees heißt, ausgezeichnet wurde, war die Freude zwar in ganz Polen groß, in
Krakau aber besonders. Schließlich wohnte die 1923 geborene Dichterin bereits
seit ihrem achten Lebensjahr hier und trägt seit vielen Jahren ihren Teil zum Ruf
Krakaus als Kulturstadt bei. Nach dem Krieg studierte Wisława Szymborska drei
Jahre lang polnische Literatur und Soziologie an der Jagiellonen-Universität.
1945 konnte die heute berühmte Krakauerin auch erstmals mit ›Ich suche das
Wort‹ (Szukam Słowa) eines ihrer Gedichte in einer Krakauer Zeitung, dem
Dziennik Polski, veröffentlichen. Als Wisława Szymborska Ende der 1940er
Jahre ihren ersten Gedichtband herausgeben wollte, scheiterte sie an den Hürden
des politischen Systems – die Texte entsprachen nicht den Anforderungen des
sozialistischen Realismus. Wohl nicht zuletzt vor diesem Hintergrund passte
sie sich, anders als der im Exil lebende Czesław Miłosz, in den frühen 1950er
Jahren zunächst den Formen der stalinistischen Poesie an, um diese aber schon
1957 mit der Sammlung ›Wołanie do Yeti‹ (Ruf zum Yeti) wieder zu verlassen.
Szymborska erhielt noch 1963 eine Auszeichnung des Polnischen Kulturminis-
teriums, arbeitete aber in den 1980er Jahren an der polnischen Exilzeitschrift
›Kultura‹ mit. Für ihr Lebenswerk erhielt die in der Öffentlichkeit eher selten
in Erscheinung getretene Krakauerin zahlreiche internationale Preise, darunter
1991 den Goethepreis und 1995 den Herderpreis. Die wichtigste Auszeichnung
erfolgte jedoch im Jahr 1996 mit dem Nobelpreis für Literatur. In ihrer Rede anlässlich der Verleihung in Oslo sagte Szymborska: »In der Sprache der Poesie, wo
jedes Wort wiegt, ist nichts mehr gewöhnlich und normal. Kein Stein und keine

Wolke über ihm. Kein Tag und keine Nacht nach ihm. Und über alles existiert niemand auf der Welt.« Am 1. Februar 2012 verstarb die große Krakauerin in ihrer Heimatstadt.

Bemerkenswerte Literaten hat Polen natürlich nicht erst seit dem 20. Jahrhundert hervorgebracht. Besondere Bedeutung für das Land hat noch heute die Zeit der Romantik in der Mitte des 19. Jahrhunderts. So erinnern in vielen polnischen Orten Straßen- und Schulnamen an Adam Mickiewicz, den großen Nationaldichter, dessen Werk ›Pan Tadeusz‹ zwischen Ostsee und Karpaten wohl ebenso vielen Menschen bekannt ist wie Goethes ›Faust‹ in Deutschland. In Krakau ist Adam Mickiewicz unübersehbar auf dem Marktplatz zwischen Tuchhallen und Marienkirche mit einem Denkmal verewigt. Mehr über den großen Nationalhelden ist daher in diesem Reiseführer im Marktplatzkapitel zu finden. Aber auch andere Vertreter der polnischen Romantik haben einen über Polen hinaus reichenden Bekanntheitsgrad erreicht, so beispielsweise Juliusz Słowacki, nach dem in Krakau ein Theater benannt ist, und Zygmunt Krasiński, aber auch Józef Ignacy Kraszewski, der in Folge eines Aufstands in Warschau gegen die russischen Besatzer im Januar 1863 nach Dresden emigrierte, dort viele Jahre blieb und in dieser Zeit unter anderem die bekannten Sachsen-Romane schrieb.

Die polnische Gegenwartsliteratur hat ebenfalls bedeutende Schriftsteller hervorgebracht. Die Werke einiger dieser Dichter sind in viele Sprachen, auch ins Deutsche, übersetzt worden. Namen wie der des Danziger Autors Paweł Huelle, der bereits mit dem Roman ›Weiser Dawidek‹ in den 1980er Jahren einen großen Erfolg landete und auch mit ›Mercedes Benz‹ und ›Castorp‹ auf dem deutschen Buchmarkt Einzug erhielt, sind zu nennen, ebenso wie Andrzej Stasiuk – bekannte Werke sind ›Dojczland‹ und ›Die Welt hinter Dukla‹ – und Olga Tokarczyk (›Ur und andere Zeiten‹). Autoren von internationalem Rang sind auch der Science-Fiction-Schriftsteller Stanisław Lem, der nach dem Krieg von Lemberg in der heutigen Ukraine nach Krakau umsiedelte und dort im Jahr 2006 verstarb, und Sławomir Mrożek, der im Jahr 1930 geborene Dramatiker, der lange Zeit in Krakau lebte und heute in Nizza wohnt.

Musik

»Ich glaube an Musik, die Wurzeln hat. Ich bin ein ernster Komponist, der die Welt so sieht, wie Sie vielleicht heute gar nicht mehr da ist, wie sie in meiner Kindheit war.« Mit diesen Worten beschrieb sich Krzysztof Penderecki, einer der ganz großen Komponisten unserer Zeit, im Juni 2003 in einem Interview mit der ›Welt am Sonntag‹. Er ist nicht nur einer der ganz Großen der Klassischen Musik, er ist auch einer der ganz großen Krakauer. Krzysztof Penderecki wurde 1933 im etwa 130 Kilometer östlich von Krakau gelegenen Dębica geboren. Seine ebenso beeindruckende wie preisgekrönte Karriere begann schon im Kindesalter, und mit 18 Jahren wurde der junge Penderecki in das Krakauer Konservatorium aufgenommen, mit 21 Jahren begann er das Studium der Musik an der Krakauer Staatsakademie. Schon 1958, direkt nach Abschluss des Studiums, unterrichtete Krzysztof Penderecki an der Musikhochschule. Nach und nach entwickelte er sich zu einem wichtigen Vertreter der Avantgarde. Den ersten bedeutsamen

Krzysztof Penderecki

Musikpreis erhielt der Krakauer Musiker 1959 beim 2. Warschauer Wettbewerb Junger Polnischer Komponisten für seine Werke ›Strophen‹, ›Emanzipationen‹ und ›Aus den Psalmen Davids‹.

Penderecki ist auch mit Deutschland eng verbunden, so wurde beispielsweise 1960 sein Stück ›Anaklasis‹ für 42 Streichinstrumente bei einer Uraufführung durch das Südwestfunkorchester von den Medien gefeiert. 1961 erhielt er für ›Dimensionen der Zeit‹ den UNESCO-Preis. Von 1966 bis 1968 lehrte der Penderecki an der Essener Folkwang-Hochschule und begann mit der Arbeit an seiner ersten Oper mit dem Titel ›Die Teufel von Loudon‹.

1972 wurde er Rektor der Musikhochschule Krakau, von 1973 bis 1978 lehrte er an der Yale University in New Haven. Weitere Opern und andere Werke entstanden, zahlreiche Auszeichnungen wie das Große Bundesverdienstkreuz im Jahr 1990, der Preis des Internationalen Musikrates der UNESCO im Jahr 1995, der Staatspreis des Landes Nordrhein-Westfalen 2002 und der Praemium Imperiale im Jahr 2004 folgten – um nur einige wenige Ehrungen zu nennen. Krzysztof Penderecki, der trotz seines Weltruhms sehr mit seiner Region verbunden ist, wohnt in einem kleinen Ort etwa 90 Kilometer östlich von Krakau.

Neben Penderecki, dem großen Krakauer Lokalmatadoren, haben sich verschiedene andere Polen in der Musik internationale Anerkennung erworben. Einer von ihnen ist der Komponist Henryk Górecki, der im Jahr 2010 im Alter von fast 77 Jahren in Katowice verstarb. Er wurde vor allem mit seiner 3. Sinfonie bekannt, in der er in drei Sätzen polnische Texte musikalisch darstellt, nämlich ein Klagelied Marias aus dem 15. Jahrhundert, ein Gebet, das an einer Zellenwand eines Gestapogefängnisses gefunden wurde, sowie ein Volkslied aus der Zeit der schlesischen Aufstände (1919–1921).

Der wohl bekannteste polnische Musiker war der Pianist und Komponist Frédéric Chopin, der 1810 als Sohn einer Polin und eines Franzosen mit dem Vornamen Fryderyk in Żelazowa Wola bei Warschau geboren wurde, seine Jugend in Warschau verbrachte,

Der wohl bekannteste polnische Komponist: Frédéric Chopin

später jedoch größtenteils in Paris lebte. Im Jahr 1849 verstarb Chopin. Seine Werke machten ihn indessen unsterblich. Sein Geburtshaus in Żelazowa Wola ist heute ein Museum.

Was für Jazzkenner nichts Neues ist, führt bei in dieser Hinsicht unbedarften Polenbesuchern immer wieder zu Überraschungseffekten: Polens Musik ist auch vom Jazz geprägt. Selbst zu Zeiten der Volksrepublik Polen war das polnische Interesse am Jazz nicht zu zügeln, und große Jazzfestivals fanden im Land statt. Das ist auch heute noch zu spüren, auch in Krakau: Regelmäßig laden Krakauer Kneipen zu Jazzabenden ein.

Film

Polański, Wajda, Stuhr – auch der polnische Film hat große Namen hervorgebracht. Diese drei Namen sind in unterschiedlicher Weise auch mit der Stadt Krakau verbunden.

Da ist zu allererst Roman Polański zu nennen, der als Regisseur für die Verfilmung des Holocaust-Dramas ›Der Pianist‹ einen Oscar für die beste Regie und die Goldene Palme von Cannes in der Kategorie ›Bester Film‹ erhielt. Auch mit anderen Filmen wie ›Tanz der Vampire‹, ›Rosemaries Baby‹ oder ›Der Gott des Gemetzels‹ war der Regisseur erfolgreich und bei den Kritikern hoch angesehen. Der 1933 in Paris geborene Polański ist Sohn eines aus Krakau stammenden Juden. Seine Mutter hatte einen jüdischen Vater und eine christliche Mutter. Als sich in den 1930er Jahren der Antisemitismus auch in Frankreich auf dem Vormarsch befand, zog die Familie Polański im Jahr 1936 nach Krakau und erlebte in Polen den Beginn des Zweiten Weltkriegs und die Nazi-Besatzung. Die Familie wurde ins Krakauer Ghetto verbracht. Seine Mutter starb im Konzentrationslager Auschwitz, sein Vater konnte den Holocaust überleben – ebenso wie der junge Roman, der als Kind aus dem Ghetto fliehen konnte und bei einer christlichen Familie in Krakau Unterschlupf fand. Nach dem Krieg studierte Polański in Krakau Kunst und dann an der Filmhochschule in Łódź. In den 1960er Jahren verließ er Polen, ging zunächst nach England, dann in die USA. In Folge einer Anklage wegen Vergewaltigung einer 13-Jährigen verließ Polański die USA in den 1970er Jahren in Richtung Europa. Zuletzt geriet der Fall in die Öffentlichkeit, weil Polański zwar im Jahr 2009 bei der Einreise in die Schweiz zunächst festgehalten wurde, das Land anschließend aber die Auslieferung in die USA verweigerte.

Schon seit seinen Krakauer Zeiten ist Roman Polański mit Andrzej Wajda befreundet, einer weiteren weltweit geachteten Größe des Films. Wajda wurde im Jahr 1926 in Suwałki geboren und kam nach dem Zweiten Weltkrieg zum Kunststudium nach Krakau. Über die Filmhochschule in Łódź gelangte er zum Film. Sein erster großer Regieerfolg wurde im Jahr 1957 der Film ›Der Kanal‹, der vom Warschauer Aufstand im Jahr 1944 handelt. Weitere bedeutende Filme des Regisseurs sind ›Korczak‹ aus dem Jahr 1990, ›Pan Tadeusz‹ (1999) und ›Das Massaker von Katyń‹ (2007). Nicht nur beim Film führt Wajda Regie. Unter anderem am Alten Theater Krakau (Teatr Stary) trat er in der Vergangenheit immer wieder als Theaterregisseur in Erscheinung. Zudem

Andrzej Wajda 1974 bei Dreharbeiten

war Andrzej Wajda nach dem Systemwechsel von 1989 bis 1991 Mitglied des
Polnischen Senats. Auch das Japanische Zentrum Manggha in Krakau direkt
an der Weichsel gegenüber dem Wawel geht auf Wajdas Initiative zurück.
Der dritte Große im Krakauer Filmterzett ist der im Jahr 1947 in Krakau geborene
Jerzy Stuhr. Der Schauspieler, Theater- und Filmregisseur und frühere Rektor der
Krakauer Schauspielschule spielte zuletzt in dem Film ›Habemus Papam – Ein
Papst büxt aus‹ eine Rolle. Unter anderem beim polnischen Film ›Das große
Tier‹ führte der Krakauer Jerzy Stuhr die Regie.

Bildende Kunst

Keine Frage: Krakau und überhaupt ganz Polen sind in Sachen Bildender Kunst
eine Reise wert. Schon in der Renaissance, als Künstler aus Italien in die damalige polnische Hauptstadt kamen und Kunstschulen gründeten, stand Krakau für
Meisterwerke der Kunst der damaligen Zeit. Der Sitz der Königsfamilie – der
Wawel mit seiner Kathedrale und der Sigismundkapelle – ist ein bedeutendes
Zeugnis der Zeit italienischer Einflüsse in Polen, und er beherbergt eine Fülle
von Kunstschätzen gerade aus dieser Zeit. Und wenn auch nicht in Krakau und
auch nicht von einem Krakauer Künstler erschaffen, so ist doch mit Leonardo
da Vincis ›Dame mit Hermelin‹ ein weltweit beachtetes Renaissancegemälde
dauerhaft im Czartoryski-Museum in der Krakauer Altstadt zu sehen.

Italienische Einflüsse in Krakau und im gesamten Polen gab es auch in der
Zeit des Barock, in der der Architekt Giovanni Trevano an verschiedenen Stellen der Stadt wie dem Wawel, der St.-Peter-und-Paul-Kirche sowie der Izaak-
Synagoge Spuren hinterließ. Wie die polnische Literatur war auch die Kunst
im 19. Jahrhundert von der Auseinandersetzung mit den Teilungen des Landes
geprägt. Die Künstler dieser Zeit waren oft mit Krakau eng verbunden, und ihre
patriotischen Historienmalereien sind heute hier zu sehen. Jan Matejko ist der

vielleicht bedeutendste Vertreter der polnischen Historienmalereien des 19. Jahrhunderts, aber auch Juliusz Kossak ist zu nennen. Und auch der führende Kopf des sogenannten Jungen Polens – Ende des 19., Anfang des 20. Jahrhunderts –, Stanisław Wyspiański, war ein Krakauer Künstler und ist noch heute mit seinen Werken in der Stadt präsent. An anderen Stellen dieses Reiseführers wird über die Arbeit der Krakauer Vertreter der führenden polnischen Kunstgeschichte ausführlicher berichtet. Interessante Museen und Galerien laden nämlich zu einer intensiveren Auseinandersetzung mit den Werken Wyspiańskis und Matejkos ein und auch mit der Beschäftigung etwa mit Tadeusz Kantor, dem großen Krakauer Künstler und Theaterregisseur des 20. Jahrhunderts.

Heute sorgt nicht zuletzt die Akademie der Schönen Künste dafür, dass Krakau in der polnischen Kunst weiterhin eine führende Rolle einnimmt.

Die Bedeutung der katholischen Kirche in Polen

Wer aufmerksam durch Krakau geht, aber auch durch andere Orte Polens, wird die Bedeutung der katholischen Kirche für das Land nicht übersehen. Andere christliche Konfessionen wie die evangelische oder die orthodoxe Kirche sind kleine Gemeinschaften, andere Religionen nahezu nicht vorhanden, auch wenn aus der Tatarenzeit im Nordosten Polens mit den sogenannten Lipka-Tataren eine kleine muslimische Minderheit seit 600 Jahren beheimatet ist. Von den etwa 38 Millionen in Polen lebenden Menschen sind fast alle katholisch. Die Zahl der evangelischen Christen wird dagegen auf nur etwa 80 000 Menschen beziffert.

In kaum einem Staat in Europa, Irland ausgenommen, ist die Bevölkerung so eng mit der katholischen Kirche verbunden wie in Polen. Zwar gibt es auch andere Regionen auf dem Kontinent, insbesondere in Südeuropa, in denen ganz überwiegend katholische Christen leben. Aber in Polen kommt der Kirche eine besonders hohe Bedeutung zu. Rings um Krakau, in einer der konservativeren

Ein alltäglicher Anblick in Krakau

polnischen Regionen, ist diese religiöse Ausrichtung nochmals stärker ausge-
prägt. Nicht nur in den Dörfern orientiert sich das gesellschaftliche Leben am
Kalender des Kirchenjahres. Abgesehen von der Großstadt Krakau wird beispielsweise in weiten Teilen Kleinpolens aus religiösen Gründen an Freitagen
nicht öffentlich getanzt, auch in Diskotheken nicht. Die Fastenzeit vor Ostern
wird nicht nur auf den Karfreitag reduziert, an dem auch in vielen deutschen
und österreichischen Familien kein Fleisch gegessen wird. Zwar bedeutet Fasten
vor Ostern in Polen keinesfalls wochenlanger Fleischverzicht. Doch sind Feiern,
etwa eine Hochzeit, in der Fastenzeit in der gesamten Region um Krakau herum undenkbar. Angesichts dieser Bedeutung der Religion im Alltagsleben ist
der sonntägliche Gang in eine der stets gut besuchten polnischen Kirchen eine
Selbstverständlichkeit in vielen Häusern.

Die auffallend starke Rolle der katholischen Kirche in Polen hat historische
Wurzeln. Schon die Gründung des polnischen Staates ist auf die Annahme des
christlichen Glaubens durch den Fürsten Mieszko zurückzuführen. Untrennbar
sind die Anfänge des polnischen Staats daher mit der Kirche verbunden. In der
Zeit der Reformation konnten sich die Ideen Luthers und Calvins in Polen nicht
dauerhaft durchsetzen. Besonders wichtig für die heutige Bedeutung der katholischen Kirche war die Rolle, die sie seit dem späten 18. Jahrhundert spielte. In der
Zeit nach den Polnischen Teilungen, als Polen politisch nicht mehr existierte, war
die Kirche für das Volk ohne Staat ein Ort, in dem die Menschen ihre nationalen
Werte bewahren konnten. Über die katholische Kirche grenzte man sich deutlich
von den russischen und preußischen Besatzern ab.

Eine ähnliche, wenn auch nur schwer vergleichbare Funktion kam der Kirche
in Polen auch in der kommunistischen Zeit nach dem Zweiten Weltkrieg zu. Sie
war die einzige nicht zu bezwingende Opposition. In die Kirche gingen nicht nur
Gläubige, sondern auch die, die einen Rückzugsort und größere Meinungsfreiheit
suchten. Die Wahl des Krakauer Kardinals Karol Wojtyła zum Papst im Jahr 1978
gab dieser Opposition weiteren Auftrieb. Solidarność und Kirche beteten und
stritten gemeinsam für Freiheit und Menschenrechte. Lech Wałęsa, der Held der
demokratischen Opposition und Friedensnobelpreisträger, hat nach der Wende
mehrfach betont, dass der Erfolg seiner Gewerkschaft ohne die Unterstützung
des Papstes und der katholischen Kirche nicht denkbar gewesen wäre.

Und auch heute noch ist die Kirche in Polen zwar in erster Linie für die meisten Menschen etwas, was zu ihrem Leben völlig selbstverständlich dazu-
gehört, ein Ort, an dem sie ihren Glauben praktizieren können, aus dem sie
Hoffnung und Kraft schöpfen. Sie ist aber auch eine Institution von beeindruckender politischer Stärke. So erinnerte sich Marek Borowski, sozialdemokratischer Parlamentspräsident von 2001 bis 2004, im Jahr 2009 in einem
Interview der Tageszeitung ›Gazeta Wyborcza‹ an die Zeit der polnischen
Volksabstimmung über den Beitritt zur Europäischen Union im Jahr 2003: »In
der Sache des die-Kirche-nicht-Reizens vor dem Beitritt zur Union war ich mit
Leszek Miller [der damalige Ministerpräsident] einer Meinung. Es ging darum,
dass die Pfarrer morgens in der Messe nicht sagten, dass die Leute nicht zum
Referendum gehen sollten. Wir fürchteten uns nicht um das Ergebnis, aber um
die Wahlbeteiligung.«

Johannes Paul II. – eine Stadt verehrt ihren berühmten Sohn

Es ist Freitag, der 1. April 2005, spätabends. Für diese Uhrzeit ungewöhnlich viel Verkehr ist auf den Krakauer Straßen unterwegs. Dabei kommt es nicht zu den ansonsten bei hoher Verkehrsdichte regelmäßig auftretenden Erscheinungen hektischer Überholversuche und quälender Hupkonzerte. Ruhig bewegen sich die Autos in Richtung Innenstadt. Auf allen Radiosendern – und mögen sie noch so kommerziell sein – wechselt sich ernste Musik mit von Andächtigkeit getragenen Reportagen ab. Die Nachricht hat sich in Windeseile im ganzen Land verbreitet: Papst Johannes Paul II. liegt im Sterben. Der Kardinal von Krakau ruft die Bevölkerung auf, sich vor dem Haus ul. Franciszkańska 3 in Krakau zu versammeln. Dort wohnte Karol Wojtyła, wie Johannes Paul II. mit bürgerlichem Namen bis zu seiner Wahl zum Papst hieß, als er noch Kardinal war. Und hier versammelte sich die Bevölkerung immer, wenn der Papst auf Besuch in seinem Heimatland Polen und in seiner Stadt Krakau war. Tausende von Menschen kommen an diesem Abend zu dem Haus. Sie beten und singen. Am darauffolgenden Tag, am Samstag, 2. April 2005, stirbt Johannes Paul II. Weltweit trauern Menschen und finden anerkennende Worte, in Polen aber ist die Trauer besonders groß.

Im ganzen Land war Johannes Paul II. in all den Jahren der Umstrukturierungen und der schwierigen Veränderungsprozesse, in denen das Ansehen von Politikern egal welcher Couleur im Keller war, die einzige unangefochtene moralische Autorität des Landes. Auch heute, einige Jahre nach seinem Tod, genießt Johannes Paul II. beispiellose Anerkennung in Polen. In Krakau findet die Liebe zum verstorbenen Oberhaupt der katholischen Kirche hingegen noch eine weitere Steigerung: Hier wird er verehrt.

Er, der 1920 mit dem Namen Karol Wojtyła in Wadowice bei Krakau geboren wurde, dann an der Krakauer Jagiellonen-Universität und an einer Schauspielschule studierte, 1942 im von den Nazis besetzten Polen seine Berufung zum Priestertum erhielt und in ein Krakauer Geheimseminar eintrat, um dann nach seiner Doktorarbeit zunächst Weihbischof, dann Erzbischof und im Jahr 1967 schließlich Kardinal von Krakau zu werden, der das Skifahren und das Wandern in der Hohen Tatra liebte, er war hier einer der ihren, ein Kind der Region. In vielen Städten Kleinpolens hat man Schulen, Straßen und Plätze bereits zu Lebzeiten nach diesem Papst benannt. Ob in der früheren Hauptstadt Krakau oder in kleinen Städtchen auf dem Land: Johannes Paul II. ist allgegenwärtig. Man ist stolz auf seine Leistungen.

Als am 16. Oktober 1978 in Rom mit den traditionellen Worten ›habemus papam‹ der Nachfolger für den nach nur 33 Tagen im Amt verstorbenen Papst Johannes Paul I. bekannt gegeben wurde, hielt die Welt einen Moment inne. Die Entscheidung für den Krakauer Kardinal Karol Wojtyła war eine Kampfansage an

Karol Wojtyła nach seiner Wahl zum Papst

die kommunistische Welt, in der es keinen Platz für Religion geben sollte. Der polnische Papst enttäuschte die in ihn gesetzten Erwartungen nicht. Bereits acht Monate nach seiner Wahl, im Juni 1979, bereiste er als Johannes Paul II. erstmals sein Heimatland Polen. Gegen das Drängen von Sowjetchef Leonid Breschnew ließ ihn die polnische Staatsführung ins Land. Der Einfluss der katholischen Kirche war in der tiefgläubigen Bevölkerung Polens einfach zu groß, und so wagte die politische Führung nicht, diesen ersten Besuch des Papstes in seinem Heimatland zu verhindern. Das Staatsfernsehen übertrug sogar live, als der von der Bevölkerung so ersehnte Gast am 2. Juni 1979 auf dem Warschauer Siegesplatz öffentlich eine Messe feierte. Die zum Abschluss der Messe an Gott gerichteten Worte, die immer wieder an historischen Jahrestagen über die Bildschirme laufen, haben sich tief in die polnische Seele eingegraben: »Möge Dein Geist herabsteigen und das Antlitz des Erdbodens erneuern. Dieses Erdbodens. Amen.« Alle hatten die Sätze verstanden: Die Gläubigen auf dem Siegesplatz, die Fernseh-

In vielen Orten, hier in Kalwaria Zebrzydowska, trifft man auf Statuen für Johannes Paul II.

zuschauer und die kommunistische Führung in Warschau. Den Erdboden erneuern, diesen Erdboden – das war unerhörte Kritik am Regime. Eine Erneuerung dieses polnischen Erdbodens nach christlichen Grundsätzen widersprach allen Vorstellungen der atheistischen Führungsriege um Parteichef Edward Gierek.

Wenige Tage später forderte Johannes Paul II. seine Landsleute auf den Krakauer Błonia-Wiesen auf:»Ihr müsst stark sein! Ihr müsst gläubig sein!« Am letzten Abend seiner ersten Polenreise, am 9. Juni 1979, trat der Papst an das Fenster des Hauses ganz in der Nähe des Krakauer Marktplatzes, in dem er die letzten 20 Jahre bis zu seiner Wahl gewohnt hatte und sprach zu den unzähligen Menschen, die auf ihn gewartet hatten. Auf dieser ersten Polenreise als Papst demonstrierte er, wie aussichtslos es für die Machthaber in Polen war, die christlichen Wurzeln dieses Landes zu leugnen. Und er sollte Recht behalten. Etwa ein Jahr später, im August 1980, gründete sich die Gewerkschaft Solidarność (Solidarität). Die Danziger Leninwerft wurde bestreikt. Ein Pfarrer hielt für die Streikenden eine Messe auf dem Werftgelände, vor der Werft wurde ein Kreuz aufgestellt. Kirche und Solidarność sägten Hand in Hand am Stuhl der sowjetischen Macht. Daran konnte auch die Ausrufung des Kriegszustandes durch General Jaruzelski am 13. Dezember 1981 in Polen nichts ändern. Vielmehr suchte die Bevölkerung noch mehr Halt in der Kirche, der einzigen legalen Opposition im Lande.

Im Jahr 1983 reiste Johannes Paul II. zum zweiten Mal in sein Heimatland. Bei der Ankunft sagte er zu Jaruzelski:»Ich bin gekommen, um in einem besonders schweren Moment der polnischen Geschichte mit meinen Landsleuten zu sein.« Johannes Paul II. appellierte an die Staatsführung, die Menschenrechte zu achten und traf sich mit dem ›Privatmann‹ Lech Wałęsa, der inzwischen zum Vorsitzenden der Solidarność geworden war. Jeder Auftritt des Papstes auf dieser zweiten Reise wurde zur Demonstration der Stärke, die die Gewerkschaft besaß. Bei seinem dritten Besuch in Polen 1987 gab Johannes Paul II. seinen Landsleuten mit auf den Weg:»Solidarität – das heißt der eine und der andere. Und wenn es eine Last gibt, dann eine gemeinsam, in der Gemeinschaft getragene. Und daher niemals: Einer gegen den anderen!« Im Februar 1989 saßen dann die polnische Regierung und die Solidarność gemeinsam in Warschau am sogenannten Runden Tisch, dem ersten in Europa. Viele Historiker urteilen heute, dass die Veränderungen in Polen entscheidend zum Fall der Berliner Mauer beigetragen haben.

Auch nach der Wende hat Johannes Paul II. mehrmals Polen besucht, zuletzt im Sommer 2002. Zur Messe mit dem Papst kamen damals etwa zwei Millionen Menschen auf die Krakauer Błonia-Wiesen. Mit Gesängen wie ›Kraków wita Cię‹, ›Kraków kocha Cię‹, ›Kraków dziękuje Ci‹ (›Krakau grüßt Dich‹, ›Krakau liebt Dich‹, ›Krakau dankt Dir‹) empfingen sie ihren Landsmann. Johannes Paul II. hat am Rad der Weltgeschichte ganz kräftig mitgedreht. Gerade in seinem Heimatland hat er tiefe Spuren hinterlassen – auch nach seinem Tod. So gaben sich Lech Wałęsa und Aleksander Kwaśniewski, die beiden tief verfeindeten politischen Gegner von einst, vor der Trauerfeier im Vatikan die Hand und legten ihren Streit bei. Skurrile Züge erhielt die nationale Trauerwelle, als die eigentlich eine herzliche Feindschaft pflegenden Fans der Krakauer Fußballvereine Wisła und Cracovia den Tod des polnischen Papstes zum Anlass nahmen, ihre Schals zusammenzuknoten und gemeinsam zu singen.

Heute kann es durchaus vorkommen, dass in polnischen Pfarrhäusern über dem Foto des amtierenden Papstes Franziskus ein wesentlich größeres Bild des im April 2014 heilig gesprochenen Johannes Paul II. hängt.

Essen und Trinken

Ebenso wie in anderen Regionen Europas wurde auch in Polen in früheren Jahrhunderten in den verschiedenen sozialen Schichten sehr unterschiedlich gekocht. Der Adel aß anders als das Bürgertum, und dieses wiederum unterschied sich in seinen Essgewohnheiten deutlich von den Bauern. Diese verschiedenen Traditionen sind im Laufe der Zeit in die polnische Küche eingeflossen und finden sich heute, vereinigt, in den verschiedensten Gerichten. Vermischungen fanden indessen nicht nur innerhalb Polens statt. Kriege, Besatzungen und Hochzeiten polnischer Könige haben wie überall in Europa auch die nationale Küche beeinflusst und ausländische Esskulturen nach Polen gebracht. So haben im Laufe der Jahrhunderte russische, österreichische, deutsche, litauische, mongolische, schwedische und türkische Elemente Eingang in die polnische Küche gefunden. Zum Beispiel gelangte in Folge der Heirat König Sigismunds I. mit der Italienerin Bona di Sforza im 16. Jahrhundert bis dahin unbekanntes Gemüse wie Blumenkohl und Artischocken auf den Krakauer Wawelhügel.

Doch trotz aller aktuellen europäischen und inzwischen längst auch weltweiten Einflüsse auf die Ernährungsgewohnheiten hält sich in Polen hartnäckig eine traditionelle Küche. Kartoffeln und Getreide bilden weiterhin in vielen polnischen Haushalten die Grundnahrungsmittel, deftige Fleischgerichte und heiße Suppen sind aus der polnischen Küche ebensowenig wegzudenken. Zur Landesgewohnheit gehört, dass in vielen Haushalten freitags kein Fleisch, sondern häufig Fisch gegessen wird.

Ein traditionelles polnisches Gericht, das man durchaus als Nationalgericht bezeichnen kann, ist zum Beispiel der Bigos. Dieser Eintopf aus gedünstetem Sauerkraut und Fleisch ist eigentlich überall zu finden, in Restaurants, Schnellimbissstuben und privaten Haushalten. Und Bigos schmeckt nicht nur gut, sondern ist auch praktisch. Ohnehin schon als Resteprodukt entstanden, weil man im Bigos die übriggebliebenen Speisereste der vergangenen Tage verwerten kann, hat der deftige Eintopf auch noch den Vorteil, dass er umso besser schmeckt, je länger der Zeitraum zwischen Vorbereitung und Servieren liegt. Heute kochen, morgen noch einmal erhitzen – und übermorgen schmeckt der Eintopf noch viel besser. Ein einheitliches Bigosrezept gibt es nicht. Jeder verfolgt bei den Zutaten seine Feinheiten. Und wohl in jedem polnischen Haushalt wird mit völliger Überzeugung behauptet, dass die Mutter den besten Bigos der Welt macht, dicht gefolgt von der Großmutter. Neben dem Sauerkrauteintopf kommen auch die Piroggen regelmäßig auf den Tisch. Diese Teigtaschen gibt es mit den verschiedensten Füllungen wie mit Fettquark, mit Obst, mit Pilzen oder mit Fleisch. Nach dem Kochen werden sie ohne Sauce, aber mit zerlaufener Butter oder Speck garniert. Zu den traditionell in Polen beliebten Suppen zählen Żurek und Barszcz Czerwony. Żurek ist eine mit Wursteinlage, am Freitag aus religiösen Gründen häufig vegetarisch zubereitete Roggenmehlsuppe, Barszcz Czerwony eine scharf gewürzte Rote-Rüben-Suppe.

Anders als etwa in der deutschen Küche wird in Polen nur sehr selten ein Dessert vorbereitet. Süße Speisen, dann zumeist Kuchen oder Kekse, sind eher etwas für den Nachmittag. Wenn es schon ein Dessert gibt, ist es nicht selten

Im Feinkostladen ›Krakowski Kredens‹ in der ul. Grodzka

flüssig. So ist der Kompott ein fester Bestandteil der polnischen Küche. Der Saft von in Wasser gekochten Früchten wird dabei abgekühlt und als Getränk zum Ende der Mahlzeit serviert. Neben dem Kompott zählt der Teegenuss zu den traditionellen polnischen Trinkgewohnheiten. Auch wenn in der jüngeren Generation Cappuccino und Milchkaffee immer mehr an Boden gewinnen, so ist doch der schwarze Tee das erste, was man Gästen anbietet, wenn sie nicht gerade bei hochsommerlichen Temperaturen erscheinen. Die Palette der kalten alkoholfreien Getränke lässt auch in Polen von Wasser über Saft bis hin zur Cola keine Wünsche offen. Eine Spezialität ist dabei der häufig und gern getrunkene schwarze Johannisbeersaft.

Auch Alkohol hat in Polen eine lange Tradition. Wodka und Bier sind weiterhin polnische Bestseller und oft von ausgezeichneter Qualität. Wer das Trinken des hochprozentigen Kartoffelschnapses lieber anderen überlässt, wird vielleicht von den vielen verschiedenen Flaschenformen ermutigt, sich ein flüssiges Andenken von einer Polenreise mit nach Hause zu nehmen. Edel aussehende und auch nicht gerade billige Wodkaflaschen wirken in einer Hausbar jedenfalls nicht schlecht. Biersorten gibt es in Polen inzwischen zahlreiche. Die regional vorherrschenden Marken in Krakau und Umgebung sind Żywiec und Okocim, und auch das in Schlesien gebraute Tyskie-Bier wird in der Region um Krakau gern getrunken. Eine Weintrinkernation waren und sind die Polen nicht. Doch der Weinmarkt in Polen wächst seit Jahren stetig, und inzwischen befindet sich der mit bald 24 Hektar größte Weinberg Polens am Fuß des Krakauer Kamaldulenserklosters. Auch der in den letzten Jahren neu eingeführte Postgraduiertenstudiengang Önologie an der Krakauer Jagiellonen Universität ist Ergebnis des gestiegenen Interesses am Wein und am Weinanbau in Polen.

Alt-Krakauer Lebensmittel und auch Souvenirs rund um das traditionelle Speisen bietet die Einzelhandelskette ›Krakowski Kredens‹ an. Eines der Geschäfte befindet sich in der ul. Grodzka in der Nähe des Krakauer Marktplatzes.

Rezepte

Drei besonders typische Speisen in Polen sind Barszcz czerwony, Bigos und Piroggen. Dafür gibt es viele Rezepte. Hier stellen wir jeweils eine Variante vor.

Barszcz czerwony (Rote-Rüben-Suppe)

Zutaten für 6 Portionen: 500 ml Rote-Rüben-Saft, 500 ml Wasser, 500 g rote Rüben, ½ Sellerie, 1 Zwiebel, 1 Lorbeerblatt, 1 Knoblauchzehe, Petersilie, etwas Piment, Salz, Pfeffer, Zucker.

Zubereitung: Geschälte und gewaschene Rüben, Sellerie und Zwiebel in Stücke schneiden, einen halben Liter Wasser und das Lorbeerblatt, die Knoblauchzehe, die Petersilie und das Piment hinzugeben; dann alles zusammen etwa eine Stunde kochen. Anschließend die Suppe durch ein Sieb laufen lassen und den Rote-Rüben-Saft hinzugeben; mit Pfeffer, Salz und Zucker abschmecken. Fertig ist der Barszcz. Wer möchte, kann kleine Piroggen in den Suppenteller legen und diese mit dem Barszcz übergießen. Das dann entstandene Gericht heißt dann ›Barszcz czerwony z uszkami‹ (Roter Barszcz mit Ohren).

Bigos

Zutaten für vier Personen: 1kg Sauerkraut, 400g Schweine- oder Rindfleisch, 300g Wurst, 100g geräucherter Speck, 50g Tomatenmark, 5 Pimentkörner, 2 Lorbeerblätter, Salz, Pfeffer, Suppengewürz.

Zubereitung: Das Sauerkraut schneiden und mit seiner Flüssigkeit in einen Topf geben. Das in feine Stücke geschnittene Fleisch mit der klein geschnittenen Wurst und dem Speck in den Topf geben und den Inhalt kurz aufkochen lassen. Pimentkörner und Lorbeerblätter hinzugeben und eine Stunde lang bei geringer Hitze köcheln lassen. Anschließend mit Tomatenmark, Salz, Pfeffer und Suppengewürz abschmecken. Nun sollte der Bigos mindestens einen Tag stehen und erst am nächsten oder gar am übernächsten Tag warm serviert werden. Dazu isst man Brot.

Pierogi Ruskie

Piroggen werden in Polen in den verschiedensten Variationen gegessen. Besonders beliebt sind Pierogi Ruskie, also ›Russische Piroggen‹.

Zutaten für vier Personen: 3 Gläser Mehl, 1 Ei, 200 ml Wasser für den Teig, 1kg gekochte und gepresste Kartoffeln.

Für die Füllung: 150g Fettquark, zwei geschnittene und geschmorte Zwiebeln, 1 Teelöffel Majoran, Salz und Pfeffer für die Füllung.

Zubereitung: Die Zutaten der Füllung vermischen und scharf abschmecken, die Zutaten für den Teig kneten. Der Teig darf nicht zu fest werden. Anschließend den Teig auf einem mit Mehl bestreuten Tisch ausrollen und mit einem Glas Kreise aus dem Teig ausstechen. Jede Scheibe mit etwas Füllung belegen und dann die Ränder der Scheiben zu Taschen fest zusammenkneten, so dass die Füllung beim Kochen nicht auslaufen kann. Gesalzenes Wasser kochen und einen Schuss Speiseöl hinzugeben. Dann die Piroggen in den Topf geben und etwa zwölf Minuten kochen lassen. Anschließend Wasser abtropfen lassen und die fertigen Piroggen servieren. Je nach Geschmack können sie noch mit geschmortem Speck garniert werden.

»Es gibt Orte, Augenblicke und Situationen, in denen sich die Vergangenheit mit der Gegenwart trifft, und das auf eine so leichte und natürliche Art und Weise, dass es fast überraschend wirkt. Ein solcher Ort ist Krakau.«

Jacek Woźniakowski

Blick von Westen zum Wawel

STADTSPAZIERGÄNGE

Eine Annäherung

Gerade im Süden Polens, wo man sich besonders gerne an die vergangenen Zeiten Krakaus als Landeshauptstadt erinnert, ist gelegentlich zu hören, dass die Polen ihre Hauptstadt Warschau achten, Krakau hingegen lieben. Bei einem Besuch in Krakau lernt man diese besondere Liebe der Menschen zu ihrer Stadt rasch zu verstehen.

Im Zweiten Weltkrieg von Zerstörungen in der Altstadt weitgehend verschont geblieben, fasziniert der historische Kern auch erfahrene Krakautouristen immer wieder. Die ul. Floriańska, der Rynek (Markt) mit den Tuchhallen, der Marienkirche und dem Rathausturm, das Collegium Maius, die ul. Grodzka und ganz besonders der Wawelhügel, auf dem Jahrhunderte lang die polnischen Könige residierten und gekrönt wurden, weisen einen großen kulturhistorischen Schatz auf – nicht ohne Grund hat die UNESCO die Krakauer Altstadt, die von einem herrlichen, Planty genannten Grüngürtel umgeben ist, auf ihre Liste des Weltkulturerbes gesetzt.

Kazimierz, der alte jüdische Stadtteil, ist eines der bedeutendsten Zeugnisse jüdischer Kultur in Europa, heute ein beliebtes Ausgehviertel und erfreut sich immer größerer Beliebtheit nicht nur bei Touristen. Zu Krakau gehört auch Nowa Huta, die zu Zeiten der Volksrepublik Polen als Vorzeigestadt um ein riesiges Stahlwerk erbaute Satellitenstadt. Dieses Nowa Huta hat heute trotz aufwendiger Bemühungen zur Verbesserung der Lebensqualität noch immer den Ruf eines Museums der Volksrepublik Polen.

Krakau hat für verschiedene Interessen und Geschmäcker einiges zu bieten. So ist die ehemalige polnische Hauptstadt ein kulturelles Zentrum des Landes. Viele Größen aus Kunst, Literatur und Musik sind entweder in Krakau und Umgebung aufgewachsen oder haben sich im Laufe ihres Lebens für die Stadt als ihren Lebensmittelpunkt entschieden. Theater- und Philharmoniefreunde können hier voll auf ihre Kosten kommen. Weiteren Auftrieb hat das kulturelle Leben im Jahr 2000 erhalten, als Krakau eine der damals neun Kulturstädte Europas war und dieser Sektor kräftige Finanzspritzen erhielt.

Daneben ist Krakau als Sitz der Selbstverwaltung der Wojewodschaft Małopolska, die insgesamt etwa 3,2 Millionen Einwohner zählt, eine politische Größe; es ist auch das wirtschaftliche Zentrum Kleinpolens. Der religiöse Puls Polens schlägt ebenso hier; mehr noch als in anderen Regionen des Landes lebt man im Alltag mit den Traditionen der katholischen Kirche.

Krakau ist aber auch die Stadt der Kneipen. Um den Marktplatz herum konzentriert sich das Nachtleben. Viele Kneipen um den Rynek sind in mittelalterlichen Gewölbekellern eingerichtet, nicht wenige bieten insbesondere im Sommer regelmäßig Livemusik, oft auch Jazz. Straßenkünstler gehören nicht nur in warmen Sommernächten zum Leben um den Marktplatz herum wie die Butter zum Brot.

Kurz gesagt, ist Krakau eine Stadt mit Zukunft und zugleich eine innige Begegnung mit der polnischen Geschichte. Die Stadtspaziergänge stellen die Stadt und ihre Geschichte vor und laden dazu ein, sich näher mit ihr zu beschäftigen. Dabei beginnen wir mit der Besichtigung der Krakauer Altstadt vom Florianstor über den Marktplatz bis zum Wawel. Weitere Spaziergänge im Stadtgebiet führen durch Kazimierz, Podgórze, Kleparz, Nowa Huta, nach Zwierzyniec und in den Wolski-Wald sowie zur Benediktinerabtei Tyniec, die streng genommen außerhalb der Grenzen Krakaus liegt.

▲ Karte S. 58

Auf dem Königsweg durch die Altstadt

Es empfiehlt sich, eine Besichtigung der Krakauer Altstadt am Florianstor (Brama Floriańska) zu beginnen, das in die ul. Floriańska, die Floriansstraße, führt. Seit ihrer Entstehung in der Mitte des 13. Jahrhunderts hat diese wohl bekannteste Krakauer Straße ihren Namen nicht mehr gewechselt. Wer durch das Florianstor schreitet, der befindet sich auf dem alten Königsweg, der von der Florianskirche an der ul. Warszawska über den Plac Matejki, auf dem heute ein Denkmal zur Erinnerung an die aus polnischer Sicht siegreiche Schlacht bei Tannenberg im Jahr 1410 steht, durch die Altstadt bis zum Wawel führt. Auf dem Weg zu ihrer Krönung gingen die polnischen Könige durch dieses Florianstor in die von einer Stadtmauer geschützte Altstadt.

Ul. Floriańska

Die ul. Floriańska ist eine der ältesten Straßen Krakaus und in Polen weit über die Grenzen der Stadt hinaus bekannt. Die alten und architektonisch interessanten Bürgerhäuser der Straße beherbergen heute Geschäfte, Restaurants und Kneipen – und dienen auch heute noch dem Wohnen.

■ Barbakan

Bevor man es den Monarchen der polnischen Geschichte nachmacht und durch das Florianstor hindurch in das Gebiet innerhalb der Stadtmauern schreitet, lohnt eine Besichtigung der nur wenige Meter entfernten Festungsanlage auf dem Gelände der ›Planty‹, des Grüngürtels um die Altstadt. Diese auffällige Bastion wird Barbakan genannt. Als die gesamte Krakauer Altstadt noch von einer Mauer umgeben war, gehörte der vor dem Eingangstor zur ul. Floriańska stehende runde Backsteinbau aus dem 15. Jahrhundert zum Verteidigungssystem der Stadt. Das mächtige Gebäude mit einem Durchmesser von 24 Metern und seinen dicken Mauern wurde nach Vorbildern in der arabischen Architektur geschaffen und ist in außergewöhnlich gutem Zustand erhalten geblieben. Von sieben kleinen Türmen aus wurden herannahende Gegner beobachtet,

Stadtspaziergänge

Der markante Barbakan

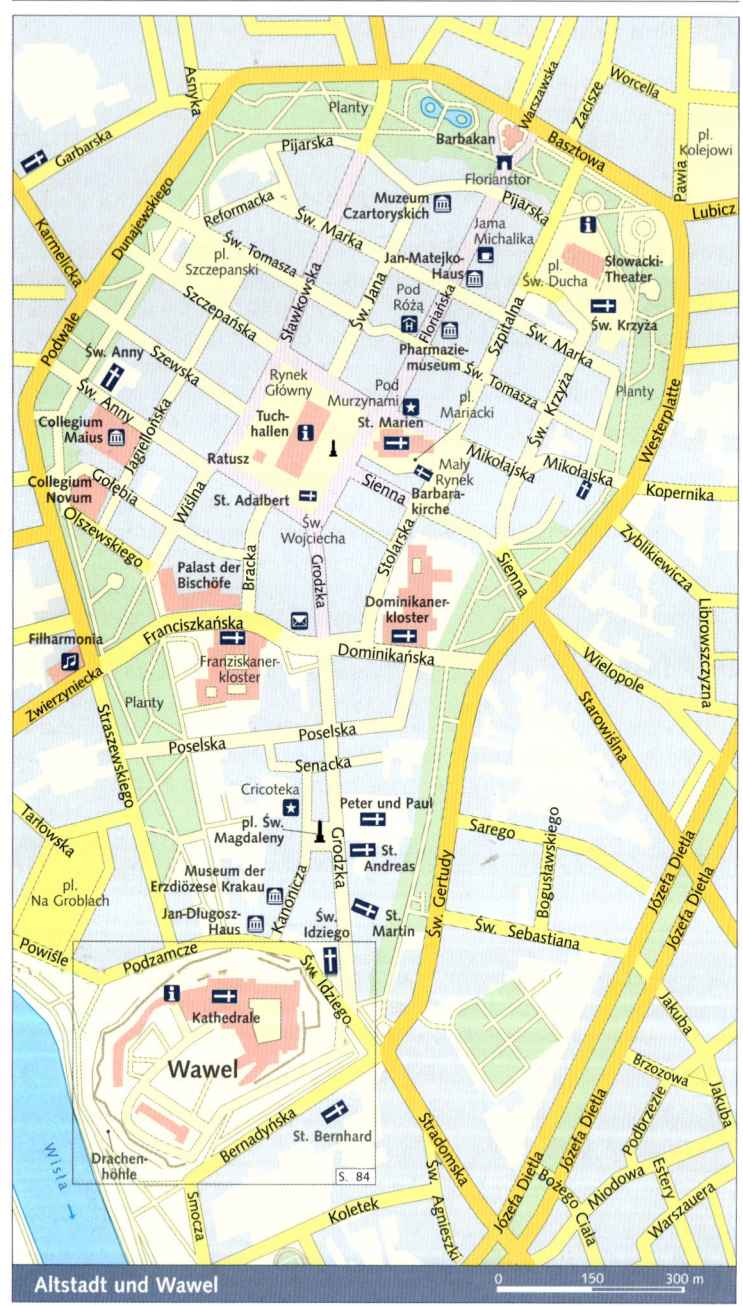

130 Schießscharten sind in die Mauer eingelassen. Die Festungsanlage, die einst über eine Brücke mit dem Florianstor verbunden war, ist in der Sommersaison für Besucher geöffnet.

■ Słowacki-Theater

Ebenso lohnenswert wie ein ausgiebiger Blick auf den Barbakan ist ein Abstecher zum nur wenige Meter vom Florianstor entfernten Juliusz-Słowacki-Theater in der ulica Szpitalna. Das im Jahr 1893 eröffnete Schauspielhaus wurde 1909 nach dem polnischen Schriftsteller Juliusz Słowacki (1809–1849) benannt, der neben Adam Mickiewicz als großer Vertreter der polnischen Romantik gilt. Das im Stil des Eklektizismus errichtete Słowacki-Theater mit einer Büste des polnischen Theaterautors Aleksander Fredro vor der Hauptfassade imponiert nicht nur von außen, auch das Innere versetzt seine Besucher in Staunen. Besonderes Augenmerk verdient der Bühnenvorhang. Er besteht aus einem 11,9 mal 9,6 Meter großen Ölbild von Henryk Siemiradzki, einem Krakauer Maler des 19. Jahrhunderts. Auf dem Vorhang, der sich nicht zusammenschieben lässt und daher regelmäßig hochgezogen bzw. heruntergelassen wird, sind Allegorien unter anderem der Inspiration, der Komödie und der Tragödie zu sehen. Sehenswert im Innern ist auch die ehemalige Garderobe des 1954 verstorbenen Schauspielers und Theaterdirektors Ludwik Solski, der die Wände des Raumes mit Zeichnungen und Sprüchen verziert hatte.

■ Florianstor

Vom Barbakan gelangt man schließlich durch das Florianstor in die Altstadt. Das Tor, Teil der alten Stadtmauer, ist nach dem Heiligen Florian benannt, dem Schutzpatron der Feuerwehr. Es ist das einzige noch erhaltene der ursprünglich

Stets belebt: die ul. Floriańska; im Hintergrund das Florianstor

acht Tore, die ins Innere der Stadtmauern führten, und wurde zu Beginn des 14. Jahrhunderts erbaut. Vom Barbakan aus sieht man einen in den Stein gehauenen Adler der Piasten-Dynastie über dem Tor hängen, und auf der Seite zur ul. Floriańska, der Floriansstraße, grüßt eine Plastik des Heiligen Florian. Im Durchgang befindet sich eine Kopie des Bildes der Tschenstochauer Mutter Gottes, der sogenannten Schwarzen Madonna.

Links vom Florianstor, an der Innenseite der Mauer, hängen gegenüber von Krakaus erstem, inzwischen längst nicht mehr einzigem McDonald's-Restaurant bei Wind und Wetter Bilder in den phantasievollsten Farben. Krakauer Künstler verkaufen dort ihre Werke, auf denen häufig örtliche Ansichten zu sehen sind. Für die einen sind die Bilder kitschige Massenware, andere sehen sie als willkommene Souvenirs aus Polen.

Mit dem Durchschreiten des Florianstors befindet man sich auf der ul. Floriańska.

Stadtspaziergänge

■ **Jama Michalika**

Vom Florianstor weiter in Richtung Marktplatz ist auf der linken Seite im Haus ul. Floriańska 45 ein bekanntes Café zu sehen, die Jama Michalika (Michaliks Höhle). Anfang des 20. Jahrhunderts war dieses Lokal ein beliebter Treffpunkt für Krakauer Künstler. Nicht immer sollen die Künstler zum Bezahlen ihrer verzehrten Speisen und Getränke in der Lage gewesen sein. Der verständnisvolle Betreiber, so heißt es, ließ sie zum Ausgleich ihrer Rechnungen die Wände bemalen, so dass die Jama Michalika auch heute noch mit kunstvoll bemalten Jugendstilwänden geschmückt ist. Anfang des 20. Jahrhunderts entstand hier das berühmte polnische Kabarett Zielony Balonik (›Grüner Ballon‹), für das der Krakauer Schriftsteller Tadeusz Boy-Żeleński Texte schrieb. Ein Besuch in dem stilvollen Café lohnt sich nicht nur wegen der leckeren Speisen und Getränke, sondern auch wegen des Zeitgeists des sogenannten Jungen Polen (frühes 20. Jahrhundert), der noch immer in der Jama Michalika zu spüren ist. Abends wird oft polnische Folklore geboten.

Eines der bekanntesten Cafés in Krakau

■ **Jan-Matejko-Haus**

Nur wenige Schritte von der Jama Michalika entfernt, auf der gleichen Straßenseite, befindet sich das Jan-Matejko-Haus (Nr. 41). Hier wurde 1838 Jan Matejko geboren, der Krakauer Historienmaler und Professor an der Akademie der Schönen Künste. Und hier lebte und arbeitete Jan Matejko, der im Alter von 55 Jahren verstarb. Der Name des Krakauer Künstlers, der verschiedene Szenen der polnischen Geschichte in Bildern verewigt hat, ist mit der Stadt Krakau eng verbunden. In dem Gebäude aus dem 16. Jahrhundert befindet sich heute das **Matejko-Museum** mit Werken sowie mit persönlichen Gegenständen des Krakauer Künstlers.

■ **Weitere Sehenswürdigkeiten**

Das Haus ul. Floriańska 25 beherbergt das **Pharmaziemuseum**. Dort werden Apothekenausstattungen vom 16. Jahrhundert bis zum 19. Jahrhundert gezeigt. In einem der Ausstellungsräume ist die Einrichtung einer Apotheke aus dem 17. Jahrhundert nachgebildet.

Im Haus Nummer 14 auf der rechten Seite der Straße wird seit über 200 Jahren das **Hotel Pod Różą** (›Zur Rose‹) betrieben. Das Eingangsportal aus dem 16. Jahrhundert trägt in lateinischer Sprache die Inschrift: »Möge dieses Haus so viele Jahre fortbestehen, bis die Ameisen das Meer ausgetrunken haben und die Schildkröte um die Welt gezogen ist.« Wieder auf der linken Seite, direkt an der Ecke der ul. Floriańska mit dem Rynek, steht mit der Nummer 1 das **Haus Pod Murzynami** (›Zu den Mohren‹). Diesen Titel erhielt das Gebäude aufgrund der beiden Steinmohren mit einem Korb voller exotischer Früchte, die die Fassade des ersten Stockwerks schmücken. Hier befand sich im 16. Jahrhundert eine Apotheke.

Karte S. 58

Rynek Główny

Eine der Krakauer Hauptsehenswürdigkeiten ist der Rynek Główny, der Hauptmarkt, der unbestritten eindrucksvollste Platz in Krakau und einer der schönsten Plätze Europas. Er war über die Jahrhunderte immer wieder Schauplatz wichtiger historischer Ereignisse, und wer auf dem quadratischen Platz in Ruhe entlangspaziert und sich auf seine Atmosphäre einlässt, kann sich leicht die Geschichten vorstellen, die die Steine der historischen Gemäuer erzählen könnten. Hier kniete im Jahr 1525 Prinz Albrecht von Hohenzollern und schwor dem polnischen König die Treue. Im Gegenzug erhielt er von König Sigismund dem Alten Preußen als Lehen. Nach der zweiten Teilung Polens schwor hier 1794 der Nationalheld Tadeusz Kościuszko seinen Eid, was den Beginn des Nationalaufstandes gegen die Besatzer zur Folge hatte. Auch in der jüngeren Vergangenheit, obwohl die Hauptstadtrolle schon lange auf Warschau übergegangen war, führten Staatsbesuche, von Roman Herzog über Queen Elizabeth bis hin zu Wladimir Putin, häufig auf den Krakauer Marktplatz.

Mit seinen etwa 200 mal 200 Metern ist der Rynek einer der größten mittelalterlichen Marktplätze Europas. Etwa 50 Häuser aus verschiedenen Epochen umrahmen den Platz, die gelb-roten Tuchhallen (Sukiennice), das auffälligste Bauwerk des Rynek, teilen ihn in der Mitte. Jedes der Gebäude wäre eine Besichtigung für sich wert. In Krakau aber, wo sich am Marktplatz die architektonischen Attraktionen ballen, wird kaum ein Besucher ausreichend Zeit zur gebührenden Würdigung jedes einzelnen Hauses aufbringen können. Ein Muss für Besucher sind indessen die Marienkirche, die Tuchhallen und der Rathausturm. Und auch ein Besuch in dem neuen unterirdischen Museum unter dem Marktplatz ist sehr empfehlenswert.

Stadtspaziergänge

Der weitläufige Rynek, in der Mitte die Tuchhallen

Es ist ein Genuss, in warmen Sommernächten in einem der zahlreichen Straßencafés des Marktplatzes zu sitzen und Kleinkünstlern bei ihren Vorführungen zuzusehen oder einfach nur die vorbeiziehenden Menschen zu beobachten. Insbesondere die Westseite mit ihrem Rathausturm ist regelmäßig Schauplatz verschiedenster Veranstaltungen. Vom Weihnachtsmarkt über Folkloreauftritte bis hin zu Rockkonzerten spielt sich hier das Krakauer Leben sowohl im Sommer als auch im Winter ab, nicht nur für Touristen. Und in der Silvesternacht begrüßt man das Neue Jahr nach einem Essen in einem der unzähligen Restaurants gern auf dem Marktplatz.

Wer es lieber etwas uriger mag, sucht eine der vielen am und um den Rynek gelegenen Kneipen in historischen Kellergewölben auf. In vielen Kneipenkellern wird Live-Musik geboten, überwiegend Jazz und Rock.

Marienkirche

An der Ostseite des Platzes befindet sich unübersehbar die Marienkirche mit ihren zwei ungleichen Türmen. Einer Legende nach haben zwei Brüder die Kirche errichtet. Während der Bauarbeiten soll sich einer der beiden als talentierter und schneller erwiesen und seinen Turm weitaus höher und schöner gebaut haben als der andere. In seiner Eifersucht erstach der unterlegene Baumeister seinen Bruder mit einem Messer und brachte sich anschließend, geplagt von Gewissensbissen, selbst um, indem er sich von seinem niedrigeren Turm auf das Pflaster des Marktplatzes stürzte.

Der höhere Turm wurde über viele Jahrhunderte als Stadtwarte genutzt. Heute spielt von dort aus zu jeder vollen Stunde ein Trompeter den traditionsreichen Hejnał. Nach einigen Takten bricht dieses Turmlied plötzlich ab. Einer weiteren

Zu jeder vollen Stunde erklingt vom Turm der Marienkirche der ›Hejnał‹

Legende nach soll der Hejnał-Spieler von seinem Turm aus die herannahenden Tataren gesehen haben. Mit seiner Melodie wollte er die Krakauer warnen, doch traf der Pfeil eines Tataren den Trompeter und tötete ihn, daher endet noch heute die Melodie an eben dieser für den Trompeter tödlichen Stelle. Über die Jahrhunderte hinweg hat sich der Hejnał zum musikalischen Symbol Krakaus entwickelt. Wer zur vollen Stunde den Kopf nach oben zum höheren der beiden Türme richtet und genau hinschaut, der kann die Trompete des Turmspielers durch die Fenster des Turmes erkennen. Die Gelegenheit, die teilweise steilen und engen Treppen des Turms aufzusteigen, dem Trompeter bei seiner Arbeit zuzusehen und den Blick vom Turm über Krakaus Altstadt zu genießen, wird leider nur selten gegeben.

Die ursprüngliche Marienkirche war aus Holz gebaut. Anfang des 13. Jahrhunderts wurde sie durch einen romanischen Bau ersetzt, der jedoch beim Einfall der Tataren zerstört wurde. Teilweise noch

Karte S. 58

auf erhalten gebliebenen romanischen Fundamenten begann man im Jahr 1290, eine gotische Backsteinkirche mit zwei Türmen zu errichten. Bis zum Abschluss der Arbeiten sollten 30 Jahre vergehen. Der **größere Turm** ist 81 Meter hoch, mit einem spätgotischen Helm versehen und wird von acht kleinen Spitztürmchen geschmückt. Der **kleinere Turm** erreicht eine Höhe von 69 Metern und erhielt 1592 einen Helm im Stil der Spätrenaissance mit vier kleineren Kuppeln. Die drei Kirchenschiffe entstanden Ende des 14. Jahrhunderts, und in der ersten Hälfte des 15. Jahrhunderts wurden die seitlichen Kapellen hinzugebaut.

Wer einmal um die Kirche herumgeht, sieht neben verschiedenen **Gedenktafeln** auf der Südseite die Sonnenuhr aus dem Jahre 1682 mit der lateinischen Aufschrift ›Dies nostri quasi umbra super terram et nulla est mora‹, zu Deutsch: ›Unsere Tage sind wie ein Schatten auf Erden und es gibt keinen Aufschub‹. Mehrere Gedenktafeln sind an der Außenfassade angebracht. So befinden sich an der Nordseite unter anderem eine König Jan III. Sobieski gewidmete Bronzetafel und ein Bild der Muttergottes aus

dem 18. Jahrhundert. Das dunkle Innere der Marienkirche ist von einem überwältigenden Reichtum an Details geprägt. Wohin das Auge auch fällt: Aufwendige Holzschnitzereien und prunkvolles Gold bieten Liebhabern monumentaler Sakralkunst einen seltenen Anblick.

Von besonderer kulturhistorischer Bedeutung ist der **Veit-Stoß-Altar**. Um dorthin zu gelangen, muss man die Marienkirche durch den für Touristen bestimmten Südeingang betreten und ein geringes und in jedem Fall lohnendes Eintrittsgeld entrichten. Der Eingang durch den zur Marktplatzseite gelegenen Westeingang ist hingegen für religiös motivierte Besucher gedacht. Eine Barriere verhindert den Durchgang vom Westeingang zum Altarraum und zum Veit-Stoß-Altar. Den aus Spenden von Krakauer Bürgern finanzierten einzigartigen Hochaltar mit etwa 13 Meter Höhe und 11 Meter Breite schuf der berühmte Nürnberger Bildhauer Veit Stoß in den Jahren zwischen 1477 und 1489 gemeinsam mit einigen Gesellen. Der Mittelschrein des Altars zeigt im Zentrum die einschlafende und in die Arme Jakobs gleitende Jungfrau Maria und im oberen Teil

Stadtspaziergänge

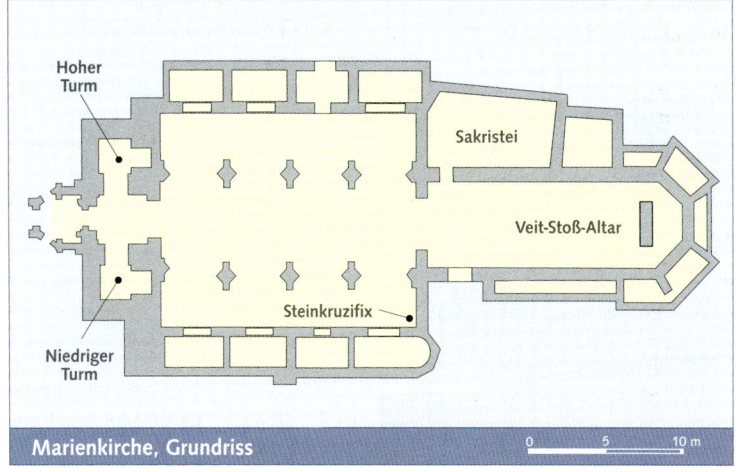

Marienkirche, Grundriss

Marias Aufnahme in den Himmel. Der Nürnberger Bildhauer stellte Maria als junge und zarte Frau dar, deren Gesicht nicht von Schmerzen verzerrt ist. Er unterstrich damit den sanften Charakter ihres Einschlafens. Die einschlafende Maria ist umgeben von etwa drei Meter hohen, aus Lindenholz geschnitzten Apostelfiguren. Auf dem linken Seitenflügel sind von oben nach unten Mariä Verkündigung, Christi Geburt und die Verbeugung der Heiligen Drei Könige zu sehen, auf dem rechten Flügel von oben nach unten die Auferstehung, die Himmelfahrt und die Ausgießung des Heiligen Geistes. Getragen wird der Altar von der Predella, dem Unterbau. Die Predella erinnert an die königliche Abstammung Christi. Sie zeigt die Wurzel von Isai, dem Vater des Königs David, aus dessen Körper ein Stamm mit vielen Verästelungen entsprießt. Die 14 sich in den Verästelungen befindlichen kleinen Figuren sind aus den 30 Generationen von Juda ausgewählte Vorfahren Christi. Von der Predella sind nur die Figuren, nicht hingegen der Stamm, original erhalten. Der Altaraufsatz schließlich stellt die Krönung Marias dar. Ihr stehen die Schutzpatronen Polens zur Seite, der heilige Adalbert und der heilige Stanislaus.

Markttag auf dem Mały Rynek

Der Hochaltar ist nicht das einzige Werk des Veit Stoß in der Krakauer Marienkirche. Am Ende des rechten Seitenschiffes, neben einem von dem Italiener Gian Maria Mosca erbauten prunkvollen Renaissancealtar, steht ein **Steinkruzifix** des Nürnberger Bildhauers. Das gotische Werk entstand um 1490 und ist eine Darstellung des Sterbens Christi. Gegenüber dem Renaissancealtar befindet sich in einem Barockaltar ein sehenswertes **Gemälde** des italienischen Künstlers Giambattista Pittoni aus dem 18. Jahrhundert. Das Bild zeigt Mariä Verkündigung.

Geht man ins linke Seitenschiff der Marienkirche, empfiehlt sich ein Blick auf die Platten des Grabes des aus der Rheinpfalz stammenden Kaufmanns Severin Boner in der nach ihm benannten Bonerkapelle. Die **Grabplatten** wurden in der ersten Hälfte des 16. Jahrhunderts in der Nürnberger Gießhütte von Hans Vischer geschaffen.

Kirche św. Barbary und Mały Rynek

An der Südseite der Marienkirche findet sich mit dem Plac Mariacki (Marienplatz) und der angrenzenden Jesuitenkirche św. Barbary (Heilige Barbara) ein Krakauer Idyll. Die im Verhältnis zur Marienkirche beinahe winzige Kirche św. Barbary wurde Ende des 14. Jahrhunderts möglicherweise aus dem beim Bau der Marienkirche übrig gebliebenen Baumaterial errichtet. Das im Stil des Barock eingerichtete Innere wirkt im Gegensatz zur wunderschönen Außenfassade der Kirche eher bescheiden. An der Nordseite der Kirche św. Barbary, also zur Marienkirche hin, ist eine gotische Kapelle aus der Zeit Ende des 15. und Anfang des 16. Jahrhunderts erhalten geblieben. Im Inneren befindet sich auf der linken Seite des Hauptaltars eine Darstellung der Mutter Gottes aus dem 15. Jahrhundert.

Karte S. 58

Ein Durchgang zwischen der Marienkirche und der Kirche św. Barbary führt zum Mały Rynek (Kleiner Marktplatz). Ein kurzer Abstecher zu diesem im Vergleich zum Hauptmarkt kleinen Platz, der im Mittelalter der zweitgrößte Krakauer Handelsplatz war, ist lohnenswert. Die Außenfassaden der überwiegend aus dem 14. und 15. Jahrhundert stammenden Gebäude verleihen dem Marktplatz eine interessante Atmosphäre. Trotz dieser Bauten und einiger angenehmer Lokale, die in ihnen untergebracht sind, sowie der Nähe zum Rynek steht der kleine Marktplatz stets im Schatten des nur wenige Meter entfernten großen Bruders.

Vom kleinen Marktplatz führt der Altstadtspaziergang über die ul. Sienna wieder auf den Rynek Główny, den Hauptmarkt.

Das Adam-Mickiewicz-Denkmal ist ein beliebter Ort für Verabredungen

Adam-Mickiewicz-Denkmal

Von der ul. Sienna eröffnet sich in Richtung Marktplatz ein Blick auf ein zwischen Marienkirche und Tuchhallen stehendes, auffälliges Denkmal. Es zeigt den polnischen Nationaldichter Adam Mickiewicz und vier Allegorien: Vaterland – von der zur ul. Sienna gelegenen Seite aus gesehen; Lehre – von der zur ul. Floriańska gelegenen Seite aus; Poesie – zu der kleinen Adalbertkirche hin gewendet; Patriotismus – von den Tuchhallen aus zu sehen.

Adam Mickiewicz gilt unbestritten als der wichtigste Vertreter der polnischen Romantik. Am Heiligabend 1798 in dem kleinen Dorf Zaosie bei Nowogródek im heutigen Litauen geboren, wuchs Mickiewicz mit den Eindrücken des Krieges Napoleons gegen Russland auf und begann 1815 sein Studium an der Universität Wilna. Sieben Jahre später, Adam Mickiewicz war inzwischen Lehrer, erschien mit ›Balada i Romanse‹ (›Balladen und

Romanzen‹) sein erster Gedichtband. Im Jahr 1823, als Polen aufgrund der drei Teilungen längst als unabhängiger Staat von der Landkarte verschwunden war, wurde der patriotische Dichter für fünf Jahre nach Russland verbannt. Dort baute er seinen Stil der romantischen Dichtung aus. Das in dieser Zeit entstandene Werk ›Konrad Wallenrod‹ fiel der russischen Zensur zum Opfer. Mickiewicz verließ daraufhin mit Hilfe von Freunden Russland und zog in verschiedene Städte Westeuropas. Im Jahr 1832 begab er sich, wie auch andere Polen seiner Zeit, ins Exil nach Paris. Zu dieser Zeit war Adam Mickiewicz bereits ein bekannter Literat und wurde von den in Paris lebenden Polen herzlich empfangen. In der Pariser Zeit entstand schließlich das Epos ›Pan Tadeusz‹ (›Herr Tadeusz‹), ein heute wohl jedem Polen zumindest vom Titel her bekanntes Verswerk, das Adam Mickiewicz zum bedeutendsten polnischen Nationaldichter werden ließ. Das Epos beginnt mit den berühmten Worten:

> ›Litwo! Ojczyzno moja! ty jesteś jak zdrowie
> Ile cię trzeba cenić, ten tylko się dowie, Kto cię stracił.‹
> (›Litauen, du meine Heimat! Du bist wie die Gesundheit,
> Nur wer dich verlor, weiß dich zu schätzen‹)

›Pan Tadeusz‹ spielt in den Jahren 1811 und 1812 in dem in Litauen gelegenen Dorf Soplicowo und handelt vom Streit zweier Adelsfamilien um ein Schloss und von der Liebe des Herrn Tadeusz zu Frau Zofia.

Adam Mickiewicz verstarb 1855 in Konstantinopel, wo er eine polnische Legion im Kampf gegen die Zarenherrschaft aufstellen wollte, an Cholera. Seine Werke indessen leben in der polnischen Kultur weiter. Insbesondere ›Pan Tadeusz‹ gehört auch heute noch zur Pflichtlektüre in polnischen Schulen. In vielen Städten und Gemeinden sind Straßen, Plätze oder Schulen nach Mickiewicz benannt.

Das Denkmal auf dem Krakauer Marktplatz wurde von Teodor Rygier entworfen und Ende des 19. Jahrhunderts errichtet. Über das nationale Pathos hinaus kommt ihm im Krakauer Alltag vor allem eine besonders praktische Aufgabe zu. Es ist nämlich ein beliebter Ort für Verabredungen. Will man sich in der Innenstadt mit jemandem tretten, verebbart man nicht selten den ›Adaś‹, wie die Krakauer das Adam-Mickiewicz-Denkmal liebevoll nennen, als Ort, um von dort dann gemeinsam weiterzuziehen. Auch wenn man noch so fremd in der Stadt ist – diesen Ort kann man eigentlich nicht verfehlen.

St.-Adalbert-Kirche

Ganz in der Nähe des Mickiewicz-Denkmals steht ein im Vergleich zur Marienkirche kleines, helles und bescheidenes

Gebäude, die St.-Adalbert-Kirche (kościoł św. Wojciecha). Schon im 10. Jahrhundert befand sich an diesem Ort ein Gotteshaus, allerdings aus Holz. Erst Anfang des 12. Jahrhunderts entstand ein romanischer Bau. Ihr gegenwärtiges, barockes Gesicht erhielt die Kirche allerdings erst später. Der Heilige Adalbert, nach dem die kleine Kirche benannt ist, wirkte als Missionar und starb um das Jahr 1000 den Märtyrertod.

Tauben

Im Nordosten des Hauptmarkts, zwischen Marienkirche und Tuchhallen (Sukiennice), fallen die unzähligen und sich regelmäßig dort aufhaltenden Tauben auf. Einer bekannten Krakauer Legende nach sind das keine gewöhnlichen Tauben. Der in Finanznot geratene schlesische König Heinrich, der Ende des 13. Jahrhunderts auf den Krakauer Thron gekommen war, hatte dieser Legende nach die Absicht, zum Papst nach Rom zu fahren, um die Vereinigung des zersplitterten Polen zu erreichen. Eine in einer Hütte in der Nähe von Krakau wohnende Hexe versprach Heinrich der Legende nach, das notwendige Gold für die Reise nach Rom zu beschaffen. Als Bedingung dafür nannte sie, er müsse allein nach Rom reisen. Sie werde daher seine Ritter in Tauben verwandeln, so dass sich die-

Unscheinbar: die St.-Adalbert-Kirche

se nicht mit ihm auf die Reise nach Rom begeben könnten. Nachdem die Hexe es so geschehen lassen hatte, pickten die zu Tauben verwunschenen Ritter Steine aus der Marienkirche heraus. Die Steine fielen herab und verwandelten sich am Boden des Marktplatzes zu Gold. Der staunende Heinrich machte sich auf den Weg nach Rom. Doch kam er nie beim Papst an, weil er unterwegs das gesamte Gold verjubelte und somit aus Geldmangel umkehren musste. Seine in Tauben verwandelten Ritter konnte Heinrich damit nicht mehr erlösen. Der Legende nach halten sich die verwunschenen Ritter noch heute auf dem Marktplatz zwischen Marienkirche und Tuchhallen auf und warten auf die Hexe, die sie wieder in Heinrichs Ritter verwandelt. Aus diesem Grund genießen die Rynektauben auch eine besondere Pflege in der Krakauer Bevölkerung. Denn so wie in der Legende muss es sich ja zugetragen haben, oder etwa nicht?

Tatsächlich dürften hingegen rationale Gründe für die Ansammlung der Tauben ursächlich sein. Traditionell verkaufen Händler dort Brot und andere Leckereien, so dass die Futterstelle ein beliebtes Ziel für Kinder ist. Den Tauben ein Stück Brot vor die Füße zu werfen und zu sehen, wie die Vögel das Futter annehmen, hat schon so manchem Dreikäsehoch Freude bereitet.

Tuchhallen

Das wohl auffälligste Gebäude des Krakauer Marktplatzes sind die Sukiennice, die Tuchhallen. Dieser 108 Meter lange und 18 Meter breite Bau teilt den Hauptmarkt in zwei Hälften und verleiht ihm eine besondere Note. Neben dem Wawel und der Marienkirche sind gerade die gelb-roten Tuchhallen ein Charakteristikum Krakauer Architektur und ein Wahrzeichen der Stadt.

Im Jahr 1312 taucht erstmals der lateinische Begriff camera pannorum (Tuchgeschäft) in den Dokumenten der Stadt auf. Damals handelten die Krakauer in dem imposanten Bau überwiegend mit Tuchen. Wer als Händler von außerhalb in die Stadt kam, hatte einem Gesetz des Königs Władysław Łokietek zufolge den einheimischen Kollegen zunächst seine Waren zu verkaufen. Dieses sogenannte Stapelrecht war ein übliches Verfahren in jener Zeit. Bereits im 14. Jahrhundert, während der Amtszeit Königs Kazimierz Wielki, wurden die Sukiennice auf ihren heutigen Flächenumfang ausgebaut. Ein Brand im Jahr 1555 zerstörte diesen ursprünglichen Bau allerdings, so dass er erst im 16. Jahrhundert sein Erscheinungsbild im Stil der Renaissance erhielt. Die Figuren auf der Dachfassade stellen die schlechten Eigenschaften des Menschen wie Trunksucht oder Geiz allegorisch dar. Im 19. Jahrhundert sollte das damals sehr heruntergekommene Gebäude abgerissen werden. Nicht zuletzt dem damaligen Bürgermeister Józef Dietl ist es zu verdanken, dass es nicht dazu kam. Man entschloss sich zu einer umfangreichen Renovierung, in deren Zuge schließlich die Arkaden hinzugefügt wurden. Seitdem stehen die Tuchhallen architektonisch unverändert in der Mitte des Rynek.

Auch heute noch wird in den Tuchhallen Handel betrieben. Freilich haben die Tuchhallen ihre damalige Funktion der lokalen Versorgung längst verloren. Im Inneren des imposanten Gebäudes werden nun in kleinen Buden auf beiden Längsseiten Souvenirs für Touristen und allerlei Ramsch feilgeboten. Von Bernstein über Krakauer Trachten in Kindergrößen und Bunzlauer Porzellan bis hin zu Postkarten und Schachspielen können Besucher hier auf ihre Kosten kommen. Hebt man seinen Blick von den Warenauslagen nach oben, so sieht man an den Wänden die Wappen verschiedener polnischer Städte. In der oberen Etage der Tuchhallen befindet sich seit über 120 Jahren eine **Galerie**, die heute Teil des Nationalmuseums ist. Es begann mit dem Krakauer Künstler Henryk Siemiradzki, der seiner Heimatstadt eines seiner großflächigen Gemälde schenkte. Auch heute noch wird das Museum, das in den letzten Jahren umfangreich saniert wurde und sich heute eines modernen Standards erfreuen darf, von großflächigen Historienmalereien geprägt. Unter anderem sind dort Bilder des polnischen Romantikers Piotr Michałowski zu sehen. Zu einem besonderen Bekanntheitsgrad gelangten hingegen in der Tuchhallen-Galerie ausgestellte historische Ölbilder von Jan Matejko, dem Historienmaler, dem ein Museum in der ul. Floriańska und in Nowa Huta gewidmet ist.

Manchmal heißt es, die Sukiennice seien ein beliebter Ort für Taschendiebe. Sicher gibt es in Krakau nicht mehr, aber auch nicht weniger gute und schlechte Menschen als anderswo. Krakau ist nicht unsicherer als München, Kopenhagen oder Wien. Im Sommer, wenn sich dicht gedrängt die Menschen durch die Souvenirmeile schieben, können Langfinger hier allerdings leicht einen unbemerkten Griff in die Tasche der vor den Buden stöbernden Touristen wagen. Obwohl die Tuchhallen nicht als unsicherer Ort gelten, mag es sein, dass erhöhte Vorsicht geboten ist.

Unterirdisches Museum

Ein weiterer Höhepunkt eines Besuchs in Krakau ist das recht neue unterirdische Museum ›Podziemia Rynku‹. Anhand von Ausgrabungen in den Jahren 2005 bis 2010 etwa vier Meter unter der heutigen Oberfläche des Marktplatzes haben Archäologen und Museumspäd-

agogen im Auftrag der Stadtverwaltung unter Einbeziehung der entdeckten unterirdischen Originalmauern und anderer Fundstücke das Krakauer Leben vergangener Jahrhunderte rekonstruiert. Der Marktplatz lag demzufolge im 10. Jahrhundert einige Meter tiefer als der heutige Platz. Auf den Mauern der Zeit hat man im Laufe der Jahrhunderte immer wieder Neues geschaffen, bis der Hauptmarkt in seiner heutigen Gestalt entstanden war. Auf diesen zu besichtigenden Originalen aufbauend, veranschaulichen zusätzlich 3-D-Darstellungen, Touchscreens und Filmvorführungen in dem hochmodernen Museum das Leben in der Geschichte der alten Königsstadt. Von Krämergebäuden über die Waage bis zum Friedhof aus dem 11. Jahrhundert: Das Krakauer Leben vergangener Jahrhunderte wird unter dem Marktplatz wieder lebendig. Selbst ein Raum für die Kleinsten, in dem sie sich mit mittelalterlichen Spielzeugen vergnügen können, ist eingerichtet.

Die Besucherwege sind auf die verschiedenen zeitlichen Ansprüche der Touristen angepasst. Drei Trassen unterschiedlicher Länge sehen einen Zeitaufwand von 45, 60 und 120 Minuten vor. Führungen sind in verschiedenen Sprachen möglich, auch auf Deutsch. Da der Ansturm auf das Museum groß ist, die unterirdischen Kapazitäten jedoch begrenzt sind, ist eine vorherige Reservierung mit Vereinbarung einer festen Zeit für den Zugang dringend zu empfehlen. Die Museumskasse befindet sich in dem Gebäude der Tuchhallen. Die Kasse ist von außen zu erreichen, und zwar über die Seite des Marktplatzes, auf der sich auch der Rathausturm befindet. Der Besucheransturm in den ersten Monaten des Museums hat nicht selten dazu geführt, dass ein Zutritt erst am nächsten Tag ermöglicht werden konnte.

▲ Karte S. 58

Krakauer Trachten

Vielleicht ist es der bedeutenden Rolle Krakaus in der polnischen Geschichte zuzuschreiben, dass man sich in Kleinpolen heute besonders gern auf die Traditionen besinnt. Ein beliebtes Mittel zur Wahrung dieser Traditionen sind die in alten Krakauer Trachten auftretenden Folkloregruppen. Auf dem Hauptmarkt, oft in der Nähe der Tuchhallen, sorgen diese Gruppen mit ihren Liedern für Unterhaltung und geben Touristen gegen einen Obolus die Möglichkeit zu einem gemeinsamen Erinnerungsfoto.

Im alten Kleinpolen unterschieden sich die Krakauer von den Bewohnern der umliegenden Dörfer unter anderem durch ihre Trachten. Die charakteristische Krakauer Kleidung entstand Ende des 18. Jahrhunderts. Zur Krakauer Herrentracht gehörten ein mit Besätzen und Fransen verzierter Tuchrock sowie ein breiter und mit Messingpinnen beschlagener Ledergürtel. Manchmal trugen Männer auch Kaftane aus schwarzem Tuch. Einem Krakauer Junggesellen durfte auf keinen Fall die rote Mütze mit Feder, oft eine Pfau-

Souvenirverkäuferin in traditioneller Tracht

enfeder, fehlen. Doch auch bei verheirateten Männern wurde diese Kopfbedeckung getragen. Frauen hingegen trugen allgemein eine weiße, mit weißen Blumen und Blättern bestickte Bluse und ein vorn weit ausgeschnittenes und mit Stickereien verziertes, meistens schwarzes Korsett. Die Beine wurden mit einem Rock bedeckt. Darüber trug Frau eine kaum kürzer als der Rock gehaltene Schürze. Die weiblichen Kopfbedeckungen hingen vom Status der Frau ab. Unverheiratete Mädchen hatten im Sommer gar keine Kopfbedeckung und im Winter ein unter dem Kinn zusammengebundenes Tuch. So wie die Junggesellen eine Pfauenfeder als Zeichen der Suche nach einem Mädchen trugen, gaben Mädchen der Außenwelt durch in die Haare gesteckte Blumen ihre Heiratslust bekannt. Nach der Hochzeit trugen sie dann Frauenhauben auf dem Kopf. An der Art des Aufsetzens und des Bindens der Haube konnte man erkennen, aus welchem Dorf die Frau kam.

Längst gehören diese Trachten der Vergangenheit an. Und trotzdem genießt Folklore einen hohen Stellenwert in Kleinpolen. In vielen Städten und Gemeinden gibt es Krakauer Folkloregruppen, in denen gerade auch junge Menschen regelmäßig für öffentliche Auftritte proben. Wer eine Krakauer Folkloregruppe live erleben will, dem ist ein Besuch einer der sogenannten Folk Shows des Restaurants ›Jama Michalika‹ an der ul. Floriańska zu empfehlen. Aber auch an besonderen Feiertagen wie Fronleichnam sind Trachtengruppen als Prozessionsteilnehmer zu sehen.

Die Häuser am Rynek

Jedes der den Rynek säumenden Häuser hat seine eigene Geschichte. So stammt das Haus mit der Nummer 6, vom Marktplatz aus gesehen rechts von der Marienkirche an der ul. Sienna, aus dem 14. Jahrhundert und hat in den über 600 Jahren seines Daseins schon vieles ›erleben‹ dürfen: Das Haus heißt ›Kamienica Szara‹ (**Graues Haus**), es beherbergt heute das Restaurant ›Szara‹. Im 16. Jahrhundert wohnte vor seiner Krönung der spätere König Henryk Walezy in dem Gebäude. Daneben, im Haus mit der Nummer 7 aus dem 16. Jahrhundert, befand sich die erste professionell betriebene polnische Post. Das Portal des im 14. Jahrhundert erbauten Hauses mit der Nummer 8 zeigt in einem Wappen zwei ineinander verflochtene Eidechsen. Daher stammt auch der Name des Hauses und des dort befindlichen Studentenklubs ›Pod Jaszczurami‹ (**Zu den Eidechsen**).

Die Hausnummern 15, 16 und 17 wurden in den 1970er Jahren zusammengelegt. Dort wo sich heute das **Wierzynek** befindet, eines der bekanntesten polnischen Restaurants, richtete im Jahr 1364 der Krakauer Kaufmann Wierzynek ein Festmahl für verschiedene europäische Könige aus. So speisten damals der polnische König Kazimierz Wielki, der römische Kaiser und der tschechische König, der dänische und der ungarische König sowie der Prinz von Brandenburg in diesen nun so traditionsreichen Gemäuern. Und auch heute noch kann man in diesem Lokal herrschaftlich einkehren.

Nicht nur für deutsche Touristen ist das Haus mit der Nummer 20 interessant. In dem aus dem 16. Jahrhundert stammenden Gebäude ist seit 1991 das Goethe-Institut untergebracht. Beim letzten großen Umbau in der zweiten Hälfte des 18. Jahrhunderts erhielt das Haus seinen klassizistischen Stil unter Beibehaltung der Diele und des Innenhofs mit seinen Arkaden. Der Gang ins erste Stockwerk lohnt sich nicht nur wegen der mit deutschsprachiger Literatur und deut-

Auf allen Seiten wird der Rynek von beeindruckenden Bauten gesäumt

schen Lehrbüchern, Nachschlagewerken, Zeitungen und Zeitschriften gut ausgestatteten Bibliothek. Auch der prunkvoll dekorierte Saal ist einen Abstecher ins Goethe-Institut wert. Aus den Fenstern der Bibliothek im ersten Stock hat man eine schöne Aussicht auf den Marktplatz. Diese soll auch König Stanisław August Poniatowski im Sommer 1787 anlässlich einer Schützenparade genutzt haben.

Zu besonderem Ruhm hat es das Haus mit der Nummer 27 gebracht, der Pałac Pod Baranami (**Palast zu den Widdern**), der aus dem 17. Jahrhundert stammt und sein gegenwärtiges Aussehen im Jahr 1860 erhielt. Drei Widderköpfe mit gewundenen Hörnern über der Eingangstür deuten auf den früher im Innenhof betriebenen Schafhandel hin.

Unverkennbar: der Palast zu den Widdern

Im Keller der **Piwnica Pod Baranami** befindet sich ein bekanntes polnisches Kabarett. In dem von Krzysztof Penderecki, dem weltweit bekannten polnischen Komponisten, im Jahr 1956 mitbegründeten Kellerkabarett begann schon so manche polnische Künstlerkarriere. Außerhalb der verschiedenen Kulturveranstaltungen, von Lesungen bis zu Liederabenden, sind die Räumlichkeiten für den Kneipenbetrieb geöffnet. Ebenfalls im Keller des Hauses Nummer 27, allerdings mit einer separaten Eingangstür versehen, befindet sich die Diskothek ›Pod Baranami‹.

Liebhaber der k. u. k.-Zeiten sollten bei ihrem weiteren Rundgang um den Rynek Główny einen Blick in das Restaurant Hawełka im Haus mit der Nummer 34, den **Pałac Spiski**, werfen. Der eindrucksvoll eingerichtete große Speisesaal des bekannten traditionellen Restaurants erinnert an die Zeit, als Krakau österreichisch besetzt war.

Gleich nebenan befindet sich eines der schönsten Häuser am Krakauer Marktplatz, das Haus mit der Nummer 35.

In dem nach einem früher am Eingang hängenden Wappen des heiligen Christophorus benannten **Pałac Pod Krzysztoforami** hat sich heute das Historische Museum der Stadt Krakau eingerichtet. Die sehenswerte Ausstellung zeigt die Geschichte Krakaus. In dem geschichtsträchtigen Pałac Pod Krzysztoforami haben früher unter anderem General Józef Poniatowski und Zar Paul I. gewohnt.

Ein Haus weiter, auf der Ecke der nördlichen Marktplatzseite, erinnert eine Tafel am Haus mit der Nummer 36 an einen weiteren berühmten Gast der Stadt Krakau: In dem im 18. Jahrhundert als Herberge betriebenen Gebäude wohnte für einige Tage Johann Wolfgang von Goethe. Auf seiner Schlesienreise machte er im Jahr 1790 einen Abstecher nach Krakau. Mehr als den Krakauer Stadtkern soll den Dichter indessen das Salzbergwerk in Wieliczka interessiert haben.

Auch in dem schmalen Haus mit der Nummer 45, Pod Orłem (**Zum Adler**) genannt, hielten sich einst berühmte Persönlichkeiten auf. Vor seiner Ausreise nach Amerika im Jahr 1775 wohnte der polnische Nationalheld Tadeusz Kościuszko in dem Anfang des 16. Jahrhunderts errichteten Gebäude.

Rathausturm

Gegenüber der Piwnica Pod Baranami fällt auf der Westseite des Marktplatzes, am südlichen Ende der Tuchhallen, ein einsam und verlassen etwa 70 Meter in die Höhe ragender Turm auf. Es handelt sich dabei um die Reste des früheren Rathauses. Anfang des 14. Jahrhunderts wurde an dieser Stelle das Krakauer Rathaus errichtet. Schwerwiegende Zerstörungen nicht zuletzt aufgrund eines Brandes hatten jedoch den Abriss des Gebäudes zu Beginn des 19. Jahrhunderts zur Folge. Lediglich der Turm mit seiner markanten Uhr blieb an seinem Ort stehen. Besucher dieses einzigen Baus auf der ansonsten freien Fläche der Westseite des Marktplatzes werden am Eingang von zwei steinernen Löwen begrüßt. Im Inneren befindet sich eine **Abteilung des Historischen Museums** der Stadt Krakau. Wer nicht unter Platzangst leidet und die 91 Stufen der engen Treppe nach oben geht, wird mit einem schönen Panoramablick über Krakau belohnt. Im Keller des Rathausturms befinden sich eine kleine Bühne des Krakauer Volkstheaters, die Scena pod Ratuszem, sowie ein Pub.

Universitätsviertel

In unmittelbarer Nähe zum Rynek befindet sich das Universitätsviertel. Hierher, insbesondere zu dem an der ul. Jagiellońska gelegenen Collegium Maius, dem historischen Hauptgebäude der Krakauer Universität, lohnt in jedem Fall ein Abstecher.

Im Jahr 1364 gründete König Kazimierz III. Wielki in Krakau die Universität. Sie ist damit nach Prag die zweitälteste Universität Mitteleuropas. Zunächst hatte

Ungewöhnlich: der allein stehende Rathausturm

es die Einrichtung in der damaligen polnischen Hauptstadt schwer – nach nur wenigen Jahren wurde sie wieder geschlossen. Hintergrund der Schließung war der Tod des Universitätsgründers Kazimierz III. Wielki im Jahr 1370. Sein Nachfolger Ludwik Węgierski hatte keinerlei Interesse an dieser Bildungseinrichtung. Doch schon im Jahr 1400 wurde die Universität von König Władysław Jagiełło auf Initiative seiner Frau Jadwiga neu gegründet. Daher trägt sie auch heute noch den Namen ›Uniwersytet Jagielloński‹ (Jagiellonen-Universität). Der König erwarb damals ein Eckhaus an den Straßen ul. św. Anny und ul. Jagiellońska, das Collegium Maius ganz in der Nähe des Rynek, und stellte es der Universität zur Verfügung. Heute ist es das älteste Universitätsgebäude Krakaus und hat daher eine besondere Bedeutung für die traditionsreiche Studentenstadt.

Karte S. 58 ▲

■ **Collegium Maius**

Während vor Jahrhunderten Vorlesungen im Collegium Maius gehalten wurden, dient es heute als Sitzungs- und Versammlungsort und beherbergt ein **Museum zur Geschichte der Universität**. Von hohem Rang für die Geschichte der Lehranstalt ist Nikolaus Kopernikus, der wohl bekannteste frühere Student der Krakauer Universität. Seine Aufzeichnungen und astronomischen Instrumente sind Höhepunkte der Ausstellung. Imponierend ist auch das älteste Rektorenzepter der Welt sowie ein Globus aus dem Jahre 1510, der bereits das gerade erst entdeckte Amerika zeigt.

In der mit Portraits von Königen und Rektoren geschmückten Aula finden heute Begegnungen mit besonderen Wissenschaftlern und auch mit Staatsgästen statt, die Krakau einen Besuch abstatten. Ebenso wird der Raum für Universitätsfeierlichkeiten genutzt.

Der schöne Innenhof des Collegium Maius

Zu beachten ist, dass das Collegium Maius nur in Gruppen mit Führungen zu besichtigen ist. Individualtouristen können jedoch warten, bis eine ausreichende Anzahl von Besuchswilligen eingetroffen ist. Wer diese Zeit nicht aufbringen kann, sollte sich wenigstens eine Ruhepause im **Innenhof** des Gebäudes gönnen und vielleicht auch noch einen kurzen Gang durch den kleinen, mit Skulpturen bereicherten **Universitätsgarten** in Erwägung ziehen. Sehenswert ist nämlich nicht nur das Innere des Collegium Maius. Schon die Außenfassade an der ul. Jagiellońska strahlt Würde aus, zahlreiche Mauervorsprünge und Erker sowie ein spätgotisches Eingangsportal deuten auf die besondere Geschichte des Gebäudes hin. Der Gang durch das Tor führt in einen von Arkaden umgebenen, zauberhaften Innenhof. Er ist, wenn nicht gerade eine größere Touristengruppe den Eingang in das Museum begehrt, eine Oase der Ruhe im Stadtzentrum. Der Brunnen in der Mitte des Hofes stammt aus der ersten Hälfte des 16. Jahrhunderts; ein Schild weist darauf hin, dass es nicht erlaubt ist, sich auf den Rand des Brunnens zu setzen.

■ **Weitere Gebäude**

In unmittelbarer Nähe des Collegium Maius befinden sich weitere bedeutende Krakauer Universitätsgebäude, so dass diese Gegend auch als Universitätsviertel bezeichnet wird, obwohl im gesamten Krakauer Stadtgebiet Hochschuleinrichtungen zu finden sind.

Es empfiehlt sich, vom Collegium Maius die ul. Jagiellońska nach Süden zu gehen und nach rechts in die ul. Gołębia einzubiegen. Zwischen dieser Straße und den Planty, dem Grüngürtel um die Krakauer Altstadt, befindet sich im Haus ul. Gołębia 24 mit dem **Collegium Novum** ein belebtes und im Gegensatz zum Col-

Stadtspaziergänge

legium Maius nicht musealen Zwecken dienendes Universitätsgebäude. Das Rektorat der Jagiellonen-Universität hat in dem neogotischen Bau aus den 1880er Jahren ebenso seinen Sitz wie die Dekanate der Fakultäten und verschiedene studentische Organisationen. An der zu den Planty ausgerichteten Fassade sind die Wappen der traditionsreichen Universität sowie ihrer Begründer, der Könige Kazimierz III. Wielki, Jagiełło und Jadwiga, zu sehen. Im Inneren beeindrucken in der Aula im ersten Stockwerk die Bilder herausragender Professoren, die an der Universität gelehrt haben. Darunter befindet sich auch ein Gemälde mit einer Kopernikus-Darstellung des Krakauer Künstlers Jan Matejko. Am 6. November 1939 wurde das Collegium Novum Schauplatz der sogenannten ›Sonderaktion Krakau‹. Die faschistischen Besatzer nahmen an diesem Tag 183 Wissenschaftler fest und brachten sie in Konzentrationslager. Einige wurden nach internationalen Protesten freigelassen, andere starben.

Über die ul. Jagiellońska geht es in Richtung Marktplatz zur Route des Königs-

wegs zurück. Dabei lohnt sich ein kurzer Abstecher zur in der Straße ul. św. Anny gelegenen **Kirche św. Anny**, der Kirche der Heiligen Anna. Zwar entstand an ihrem Standort bereits im 14. Jahrhundert ein Gotteshaus, doch das Gebäude erhielt nach zwei vollständigen Zerstörungen sein heutiges Aussehen erst um die Wende vom 17. zum 18. Jahrhundert. Damals war es die Führung der Jagiellonen-Universität, die mit dem Bau der klassizistisch-barocken Kirche die damals von einem Bedeutungsverlust gezeichnete Hochschule stärken wollte und daher die Initiative zum Aufbau der Kirche św. Anny ergriff. Auch heute noch ist die Kirche eng mit dem Universitätsleben verbunden: Unter anderem wird das Studienjahr regelmäßig mit einem feierlichen Gottesdienst in der Kirche św. Anny eröffnet.

Im Inneren des Gebäudes beeindrucken insbesondere pastellfarbene Stuckarbeiten und verschiedene bildhauerische Arbeiten, jeweils Werke von Balthasar Fontana. Eine dieser Arbeiten ist eine dem Heiligen Jan Kanty gewidmete Kapelle mit Altar. Der im 15. Jahrhundert

Karte S. 58

▲ *Die Kirche św. Anny*

verstorbene Jan Kanty war Theologieprofessor an der Krakauer Universität und ist heute der Schutzpatron der Jagiellonen-Universität. In der Mitte des Jan-Kanty-Altars befindet sich ein Sarkophag mit Kantys Reliquien. Diese Reliquien werden von Allegorien der vier im Mittelalter bestehenden Universitätsfakultäten Theologie, Philosophie, Medizin und Recht getragen. Im Hauptaltar der Kirche, ebenfalls ein Werk Balthasar Fontanas, ist ein Bild des Malers Jerzy Eleuter Siemiginowskis aus der Zeit des Baus der Kirche zu sehen. Es zeigt die Heilige Anna Samotrzecia.

Eine der Arbeiten Wyspiańskis in der Franziskanerkirche

■ **Plac Szczepański**

Von der ul. Św. Anny ist es über die ul. Jagiellońska nicht weit zum Plac Szczepański, den kulturelle Einrichtungen prägen. So befindet sich in dem Haus ul. Szczepańska 11 das **Stanisław-Wyspiański-Museum**. Wyspiański (1869 – 1907) war zur Zeit des so genannten Jungen Polens ein führender Maler, Dichter und Theaterautor und gilt noch heute als einer der ganz Großen der Krakauer Kulturszene.

Auf der gegenüberliegenden Seite liegt mit dem **Pałac Sztuki** (Kunst-Palast) eine in einem Jugendstilgebäude untergebrachte Galerie, die regelmäßig wechselnde Kunstausstellungen zeigt. In unmittelbarer Nähe zum Kunstpalast befindet sich der **Bunkier Sztuki** (Kunstbunker), der stärker noch als sein eben genannter Nachbar Ausstellungen Moderner Kunst organisiert.

Das vielleicht bedeutendste Gebäude am pl. Szczepański ist jedoch das **Alte Theater** (Teatr Stary). Hier werden überwiegend traditionelle polnische Stücke aufgeführt. Die großen Schauspiele der polnischen Theatergeschichte finden hier ihre Bühne. Das kommt nicht von ungefähr, schließlich ist das Teatr Stary das älteste Krakauer Theater: Seit dem Jahr 1799 ist die Schauspielkunst hier zu Hause. Anfang des 20. Jahrhunderts wurde das Gebäude im Stil der Sezession umgebaut.

Der Szczepański-Platz imponiert nicht nur bei Tageslicht. Abends zaubert eine Mischung aus Lichtillumination und Wasserspielen eine ganz besondere Atmosphäre.

Ulica Grodzka und Umgebung

Über die auf die südöstliche Seite des Rynek stoßende ul. Grodzka verläuft der letzte Abschnitt des Königswegs auf dem Weg zum Wawel. Insbesondere die imposanten Kirchenbauten sind in der heutigen Geschäftsstraße eine Besichtigung wert. Neben den Sakralbauten prägen Boutiquen und mitunter ziemlich spezielle kleine Geschäfte, Restaurants und Eiscafés die Straße, so dass sie heute tagsüber recht belebt ist und sich ein Bummel nicht nur für kulturhistorisch und theologisch Interessierte lohnt.

Der Eingang zum Palast der Krakauer Bischöfe

Die ul. Grodzka wird in ihrem oberen Teil von der ul. Franciszkańska und der ul. Dominikańska gekreuzt. Bereits die Namen deuten auf zwei in der Nähe des Königswegs gelegene Klöster hin. An der Franciszkańska befindet sich – wie der Name schon sagt – ein Franziskanerkloster mit Kirche, an der Dominikańska ein Dominikanerkloster mit Kirche. Für Anhänger eindrucksvoller Sakralarchitektur lohnt sich ein Abstecher zu den nur wenige Schritte von der ul. Grodzka entfernten Kirchen in jedem Fall.

■ Franziskanerkirche
Die Franziskanerkirche liegt westlich der ul. Grodzka. Vor dem bereits im 13. Jahrhundert errichteten Gebäude steht ein Denkmal zu Ehren von Józef Dietl, der Ende des 19. Jahrhunderts als Krakauer Bürgermeister amtierte. Zum Kircheingang gelangt man von den Planty aus, dem die Altstadt umziehenden Grüngürtel. Zwar haben mehrere Brände besonders im Inneren den ursprünglichen,

mittelalterlichen Charakter der Franziskanerkirche vernichtet, doch muss sich auch dieser Sakralbau nicht vor anderen Gotteshäusern verstecken. Von den eindrucksvollen Fenstern, Werke des Krakauer Künstlers Stanisław Wyspiański, ist vor allem das bekannt, das sich über dem Haupteingang befindet und die Inschrift ›Bóg Ojciec – Stań się‹ (›Gott Vater – geschehe‹) trägt. Weitere Fenster des Matejko-Schülers Wyspiański im Presbyterium zeigen den Heiligen Franziskus und die Selige Salomea sowie die vier Elemente Luft, Feuer, Wasser und Erde.

■ Palast der Krakauer Bischöfe
Gegenüber dem Franziskanerkloster befindet sich im Haus ul. Franciszkańska 3 der Palast der Krakauer Bischöfe. Hier wohnte unter anderem der Krakauer Kardinal Karol Wojtyła bis zu seiner Wahl zum Papst im Oktober 1978. Und auch bei seinen Krakau-Besuchen als Papst war Johannes Paul II. regelmäßig hier untergebracht. Schon nahezu legendär sind für

Das beeindruckende Hauptschiff der Dominikanerkirche

die Krakauer Bevölkerung die Momente während der Krakau-Besuche des Papstes, in denen er das Fenster über dem Eingang zum Gebäude öffnete und spontan mit den unten auf ihn wartenden Menschen sprach. Ein mehr als lebensgroßes Foto von Johannes Paul II. im Fenster erinnert heute an diese Ereignisse.

■ **Dominikanerkloster**
Zu Dominikanerkloster und -kirche, deren Krakauer Geschichte bis in das Jahr 1222 zurückreicht, gelangt man, wenn man die ul. Grodzka vom Marktplatz aus kommend nach links in die ul. Dominikańska verlässt. Der Weg dorthin lohnt sich nicht zuletzt wegen der gotischen Fassade aus dem 13. Jahrhundert und des stark gewölbten Eingangsportals aus dem 14. Jahrhundert. Der ursprünglich gotische Charakter des gesamten Gebäudes ist im Laufe der Jahrhunderte durch viele bauliche Veränderungen verlorengegangen. So findet man im Inneren der Kirche unter anderem zwei barocke Kapellen. Auch in der Dominikanerkirche gibt es mit der Platte des Grabes von Filip Buonaccorsi, der als Lehrer die Söhne des polnischen Königs Kazimierz Jagiellończyk unterrichtet hatte und im Jahr 1496 verstarb, ein Werk des Nürnberger Bildhauers Veit Stoß. Die Grabplatte befindet sich links vom Hauptaltar.

■ **Profanbauten**
Zurück auf der ul. Grodzka verläuft der Königsweg weiter südlich in Richtung Wawel. Im Haus mit der Nummer 39, auf der Ecke zur ul. Poselska, wohnte 14 Jahre lang Veit Stoß, der in Krakau insbesondere wegen des von ihm geschaffenen Altars in der Marienkirche bekannt ist, aber auch an anderen Stellen der Stadt wie der Dominikanerkirche Spuren hinterlassen hat. Veit Stoß wurde im Jahr 1447 in Horb am Neckar

Eine der vielen Skulpturen an der Peter-und-Paul-Kirche

geboren. Von 1477 bis 1496 lebte er in Krakau und begab sich anschließend nach Nürnberg, wo er im Jahr 1533 verstarb. Der Hauptaltar in der Krakauer Marienkirche ist vielleicht sein bekanntestes Werk. Aber auch im Bamberger Dom mit dem Marienaltar und in der Lorenzkirche in Nürnberg mit dem sogenannten Englischen Gruß befinden sich heute noch bedeutsame Werke dieses berühmten Bildhauers.

Etwas weiter in der ul. Grodzka weckt das Portal des Hauses mit der Nummer 53 die Aufmerksamkeit vieler Passanten. Hier befindet sich das **Collegium Iuridicum**, die juristische Fakultät der Krakauer Jagiellonen-Universität. Gleich gegenüber liegt das ebenfalls zur Universität gehörende **Collegium Broscianum**, dessen Bau im 17. Jahrhundert errichtet wurde.

■ **St.-Peter-und-Paul-Kirche**
Weitaus deutlicher als die beiden Universitätsgebäude tritt die neben dem Collegium Broscianum liegende St.-Peter-und-

Stadtspaziergänge

Paul-Kirche (›kościoł św. Piotra i Pawła‹) in Erscheinung. Die zu den schönsten Krakauer Sakralbauten zählende Kirche geht auf Piotr Skarga zurück, einen Anführer der polnischen Gegenreformation. Mit Unterstützung des Königs Zygmunt III. Waza (Sigismund III. Wasa) begann Piotr Skarga mit der Errichtung des barocken Gebäudes als Jesuitenkirche. Das war die Zeit, in der reformatorische Ideen in ganz Polen und auch in Krakau Anhänger fanden. Im Jahr 1557 soll der erste evangelische Gottesdienst in Krakau gefeiert worden sein. So wurde die St.-Peter-und-Paul-Kirche auch gebaut, um ein Zeichen gegen die aus Westen herüberkommenden Ideen Luthers und Calvins zu setzen.

Das Kreuz zum Gedenken an die in Katyń Ermordeten

Neben der Kuppel, deren Öffnung das Eindringen der Sonne ermöglicht, gelten vor allem die aus der ersten Hälfte des 18. Jahrhunderts stammenden zwölf steinernen **Apostelfiguren** auf den Sockeln der Grundstücksbegrenzung als Visitenkarte der St. Peter-und-Paul-Kirche. Im unteren Bereich der Fassade sind von links nach rechts die Heiligen Stanisław Kostka, Ignatius von Loyola, Franciszek Ksawery und Alojzy Gonzage dargestellt. Über dem Eingangsportal befindet sich das Wappen der Jesuiten, und etwas höher ist das Wappen der Wasa-Dynastie zu sehen. In zwei oberen Nischen, gleich unter dem Adler der Wasa, schmücken bildhauerische Darstellungen des Heiligen Zygmunt und des Heiligen Władysław die Außenfassade. So sehr das Äußere der St.Peter-und-Paul-Kirche auch mit eindrucksvollen Details versehen ist, ihr Inneres imponiert eher durch ihren weiten und freien Raum. Über der Stelle, an der sich Haupt- und Querschiff kreuzen, steigt die hohe Kuppel mit Darstellungen der vier Evangelisten im Inneren empor. Eine steile Treppe führt vom Presbyterium

in die **Krypta**, in der in einem silbernen Sarg die sterblichen Überreste von Piotr Skarga aufbewahrt werden. Eine weitere Sehenswürdigkeit ist ein jeden Donnerstag in der Kirche öffentlich durchgeführtes Experiment mit dem **Foucaultschen Pendel**, mit dem die Erdrotation nachgewiesen werden kann.

■ St.-Andreas-Kirche

Weiter in Richtung Wawel erhebt sich gleich neben der St.-Peter-und-Paul-Kirche mit św. Andrzeja (St. Andreas) eine weitere Kirche. Sie ist eine der ältesten Krakauer Kirchen, wurde gegen Ende des 11. Jahrhunderts errichtet und überstand den Tatareneinfall im 13. Jahrhundert. Das gewaltige romanische Äußere des Gotteshauses mit seinen 1,6 Meter dicken Mauern lässt kaum auf das kleine und etwas beengt wirkende barocke Innere schließen. Dort ist vor allem die **Rokokokanzel** sehenswert. Sie ist ein Werk Balthasar Fontanas, der auch in der St.-Anna-Kirche im Universitätsviertel Spuren seines Schaffens hinterließ.

Karte S. 56

Die Kanzel stellt das Boot des Petrus dar und ist mit Szenen aus dem Leben der Heiligen Salomea versehen.

■ Denkmal für Piotr Skarga und St.-Martin-Kirche

Gegenüber der beiden Kirchen St. Peter und Paul sowie St. Andreas, auf dem Maria-Magdalena-Platz, wurde ein Denkmal zu Ehren von Piotr Skarga aufgestellt. Der 1536 geborene und 1612 in Krakau gestorbene Jesuit Skarga war Prediger Königs Zygmunt III. Waza (Sigismund III. Wasa) und Anführer der polnischen Gegenreformation, auf dessen Initiative die St.-Peter-und-Paul-Kirche errichtet wurde. Aufgrund seiner Eigenschaft als Hofprediger sprach er gelegentlich auch im Sejm, dem polnischen Parlament. Neben dem Einsatz für eine starke Position des Königs gegenüber dem Adel trat er gerade auch als Gegner protestantischer Ideen auf.

So klingt es schon ein wenig nach Ironie der Geschichte, dass sich heute nur wenige Meter vom Denkmal für Piotr Skarga und von der St. Peter-und-Paul-Kirche entfernt an der ul. Grodzka in Richtung Wawel die einzige evangelische Kirche Krakaus befindet, die św. Marcina (St.-Martin-Kirche). Die kleine, im Inneren

Detail am Haus ul. Kanonicza 11

elegante, frühbarocke Kirche wurde im 17. Jahrhundert errichtet und gehört erst seit 1816 der nur etwas über 100 Mitglieder zählenden evangelisch-lutherischen Gemeinde Krakaus. Sehenswert ist vor allem im Altarraum das Bild **Beruhigung des Meeressturms** des polnischen Künstlers Henryk Siemiradzki. Er setzte übrigens im Jahr 1883 mit einer Spende eines seiner Werke den Grundstein für die Galerie in den Tuchhallen am Marktplatz.

■ Kirche św. Idziego

An der Ecke zur ul. św. Idziego befindet sich mit der gleichnamigen Kirche św. Idziego der letzte Sakralbau an der ul. Grodzka. Die kleine, in der ersten Hälfte des 14. Jahrhunderts erbaute und im 16. Jahrhundert umgebaute Kirche besitzt im Altarraum einige wertvolle Sitze aus dem 16. Jahrhundert.

Außen vor der Kirche steht seit 1990 ein **Kreuz zum Andenken an das Massaker von Katyń**. In dem kleinen Ort bei Smolensk ermordeten Stalins Truppen im Zweiten Weltkrieg 4200 polnische Offiziere.

Ulica Kanonicza

Auch wenn die ulica Kanonicza (Kanonikerstraße) nicht Teil des Königswegs ist, so ist doch ein Spaziergang durch diese leicht gekrümmte Straße sehr zu empfehlen. Parallel zur ul. Grodzka und am Fuße des Wawel gelegen, haben hier, in einer der ältesten Straßen Krakaus, einige für die Geschichte und Kultur des Landes so bedeutende Persönlichkeiten gelebt und gewirkt. Ebenso befindet sich heute eines der schönsten Hotels der Stadt in der ul. Kanonicza. Beim Bummel durch die Straße sollte der Blick auch auf die Wappen der in schöner Bescheidenheit glänzenden Häuser in Gotik und Renaissance gerichtet werden.

Das Museum der Erzdiözese Krakau

Eines der ältesten Gebäude in der traditionsreichen Straße ist das Haus Nr. 5. Es wurde im 15. Jahrhundert als Internat gebaut. Der Regisseur und Maler Tadeusz Kantor errichtete dort im Jahr 1980 seine berühmte Cricoteka.

Das Haus mit der Renaissancefassade nebenan heißt **Haus zu den Drei Kronen** und stammt aus dem 15. Jahrhundert. Die Vereinigung der Polnischen Schriftsteller hat dort heute ihren Sitz. Im **Ritterhaus** aus dem 14. Jahrhundert gegenüber (Nr. 6) ist heute der Chor der Jagiellonen-Universität untergebracht. Der Name des Hauses geht auf das an der Fassade zu sehende Wappen der Krakauer Kapitulare zurück. Das Haus Nr. 11 beheimatet einen Verlag.

In der ul. Kanonicza 15 befinden sich ein ukrainisches Restaurant und eine ukrainische Stiftung. An dem Haus nebenan (Nr. 17), das im 15. Jahrhundert errichtet wurde, ist ein seltenes Exemplar eines gotischen Schrägfensters zu sehen. Im Inneren sind Ikonen zu sehen. Heute beherbergt es ein nach Bischof Erasmus Ciołek (1492–1546) benanntes **Museum**, in dem polnische Kunst vom 12. bis zum 18. Jahrhundert gezeigt wird.

Es lohnt sich auch, einen Blick auf oder gar in das gegenüber liegende Gebäude mit der Nummer 16 zu werfen. Hinter der alten Fassade versteckt sich ein exklusives Vier-Sterne-Hotel, das **Hotel Copernicus**. Den Betreibern ist es gelungen, in den historischen Gemäuern aus dem 15. und 16. Jahrhundert eine sehr moderne, elegante Herberge unterzubringen. Nicht zuletzt dafür wurde das Hotel Copernicus mit dem Preis ›Art of Living 2010‹ ausgezeichnet. Der Name des Hotels ist nicht zufällig gewählt. In dem einst den Kanonikern als Wohnung dienenden Gebäude war auch Nikolaus Kopernikus untergebracht, als er sich in Krakau aufhielt.

Hinter der klassizistischen Fassade des Gebäudes mit der Nummer 19 verbirgt sich heute das **Museum der Erzdiözese Krakau**. Dort ist neben Sakralkunst vom 13. Jahrhundert bis zur Gegenwart auch ein Zimmer des Priesters Karol Wojtyła zu sehen. Dieser hatte hier in den 1950er Jahren gelebt.

Das Haus mit der Nummer 25 an der Ecke zur ul. Podzamcze ist das **Jan-Długosz-Haus**. Jan Długosz (1415–1480) ist der bedeutendste Geschichtsschreiber des polnischen Mittelalters. Bis zu seinem Tod zeichnete er auf der Basis von Dokumenten und mündlichen Überlieferungen die Geschichte in seinen ›Jahrbüchern oder Chronik des Königreichs Polen‹, den wichtigsten seiner Werke, in lateinischer Sprache auf. Daneben unterrichtete Jan Długosz die Kinder des Königshofes. Im 15. Jahrhundert wohnte der Gelehrte und Geschichtsschreiber in dem Haus Nummer 25. Im 19. Jahrhundert arbeitete hier der Vater von Stanisław Wyspiański, der Bildhauer Franciszek Wyspiański. Über dem Tor ist die lateinische Inschrift aus dem 16. Jahrhundert zu lesen, die übersetzt ›Es gibt nichts Besseres im Menschen als seinen Verstand‹ lautet.

Tadeusz Kantor

Tadeusz Kantor war einer der bedeutendsten polnischen Künstler des 20. Jahrhunderts. Der am 16. April in Wielopole geborene und am 8. Dezember 1990 in Krakau gestorbene führende Vertreter der polnischen Avantgarde war Maler, Grafiker und Theaterregisseur. Zunächst als Student, dann als Professor an der Krakauer Kunstakademie hat er das europäische Theater des 20. Jahrhunderts nachhaltig geprägt. Schon in der Zeit des Nationalsozialismus gründete er in Krakau mit dem ›Teatr Niezależny‹ (Unabhängiges Theater), das im Untergrund in privaten Krakauer Wohnungen Stücke von Juliusz Słowacki und Stanisław Wyspiański aufführte, sein erstes Theater. Seit den ersten Anfängen zieht sich ein gewisser Minimalismus durch sein Wirken: Tadeusz Kantor arbeitete als Regisseur stets mit einfachsten technischen Mitteln, nahm immer wieder alte, oft unbrauchbare Gegenstände für seine Kunst und seine Bühnenbilder. Dieses ihn prägende Prinzip bezeichnete er als ›Realität niedrigsten Ranges‹. Dabei blieb er während der Aufführungen nicht abseits der Bühne, sondern griff in seiner Rolle als Regisseur oft selbst direkt ins Geschehen ein. Gerade dieses Stilmittel macht eine Aufführung von Kantor-Stücken heute nahezu unmöglich.

Zu den größten Erfolgen seiner Theatertätigkeit gehört die Inszenierung des 1975 entstandenem Werkes ›Die tote Klasse‹ (›Umarła Klasa‹), das zu einer Reihe der von ihm als ›Theater des Todes‹ bezeichneten Auseinandersetzung mit dem Tod gehörte. Kantor wollte provozieren, und das gelang ihm immer wieder aufs Neue. Neben seinen Theatererfolgen wurde er auch durch seine verschiedenen Happenings bekannt. Eines dieser Happenings war im Jahr 1967 der Transport eines 14 mal 2 Meter großen Briefs, der in Warschau auf einem Postamt aufgeben wurde und mit Hilfe von sieben Zustellern in anderthalb Stunden ordnungsgemäß zu einer Galerie gebracht wurde.

Lange lagen die Krakauer Schauplätze von Kantors Schaffen direkt im Zentrum der Stadt. 1955 gründete Kantor in Krakau das Theater Cricot², das wenige Jahre später in den Krzysztofory Palast am Marktplatz in der ul. Szczepańska 2 umzog und zu den Legenden des Krakauer Theaters zählt. Im Jahr 1980 erweiterte Tadeusz Kantor sein Theater um ein Archiv, nannte die Einrichtung Cricoteka und zog erneut um, nämlich in die ul. Kanonicza zwischen Marktplatz und Wawel. Inzwischen ist die neue Cricoteka, die heute

Kantors Arbeiten dokumentiert, im Krakauer Stadtteil Podgórze beheimatet. Im September 2014, fast 24 Jahre nach Kantors Tod, wurde sie in einem architekturpreisverdächtigen Neubau direkt am Weichselufer eröffnet, in der ul. Nadwiślańska 2–4. Auch wenn sich die neue Ausstellung über Kantors Theatertätigkeit in den ersten Wochen in den Medien den Vorwurf machen lassen musste, das Schaffen des Künstlers nicht ausreichend zu würdigen, so ist doch ein Besuch der mit Multi-Media-Elementen ausgestatteten Schau für alle, die sich für den großen Avantgardisten des polnischen und europäischen Theaters interessieren, ein Muss.

Die Cricoteka widmet sich ganz dem Leben und Werk von Tadeusz Kantor

Planty

Eine Städtereise ist nicht immer nur erholsam, reich an Erlebnissen und Erfahrungen, sondern kann auch wegen der langen Besichtigungen und überhaupt dem Tempo einer größeren Stadt anstrengend sein. Für alle, die dem Trubel des Marktplatzes und den Besucherströmen des Wawel einen Moment entgehen möchten, bietet Krakau mit den Planty, dem sich komplett um die Altstadt herumziehenden Grüngürtel, die Möglichkeit zur kleinen Flucht aus dem Besuchsprogramm.

Die Planty gehen auf die erste Hälfte des 19. Jahrhunderts zurück. Als damals die alten Verteidigungsmauern der Stadt weitgehend abgerissen wurden, legte man an ihrer Stelle den überwiegend mit Laubbäumen und zum Teil auch mit Blumenbeeten bepflanzten Park im Herzen Krakaus an. Heute ist er eine nicht mehr aus dem Bild der Stadt hinwegzudenkende Oase der Ruhe. Entlang der Planty liegen – etwa mit dem Słowacki-Theater, der Barbakan, dem Kunstpalast und der Annenkirche – einige der Hauptsehenswürdigkeiten Krakaus, und zahlreiche Zugänge erlauben jederzeit eine Rückkehr von den Planty zum historischen Altstadtkern. Bänke, in noch größerer Anzahl vorhanden, laden hingegen zum Verweilen und Entspannen ein. Ein Spaziergang durch die gesamte Parkanlage und damit einmal um die Altstadt herum dauert etwa eine Dreiviertelstunde.

Karte S. 58

Blick über die Weichsel auf den Wawel

Wawel

Der letzte Abschnitt des Königswegs führt über die ul. św. Idziego (Straße des Heiligen Aegidius) zum Wawelhügel, dem polnischen Nationalheiligtum. Seit ihren Anfängen ist die Geschichte Polens eng mit diesem bis zu 228 Meter hohen Kalkhügel verbunden, weltliche und kirchliche Macht haben sich hier im Königsschloss und in der Kathedrale über Jahrhunderte vereint. Vom 11. bis zum 17. Jahrhundert regierten die Könige vom Wawelhügel aus das Land. 37 Krönungen wurden hier, über dem Ufer der Weichsel, seit der Regentschaft Władysław Łokieteks vorgenommen. In den Kellern des Doms fanden die polnischen Herrscher und viele andere bedeutende Persönlichkeiten des Landes ihre letzte Ruhe. Dieser Ort nahe dem Krakauer Zentrum ist mit so viel nationalem Pathos beladen, dass nicht wenige der Meinung sind, es müsse auf dem Wawel gewesen sein, wer Polen verstehen möchte.

Von der bewegten Geschichte des Hügels berichten nicht zuletzt die Baudenkmäler, die aus den verschiedenen Bebauungsphasen stammen. Zwar entstand bereits kurz nach der Gründung des Bistums Krakau im Jahr 1000 erstmals eine Kirche auf dem Wawel. Doch konnte weder diese noch die Ende des 11. und Anfang des 12. Jahrhunderts erbaute Version einer Wawelkathedrale bis heute überdauern. Immerhin befindet sich der heutige Dom noch immer auf dem Grundriss der zweiten auf dem Hügel entstandenen Kirche. Wenn auch immer wieder Veränderungen vorgenommen wurden, so findet man doch auf dem Wawel überwiegend Elemente der Gotik und der Renaissance. Die gotischen Spuren reichen bis ins Jahr 1320 zurück. Damals begann der Bischof von Krakau mit dem Bau der bis heute erhaltenen Kathedrale. Kleine Kapellen wurden mit der Zeit dem dreischiffigen Bau hinzugefügt und umgeben bis heute die Seitenschiffe. Die bekannteste der Kapellen und wohl eines der schönsten Renaissancegebäude Europas ist die Sigismundkapelle (Kaplica Zygmuntowska) aus dem 16. Jahrhundert.

In den Dom gelangt man durch den Haupteingang, dessen Portal aus dem Jahre 1640 stammt. Ein geschlossenes, rechteckiges Presbyterium mit einem um diesen Altarraum herumführenden Rundgang ist das Zentrum des dunklen Inneren des Waweldoms. Das Presbyterium der Kathedrale mit dem um die Mitte des 17. Jahrhunderts entstandenen Hauptaltar wurde im Laufe der Jahrhunderte Zeuge zahlreicher bedeutender Momente in der polnischen Geschichte. Die Könige erhielten hier ihre Krone und wurden nach ihrem Tod hier vom Hofstaat verabschiedet.

Im Mittelpunkt des Hauptschiffes steht das Mausoleum des Heiligen Bischofs Stanisław (Stanislaus), des Schutzpatrons Polens. Er lebte von 1035 bis 1079 und wurde in Folge eines eskalierenden Streits mit König Bolesław II. getötet. Erst im 17. Jahrhundert wurde das heute im Waweldom zu sehende silberne Grabmal des Heiligen Bischofs Stanisław errichtet.

Die Kapellen und Grabkammern des Doms

Zahlreiche Kapellen bilden einen Ring um das Innere des Waweldoms und machen ihn nicht zuletzt damit zu einer Besonderheit. Zweifellos sind alle Kapellen eine Besichtigung wert, vier von ihnen ragen aber heraus und verdienen daher eine besondere Beachtung.

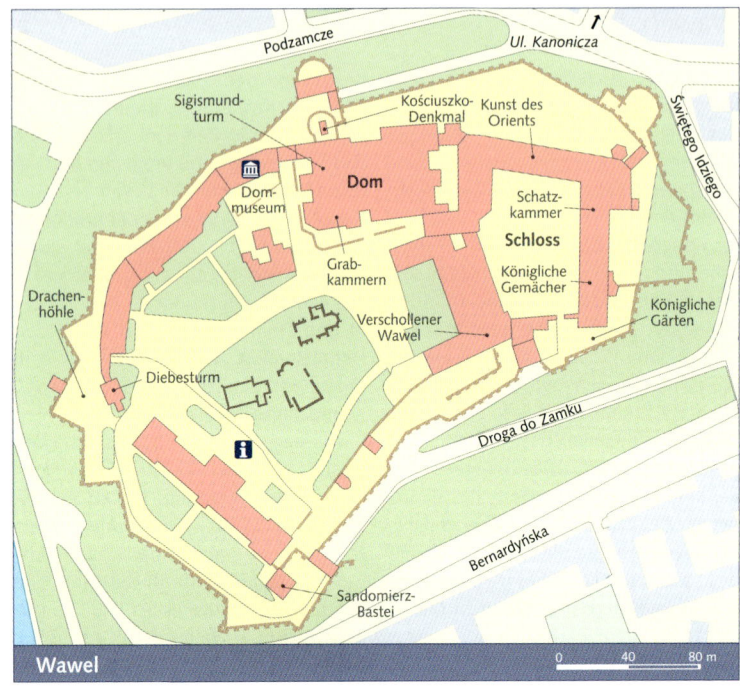

Eine der sehenswertesten ist die Kaplica Świętokrzyska (**Heiligkreuz-Kapelle**) im rechten Seitenschiff gleich neben dem Haupteingang. Russische Künstler haben die Wände dort in der zweiten Hälfte des 15. Jahrhunderts mit farbenprächtigen Malereien versehen. Das aus rotem Marmor gefertigte spätgotische Grab ist die Ruhestätte Königs Kazimierz IV. Jagiellończyk. Veit Stoß projektierte es kurz nach dem Tod des Königs. Gegenüber befindet sich das Grab der Elisabeth von Habsburg, Königin von Polen und Ehefrau Königs Kazimierz IV. Jagiellończyk. Auffallend ist auch das Grabmal Bischofs Kajetan Sołtyk aus dem 18. Jahrhundert: Unter dem halboffen gestalteten Deckel reißt ein Adler aus. Ebenfalls im rechten Seitenschiff befindet sich die Kaplica Zygmuntowska, die von 1519 bis 1533 erbaute **Sigismund-Kapelle**. Diese von Bartolomeo Berecci geschaffene und mit einer von außen vergoldeten Kuppel bedeckte Kapelle ist eines der ersten Renaissancewerke in Polen und zugleich wohl auch eines der von außen meistfotografierten Motive Krakaus. In der Sigismund-Kapelle befinden sich hinter einem massiven Bronzegitter, ein Werk des Nürnbergers Hans Vischer aus der ersten Hälfte des 16. Jahrhunderts, die Grabmäler der Könige Zygmunt I. Stary und Zygmunt II. August sowie von Anna Jagiellonka. Aus der Hand des Nürnberger Meisters Vischer stammt auch der Renaissancealtar auf der linken Seite der Kapelle. In den Nischen der Kapelle stehen Heiligenfiguren aus Marmor. Über diesen Nischen sind Bilder der vier Evangelisten und Königs Zygmunt I. Stary zu sehen.

Vom Inneren des Doms aus gesehen befindet sich rechts von der Sigismund Kapelle die Kaplica Wazów, die **Wasa-Kapelle**. Mitglieder der Wasa-Dynastie sind in dieser Kapelle begraben, die nach dem Vorbild der Sigismund Kapelle entstanden ist. Gleichwohl herrscht in der Wasa-Kapelle, die im 17. Jahrhundert errichtet wurde, eine völlig andere Atmosphäre als in der links daneben gelegenen Sigismund-Kapelle. Während diese eine humanistisch geprägte Klarheit in der künstlerischen Gestaltung aufweist, ist die Wasa-Kapelle von bedrückender Finsternis und von Todessymbolen geprägt. Eine weitere bekannte Kapelle in der Wawelkathedrale ist die auf der Achse des Hauptschiffs und des Presbyteriums gelegene Kaplica Mariacka (**Marien-Kapelle**) – aus dem 14. Jahrhundert. In dem großen Raum liegt hinter Metallgittern unter anderem König Stefan Batory begraben. Das Gewölbe und die Wände sind mit verschiedenen Wandmalereien zum Teil aus dem 16. Jahrhundert, zum Teil auch älteren Datums, versehen. Sehenswert ist auch der barocke Altar mit seinem Tabernakel.

Was auf den ersten Blick etwas schaurig erscheinen mag, ist tatsächlich eine einzigartige Begegnung mit der polnischen Geschichte: die **Grabkammern** in den Kellern der Wawelkathedrale, in die man über eine Treppe im linken Teil der Kirche hinabsteigt. Hier fanden zahlreiche Persönlichkeiten der vergangenen Jahrhunderte ihre letzte Ruhestätte. Ehrfürchtig schreiten Dombesucher in den engen Gemäuern der Krypta an den Särgen von Königen und Nationalhelden wie Tadeusz Kościuszko, Józef Piłsudski und anderen vorbei, die die polnische Geschichte maßgeblich beeinflusst haben. Die letzten in der Krypta der Wawelkathedrale Bestatteten waren Lech und Maria Kaczyński, der Präsident

und seine Ehefrau, die bei dem Flu... absturz in Smolensk ums Leben k... Im selben Seitenschiff befinden si... einem von der Krypta getrennten... ler, zu dem man über eine einige M... vor dem Abstieg in die Grabkamme... gelegene Treppe gelangt, die Grabma... der bedeutendsten Dichter der poln... schen Romantik: Adam Mickiewicz und Juliusz Słowacki.

Sigismund-Turm

Im linken Seitenschiff befindet sich der Aufgang zum Wieża Zygmuntowska, dem im 14. Jahrhundert erbauten Sigismund-Turm. Auch wenn die hölzernen Treppen vermutlich schon den ein oder anderen auf einer gewissen Höhe zum Umkehren bewegt haben, so ist doch ein Aufstieg auf diesen Turm eine uneingeschränkt empfehlenswerte Attraktion: Oben angekommen, hat man einen guten Ausblick über die Krakauer Altstadt bis nach Nowa Huta im Nordosten der Stadt.

Blick auf die Wawelkathedrale

m Turm befinden sich fünf Glocken, von denen die größte und bekannteste die Sigismundglocke mit einem Durchmesser von 2,42 Metern ist. Allein der Klöppel der insgesamt über zwölf Tonnen schweren und zwei Meter hohen Glocke wiegt 300 Kilogramm. Um die zu 80 Prozent aus Kupfer und zu 20 Prozent aus Zinn bestehende Glocke in Bewegung zu setzen, sind zehn Menschen erforderlich. Die Sigismundglocke erklingt nur zu ganz besonderen Anlässen. Dann ist sie bei entsprechendem Wetter auf eine Entfernung von über zehn Kilometern zu hören. Ausgerechnet an Heiligabend im Jahr 2000 zersprang der Glockenklöppel. Die polnischen Medien griffen dieses Ereignis sofort auf, und abergläubische Menschen befürchteten, dass dieses Ereignis für das kommende Jahr nichts Gutes verheißen könne. Die Befürchtungen erfüllten sich jedoch nicht, 2001 war für Polen ein Jahr wie jedes andere. Trotzdem wird der Glocke auch weiterhin eine überirdische Fähigkeit zugeschrieben. Wer an ihren Klöppel fasst, die Augen schließt und sich dabei fest auf einen Wunsch konzentriert, dem soll, glaubt man den Handlungen der vielen hundert Besucher an jedem Tag, dieser Wunsch in Erfül-lung gehen. Die Sigismundglocke wird auch in einem bekannten polnischen Volkslied besungen. ›So lange auf dem Wawel die Sigismundglocke schlägt, so lange wird unsere Weichsel weiter bis nach Danzig fließen‹, heißt es in dem polnischen Lied, das mit abgewandeltem Text auch die Hymne des Fußballvereins Wisła Krakau ist.

Wawelschloss

Geht man vom Haupteingang außen an der Sigismund-Kapelle mit ihrer vergoldeten Kuppel vorbei, gelangt man über einen überbauten Durchgang in den von Arkaden und Kreuzgängen geprägten, vierseitigen Innenhof des Wawelschlosses. Über dem Durchgang stehen in lateinischer Sprache die Worte ›Wenn Gott mit uns ist, wer ist dann gegen uns?‹ Das im Stil der Renaissance zwischen 1504 und 1536 vom Florentiner Architekten Franz erbaute Schloss wurde am Ort einer vom 10. bis zum 13. Jahrhundert auf dem Berg stehenden Siedlung errichtet, nachdem die bisherige gotische Bebauung abgebrannt war. Die österreichischen Besatzer nutzten das Schloss im 19. Jahrhundert als Kaserne; Kaiser Franz Josef übergab es aber 1905, also noch

Der schöne Arkadenhof des Schlosses

Einer der vielen prächtigen Säle im Schloss

vor der Wiedererlangung der Unabhängigkeit nach dem Ersten Weltkrieg, dem polnischen Volk. Während des Zweiten Weltkriegs missbrauchte der von Hitler eingesetzte Generalgouverneur Hans Frank, der im Nürnberger Kriegsverbrecherprozess zum Tode verurteilt wurde, den Wawel als seinen Sitz. Nach Ende des Zweiten Weltkriegs erfolgten umfangreiche Restaurierungen des Schlosses. Bei Ausgrabungen auf dem Hügel wurden wichtige Funde gemacht, die Aufschlüsse über die Anfänge des polnischen Staates gaben.

Der charakteristische Innenhof mit seinen Arkaden wurde zu Zeiten der Jagiellonenkönige gerne als Bühne für Ritterspiele und Hoffeierlichkeiten genutzt. Und auch heute noch führt man Staatsgäste gelegentlich an diese Stelle. So hielt im Frühling 2003 US-Präsident George W. Bush im Innenhof des Wawelschlosses eine Rede an die polnische Nation, in der er um die Unterstützung für den Krieg gegen den von Saddam Hussein geführten Irak warb.

Vom Innenhof gelangt man zu vier Ausstellungen, die sich überwiegend in den für den gewöhnlichen Besucherverkehr zugänglichen Ost- und Nordflügeln des Schlosses befinden. Bei diesen Ausstellungen handelt es sich um die Königlichen Gemächer, die Privaten Königlichen Appartements, die Kronschatz- und Rüstkammer und die Kunst des Orients. Die kostbarsten und wohl auch bekanntesten Exponate sind flämische Wandteppiche aus dem 14. und 15. Jahrhundert. Die als ›Arras‹ bekannten Teppiche wurden zu einem großen Teil vom niederländischen Künstler Michiel von Coxcie geschaffen und von König Zygmunt August aus Brüssel nach Krakau geholt. Von den ursprünglich etwa 360 Arras-Teppichen sind bis heute noch 138 erhalten. Viele Touristen besuchen gerade wegen dieser weltweit zu den wertvollsten ihrer Art zählenden Teppiche den Wawel.

■ Die Ausstellungen

Den umfangreichsten Teil der Wawel-ausstellungen bilden die **Königlichen Gemächer**. Sie zeigen auf drei Ebenen, wie es im 16. und 17. Jahrhundert im Schloss ausgesehen haben könnte. Nicht alle der ausgestellten Möbel stammen aber tatsächlich aus dem Wawel. Im Erdgeschoss ist die Rekonstruktion der aus Wohn-, Schlaf- und Arbeitszimmer bestehenden Wohnung des Statthalters der Residenz zu sehen. Auf einem flämischen Wandteppich in diesen Räumlichkeiten befindet sich ein den Mars darstellender Wandteppich aus der Zeit von König Zygmunt II. August.

Über eine Treppe gelangt man in den Turniersaal im ersten Stockwerk. Dieser Saal erhielt seinen Namen nach einem von Hans Dürer, dem Bruder von Albrecht Dürer, mit Szenen eines mittelalterlichen Turniers bemalten Fries. Der Nebensaal wird ›Pod Przeglądem Wojsk‹ (›Zur Militärschau‹) genannt, weil der von Anton aus Breslau bemalte Fries eine an König Zygmunt I. Stary vorbeimarschierende Militäreinheit zeigt. In dem Saal

befinden sich fünf flämische Wandteppiche mit Darstellungen phantastischer Geschöpfe. Die wertvollen Teppiche sind mit den Initialen von König Zygmunt II. August versehen.

Im nächsten Saal, dem Gesandtensaal, ist ein besonderes Augenmerk auf die aus Lindenholz geschnitzten, sogenannten Wawelköpfe zu legen. Diese sind an der Decke angebracht und stellen verschiedene unbekannte Personen wie Frauen, Männer, Studenten und Stadtbewohner dar. Von den Wawelköpfen sind nur noch 30 erhalten, obwohl für noch 165 weitere geschnitzte Köpfe Platz an der Decke vorhanden ist. Ein bedeutendes Ausstellungsstück des Gesandtensaals ist der Sessel, auf dem der König die Gesandten empfing. Hinter diesem Thron befindet sich ein weiterer flämischer Wandteppich mit einem Adler im Wappen.

Auch der nächste Saal wurde nach seinen bemalten Friesen benannt. Da im obersten Abschnitt der Wände Tierkreiszeichen zu sehen sind, heißt dieser Saal ›Sala pod Zodiakiem‹ (›Saal zum Tierkreis‹). Auch die folgenden Räume – ›Sala pod Planetami‹ (›Saal zu den Planeten‹) und ›Sala pod Ptakami‹ (›Saal zu den Vögeln‹) – tragen ihren Namen nach den bemalten Friesen. Vom sogenannten Holländischen Arbeitszimmer, in dem sich eine Ausstellung nordeuropäischer Malerei befindet, gelangt man in den Saal ›Zum Adler‹ (›Sala pod Orłem‹), in dem königliche Gerichtsverhandlungen durchgeführt wurden.

Der mit Abstand größte Saal der Königlichen Gemächer ist der neben dem Saal ›Zum Adler‹ gelegene Senatorensaal. Hier fanden Senatssitzungen, Feierlichkeiten und Bälle statt. Fünf große und mehrere kleinere Wandteppiche stellen Szenen aus der Genesis wie die Erschlagung Abels und

das Verlassen des Paradieses dar. Während der Besatzung durch deutsche Truppen ließ Generalgouverneur Hans Frank im Senatorensaal ein Kino einrichten.

Die zweite Ausstellung in der Wawelresidenz, die **Königlichen Privatappartements**, zeigt die von den Königen, ihren Gästen und den Hofleuten privat genutzten Räumlichkeiten. Eine Führung ist in diesem Teil des Schlosses obligatorisch und beginnt am Eingang in die Privatwohnung. Auch in diesen Räumlichkeiten sind die flämischen Wandteppiche aus der Sammlung Zygmunt Augusts die kostbarsten Exponate. Darüber hinaus sind italienische Möbel und Gemälde sowie Holzdecken, Fresken und Portale aus der Zeit der Gotik und der Renaissance zu sehen. In zwei im Stil des 18. Jahrhunderts eingerichteten Räumen ist eine Porzellansammlung ausgestellt, die auch Stücke aus Meißener Porzellan aufweist. Polnische Teppiche, Möbel aus verschiedenen Regionen Europas sowie Uhren sind außerdem zu sehen. Besondere Aufmerksamkeit verdient in den Königlichen Privatappartements der Kolumnensaal mit seinen Portraits des Königs Stanisław August Poniatowski, des Krakauer Bischofs Kajetan Sołtyk, des sächsischen Kurfürsten und Warschauer Prinzen Friedrich August Wettin und anderen.

Gegenstände der polnischen Königsfamilie und Andenken an Nationalhelden werden in der im Wawelschloss untergebrachten **Schatzkammer** gezeigt. Als Höhepunkt dieser Ausstellung gilt das ›Szczerbiec‹, das Krönungsschwert der polnischen Könige. Das angesichts seiner Bedeutung eher bescheiden gestaltete Schwert stammt aus dem 13. Jahrhundert. Ferner sind Gegenstände wie die ausgetretenen Krönungspan-

Der legendenumwobene Drachen am Fuß des Wawelhügels

toffeln von König Zygmunt August und Pferdesattel und Reitzeug aus vergangenen Jahrhunderten zu sehen. In den Sälen neben der Schatzkammer befindet sich die **Rüstkammer** mit einer Ausstellung von Kampf- und Paradewaffen vom 14. bis zum 18. Jahrhundert. Im Keller sind Kanonenrohre zu sehen, von denen das älteste aus der Zeit Anfang des 16. Jahrhunderts stammt. Flaggen und Banner aus verschiedenen Schlachten ergänzen die Sammlung.

In der Ausstellung **Kunst des Orients** im westlichen Flügel des Schlosses sind in Erinnerung an die Schlacht gegen die Türken bei Wien im 17. Jahrhundert Sammlungen orientalischer Gegenstände zu sehen. Dem damaligen polnischen König Jan III. Sobieski, der mit seinem Einsatz der österreichischen Monarchie zur Hilfe kam, ist eine Büste im ersten Saal der Ausstellung gewidmet. Die kostbarsten Exponate der Sammlung sind zweifellos einige türkische Zelte aus der Zeit der Schlacht bei Wien. Sehenswert sind auch fünf große, unter der Decke hängende türkische Flaggen.

Ein weiteres Museum mit dem Namen **Verschollener Wawel** zeigt eine Ausstellung zur Geschichte des Hügels an der Weichsel. Gegenüber der Sigismundkapelle neben dem kleinen Restaurantbetrieb, wo sich früher die königlichen Küchen befanden, sind während der Ausgrabungs- und Konservierungsarbeiten entdeckte Holz-, Keramik-, Stein- und Metallgegenstände zu sehen. Von besonderer Bedeutung sind dort Teile eines zur ersten Kapelle auf dem Wawelhügel gehörenden Rundbaus aus dem 11. Jahrhundert. Die Rotunde trägt den Namen der Allerheiligsten Jungfrau Maria. Diese Ausstellung der ältesten Spuren des Hügels hat vor einigen Jahren eine virtuelle Ergänzung erhalten: Mit einem Computerprogramm hat man versucht, das Aussehen des Wawels vom 10. bis zum 12. Jahrhundert zu

rekonstruieren. Diese faszinierende Begegnung mit der Geschichte ist noch immer ein Geheimtipp für einen Krakaubesuch. Wenige Tage vor seiner Wahl zum Papst eröffnete der damalige Kardinal Karol Wojtyła im Jahr 1978 das **Dommuseum** auf dem Wawelhügel. Der Eingang befindet sich rechts gegenüber dem Haupteingang der Kathedrale. Unter anderem sind dort Gewänder von Papst Johannes Paul II. sowie ein Messgewand aus dem Jahre 1504 zu sehen. Eines der neuesten Ausstellungsstücke ist der am Heiligabend 2000 geplatzte Klöppel der Sigismundglocke.

Drachenhöhle

Bei einem Spaziergang auf der Weichselpromenade um den Wawel herum fällt eine in den Wawelhügel eintauchende Höhle auf, die Drachenhöhle. Besucher können diese Höhle vom Burghof des Wawels aus betreten und verlassen die Höhle anschließend einige Meter tiefer am Ufer der Weichsel. Gerade für die Jüngsten ist die Drachenhöhle oft ein Höhepunkt einer Wawelbesichtigung. Das hängt nicht unwesentlich mit einem Märchen und dem feuerspeienden Metalldrachen am Höhlenausgang zusammen. Dieses Werk des Bildhauers Bronisław Chromy weist auf eben diese Legende hin.

Etwa 80 der 270 Meter langen Höhle sind heute für Touristen zugänglich, wenn man die 135 schwindelerregenden Stufen der Rundtreppe vom Hof der Wawelbebauung aus hinabsteigt. Die Höhle diente in der Geschichte verschiedenen Zwecken: mal den Armen als Wohnung, mal den Fischern als Lagerhalle. Selbst von einer Nutzung als Freudenhaus wird berichtet. Aufgrund der Lage der Höhle – der Gang führt an das Weichselufer, weg vom Wawelhügel – empfiehlt es sich, die Drachenhöhle als Schlusspunkt einer Wawelbesichtigung zu besuchen.

Karte S. 84 ▲

Die Legende vom Waweldrachen

Einer in Polen jedem Kind bekannten Legende zufolge trieb in der Höhle des Wawel am Ufer der Weichsel zu Lebzeiten König Kraks ein fürchterlicher, mit grünen Schuppen bedeckter, riesiger Drache sein Unwesen. Alles, was sich seiner Höhle näherte, fraß der Drache unbarmherzig auf. Zur Bekämpfung des Ungeheuers gab der um das Wohl seiner Bürger besorgte König Krak bekannt, dass derjenige seine wunderschöne Tochter heiraten dürfe, der das Land von dem entsetzlichen Drachen befreie.

Viele starke Ritter reisten von weither an, um das Untier zu erledigen und die königliche Belohnung zu erhalten. Sie kämpften tapfer, aber vergeblich und starben in den Fängen des Drachen – bis ein kleiner, unscheinbarer Schuster ohne Ritterrüstung des Weges kam und einen listigen Plan umzusetzen begann. Der clevere Schuster schlachtete ein Schaf, füllte es mit Schwefel, nähte es zusammen und stellte es in einer dunklen Nacht vor den Eingang der Höhle. Als morgens der Drache aus seiner Höhle hervorkam, freute er sich beim Anblick des vermeintlich lebendigen Schafs über das leicht zu erlangende Frühstück und verschlang das ausgestopfte Tier mit einem Biss. Der nun in seinem Magen wütende Schwefel erzeugte bei dem Drachen einen riesigen, nicht mehr zu stillenden Durst, so dass er sich schmerzgeplagt zur Weichsel begab. Dort trank und trank das Ungeheuer. Sein Bauch wuchs an, wurde dicker und dicker, bis der Drache schließlich platzte. Er war besiegt.

Die Erleichterung der Krakauer kannte keine Grenzen mehr, König Krak hatte sein Versprechen nicht vergessen. Und so kam es, dass der arme Schuster die Tochter des Königs heiraten durfte, die Hälfte des Reiches geschenkt bekam und glücklich bis an das Ende seiner Tage lebte.

Heute ein beliebtes Souvenir: der Waweldrache

Kazimierz

Nur zwei Straßenbahnhaltestellen vom Rynek entfernt taucht man plötzlich in eine andere Welt. Im Stadtteil Kazimierz, mitten in Krakau, bestimmen Synagogen und hebräische Aufschriften das Bild und zeugen von der großen jüdischen Vergangenheit dieser Stadt. Allein an der regelmäßig von vielen Autos beparkten ul. Szeroka, die eher an einen langgezogenen Platz als an eine Straße erinnert, befinden sich vier Synagogen. Kazimierz ist einer der bedeutendsten Orte jüdischer Kultur in Europa. Um dorthin zu gelangen, nimmt man eine Straßenbahn mit der Nummer 3, 13 oder 24, steigt an der Station ›Starowiślna‹ aus und biegt wenige Schritte nach rechts in die ul. Szeroka ein, die Breite Straße. Wer etwas spazieren will, kann Kazimierz vom Wawel oder vom Rynek aus aber auch in wenigen Minuten zu Fuß erreichen.

Geschichte

Der Ursprung des Stadtviertels war weniger religiös als persönlich motiviert. Im 14. Jahrhundert bestand Krakau nur aus einigen Häusern rund um den Marktplatz. Zwischen dem Rynek und der heutigen ul. Szeroka befand sich keine Bebauung. Vielmehr floss auf dem Gebiet der heutigen ul. Starowiślna (›Alte Weichselstraße‹) ein Nebenarm der Weichsel und trennte das Gebiet, in dem der heutige Stadtteil Kazimierz liegt, von Krakau ab. Und dort hinter der Weichsel, wo bis dahin nur wenige Menschen wohnten, gründete König Kazimierz III. Wielki (Kasimir der Große) im Jahr 1335

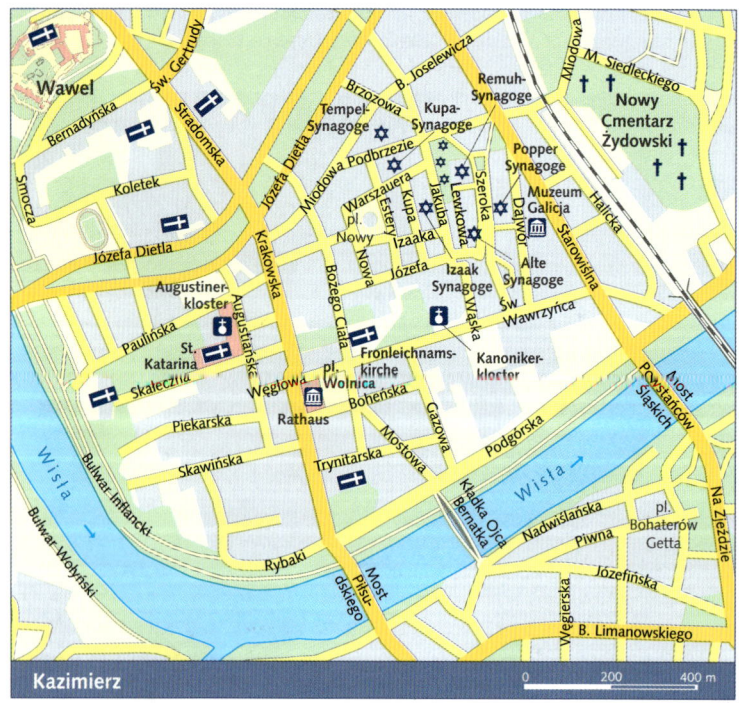

eine Stadt, die ihm zu Ehren seinen Namen tragen sollte: Kazimierz.

Die Fläche der eigenständigen Stadt betrug etwa 500 mal 900 Meter und war damit fast genau so groß wie das damalige Krakau. Im Zentrum der Stadt Kazimierz befand sich eine wichtige Handelsroute, die heutige ul. Krakowska. Da die Stadt hinter der Weichsel zu Ehren des Königs erbaut wurde, bildete sich eine bewusste Konkurrenz zu Krakau. So gab es im Herzen des damaligen Kazimierz um das frühere Rathaus und heutige Ethnologische Museum am plac Wolnica einen fast ebenso großen Marktplatz wie in Krakau. Im Laufe der Jahrhunderte näherte sich die Wohnbebauung indessen immer mehr dem Rathaus an, so dass der plac Wolnica längst die Größe des früheren Marktplatzes von Kazimierz verloren hat. Auch die Fronleichnamskirche in der Nähe des Rathauses wurde auf Initiative des polnischen Herrschers errichtet. König Kazimierz III. Wielki förderte seine neue Stadt so intensiv, dass sie sich noch im 14. Jahrhundert zu einer der bedeutendsten in Polen entwickelte. Die jüdische Geschichte dieses Stadtteils begann Anfang des 15. Jahrhunderts. Mindestens seit dem 13. Jahrhundert gab es in Krakau Juden. Sie wohnten damals in der Straße św. Anny direkt am Rynek und hatten dort ein Bet- und auch ein Badehaus. Im 14. Jahrhundert hieß diese Straße sogar Judenstraße. Als König Władysław Jagiełło im Jahr 1400 in unmittelbarer Nähe zu dieser Straße die Krakauer Universität wieder errichten ließ, kam es zu Streitigkeiten zwischen Studenten und Juden. Das war die Zeit europaweiter Judenverfolgungen, die auch in Krakau stattfanden. Aus dem Jahr 1407 wird von einem ersten Pogrom gegen die jüdische Bevölkerung Krakaus berichtet. Nach einem vorübergehenden Umzug der Gemeinde in Kra-

Kazimierz hat sich zu einem beliebten Ausgehviertel entwickelt

kau und weiteren Übergriffen wurden die Juden gegen Ende des 15. Jahrhunderts nach Kazimierz umgesiedelt, wo Spuren einer jüdischen Bevölkerung bis ins Jahr 1485 zurückverfolgt werden können. So isolierend die dann einsetzende Ghettobildung gewesen sein mag: In Kazimierz war jüdisches Leben immerhin möglich. Im Vergleich zu anderen Regionen Europas, in denen die Judenverfolgungen im 16. Jahrhundert immer mehr zunahmen, war das Recht auf Ausübung der Religion an einem abgetrennten Ort schon viel. So kamen gerade in dieser Zeit Juden aus dem ganzen Kontinent in die Stadt bei Krakau. Dieser Zuzug aus ganz Europa verhalf Kazimierz schnell zu internationalem Flair und machte wegen der damit verbundenen Immigration von Vertretern verschiedener religiöser Ausrichtungen den Bau vieler Synagogen erforderlich. So erklärt sich auch, warum allein an der ul. Szeroka vier Synagogen errichtet wurden. Ein Zentrum jüdischer Kultur auf hohem Niveau entstand. Nicht alle Juden wohnten in den folgenden Jahrhunderten in dem Ghetto. Einige wohnten in Krakau und betrieben dort Handel. Dieses Recht hatte man ihnen bis dahin noch nicht genommen. Erst nach der Ersten Polnischen Teilung im Jahr 1776 wurden sie zur Aufgabe ihrer Geschäfte in Krakau gezwungen.

Anfang des 19. Jahrhunderts wurde das jüdische Ghetto aufgelöst und schließlich dem inzwischen deutlich gewachsenen Krakau als Stadtteil angeschlossen. In der Verfassung von 1867 wurden die Juden sogar der übrigen Bevölkerung formal gleichgestellt. Sie durften nun überall wohnen. Anfang des 20. Jahrhunderts lebten etwa 70 000 Juden in ganz Krakau, lediglich die Orthodoxen und die armen Juden blieben in Kazimierz. In dieser Zeit, als sich Krakau längst zu einer Metropole entwickelt hatte, wirkte Kazimierz, der Ort der Konservativen, wie eine abgeschiedene Insel. Karol Estreicher, ein Krakauer Kunsthistoriker, schrieb in dieser Zeit: »An Feiertagen wird Kazimierz gegen Abend still und ruhig. Auf den Straßen gehen Juden in langen Kaftanen und mit

vom Fuchspelz umsäumten Mützen umher. Aus den Fenstern strahlt das Licht brennender Kerzen. Mit betendem Volk füllen sich die Synagogen: die Alte, die Remuh, die Hohe und andere. Die jüdische Stadt bietet einen seltsamen, keineswegs reizlosen Anblick.«

Mit dem Beginn des Zweiten Weltkriegs wurde all dies schlagartig vernichtet. Die deutschen Besatzer siedelten die Krakauer Juden in den Stadtteil Podgórze um. Dort errichteten sie 1941 ein Ghetto, dessen Endstation schließlich die Gaskammern von Auschwitz-Birkenau waren. Jüdische Einrichtungen in Krakau wurden zum Teil zerstört, zum Teil aber auch als Lagerhallen genutzt und blieben so erhalten. Kazimierz diente dem Regisseur und Drehbuchautor Steven Spielberg als Kulisse für seinen Film ›Schindlers Liste‹ aus dem Jahr 1993, in dem die Geschichte des Unternehmers Oskar Schindler erzählt wird, der anhand einer Liste mit Namen jüdischer Arbeiter für seine Emaillewarenfabrik vielen Krakauer Juden das Leben rettete.

Nach Kriegsende konnte der Stadtteil nicht mehr sein früheres Flair zurückerlangen. Etwa 100 Juden leben heute noch in Krakau. Und das Durchschnittsalter der jüdischen Gemeinde bewegt sich bei etwa 60 Jahren. Und trotzdem wurde Kazimierz seit Ende der 1990er Jahre nicht nur bei den Touristen, sondern auch bei Nachtschwärmern und Künstlern immer beliebter. Heute bieten gute Restaurants wie das ›Ariel‹ und das ›Alef‹ an der ul. Szeroka jüdische Speisen an, Kneipen und Diskotheken ziehen inzwischen auch einheimische Jugendliche in den Stadtteil. Viele der alten Häuser wurden aufwendig renoviert, und die Touristen und auch Krakaus Marketingstrategen haben die besonderen Vorzüge Kazimierz längst entdeckt. Einen kulturellen Höhepunkt erleben diese Straßen

Karte S. 92

Die Bima in der Alten Synagoge

alljährlich Ende Juni und Anfang Juli zum Festival der Jüdischen Kultur. Mit Musik, Kunst und Literatur wird dann das traditionelle jüdische Leben besonders anschaulich dargestellt. So erstrahlt das Viertel, das auch heute noch einer der bedeutendsten Orte jüdischer Kultur in Europa ist, wieder in neuem Glanz, auch wenn noch immer einige verfallene Stellen nicht zu übersehen sind.

Ulica Szeroka

Das Zentrum des jüdischen Lebens in Kazimierz befand sich in der ul. Szeroka, der Szeroka-Straße. Allein an dieser Straße gab es vier Synagogen und ein Badehaus, das Mikweh. Steven Spielberg drehte hier einige seiner Szenen für den Film ›Schindlers Liste‹.

■ Alte Synagoge

Der älteste noch erhaltene jüdische Sakralbau in Polen ist die Alte Synagoge in der ul. Szeroka 24 an der Ecke zur ul. Józefa. Hier könnte ein Spaziergang durch Kazimierz beginnen.

Die Alte Synagoge wurde wahrscheinlich Ende des 15. Jahrhunderts erbaut und nach einem Brand, von dem im Jahr 1557 berichtet wird, in den Folgejahren vom italienischen Baumeister Matteo Gucci im Renaissancestil wieder aufgebaut. Gucci errichtete auf den erhalten gebliebenen Mauern eine zweischiffige Halle mit zwei Säulen und einem spätgotischen Gewölbe. Von diesem Gebäude Guccis blieben bis heute lediglich der Betsaal, die Frauenempore und die Vorhalle erhalten. Im Zweiten Weltkrieg wurde die Alte Synagoge von den Nazis als Lagerhalle genutzt. Sie plünderten zwar die kostbare Inneneinrichtung, ließen das Gebäude aber stehen, so dass diese älteste polnische Synagoge auch heute noch zu besichtigen ist. Gleichwohl waren nach dem Krieg erhebliche Restaurationsmaß-

nahmen erforderlich. Sie wurden in den 1950er Jahren durchgeführt.

Im Eingangsbereich der Synagoge befindet sich ein Steinbecken, errichtet zum Händewaschen im Lebenswasser. An der Wand erinnert eine Steintafel daran, dass Tadeusz Kościuszko gegen Ende des 18. Jahrhunderts die Krakauer Juden in der Alten Synagoge aufforderte, sich am Kampf gegen die Besatzer zu beteiligen und sie somit als vollwertige Polen anerkannte. Durch ein Renaissanceportal schreitet man schließlich in den großen Betsaal, in dessen Zentrum die rekonstruierte Bima steht. Ihr mit zwei Eingängen versehenes Gitterwerk mündet oben in eine Prachtkrone. Hier in der Bima wurde die Tora verlesen, sprachen Gelehrte und wurden Beschlüsse des Gemeindevorstands verkündet. Auffallend ist in der Synagoge auch der Altarschrein an der Ostwand, der mit einem reich verzierten Vorhang verdeckt ist. Dahinter wurde die Tora aufbewahrt. Eine vergoldete Krone über dem Altarschrein symbolisiert die Weisheit Gottes. Neben dem Schrein befindet sich ein länglicher Steinschrank, in dem das ewige Licht aufbewahrt wurde. Während den Betsaal nur Männer betreten durften, saßen Frauen während eines Gottesdienstes in den eigens für sie errichteten Sälen. Der erste Frauensaal war der als Galerie errichtete an der Westwand. Später kam der zweite an der Südwand hinzu.

Heute wird die Alte Synagoge nicht mehr für jüdische Gottesdienste, sondern als Museum genutzt. Eine **Ausstellung** im Inneren zeigt die Geschichte und Kultur der Krakauer Juden. Zusammen mit der Remuh-Synagoge ist sie die wohl am häufigsten besuchte Sehenswürdigkeit in Kazimierz.

Der Platz vor der Alten Synagoge war ein besonders bedeutsamer Ort im alltäglichen Leben der Juden von Kazimierz.

Besuchergruppe in der Remuh-Synagoge

Hier fanden Trauungszeremonien statt, Verfügungen des Königs wurden hier bekannt gegeben, und gelegentlich wurde hier auch der Bann über unliebsame Bewohner des Ortes ausgesprochen.

■ Synagoge Auf'm Bergel
Ganz in der Nähe der Alten Synagoge, an der ul. Szeroka 22, befindet sich heute die Filiale einer Bank. Dieses Gebäude wurde früher als Sakralgebäude genutzt, im 17. Jahrhundert beherbergte es die Synagoge ›Auf'm Bergel‹. Nathan Spira (1583–1633), eine Führungspersönlichkeit der Kabbalisten, einer religiösen Richtung, die die Kabbala mystisch auslegt, hielt dort Vorträge und forschte. Tag und Nacht soll Spira über der Kabbala gesessen haben, so dass der Schein seiner Dachstubenkerze ständig auf die ul. Szeroka leuchtete.

■ Muzeum Galicja
Nur wenige Schritte von der Synagoge ›Auf`m Bergel‹ entfernt existiert seit einigen Jahren an der ul. Dajwór 18 mit dem Muzeum Galicja ein weiterer sehenswerter Ausstellungsraum zur jüdischen Geschichte der Region. Zahlreiche großformatige Farbfotos sind neben wechselnden Exponaten in der ehemaligen Fabrikhalle ständig zu

sehen. Die ul. Dajwór befindet sich an der Rückseite der Alten Synagoge. Ein Abstecher lohnt sich.

■ Popper-Synagoge
An der ul. Szeroka 16 befindet sich mit der Popper-Synagoge eine weitere jüdische Sakralstätte. Das 1620 vom damals weit über die Grenzen Kazimierz' hinaus bekannten Händler und Bankier Wolf Popper gestiftete Gebäude konnte sich einer reichen Ausstattung rühmen. In der Zeit der deutschen Besatzung wurde die barocke Synagoge weitgehend zerstört, eine Restaurierung erst in den 1960er Jahren vorgenommen. Die Innenausstattung indes ging in den Jahren des Zweiten Weltkriegs unwiderbringlich verloren. Heute beheimatet das Gebäude ein Jugendkulturzentrum.

■ Mikweh
Nur einige Meter von der Popper-Synagoge entfernt (ul. Szeroka 6), befindet sich die Mikweh, das Haus zum jüdischen Ritualbad. Nach der Menstruation unterzogen sich Frauen in diesem Bad einer rituellen Reinigung. Männer hingegen benutzten die Mikweh vor dem Versöhnungstag oder, wenn sie zur jüdischen Bewegung der Chassidim gehörten, sogar täglich vor dem Gebet.

Die Klagemauer besteht aus alten Grabsteinen

Karte S. 92

Das Bad bestand an dieser Stelle bereits im 16. Jahrhundert. Sein Becken, in das man einige Stufen hinabsteigen muss, hat bis heute seine ursprüngliche Form behalten. Der übrige Teil des Gebäudes wurde im Laufe der Jahrhunderte mehrfach verändert.

Die freie Rasenfläche vor der Mikweh in der Mitte der ul. Szeroka war früher ein jüdischer Friedhof. Einer Sage nach entstand diese Ruhestätte in Folge einer in den Sabbat hineinreichenden, rauschenden Hochzeitsfeier. Vergeblich habe ein Rabbiner vor der Feier in den Sabbat hinein gewarnt – die gesamte Hochzeitsgesellschaft überlebte das Fest nicht und wurde hier begraben. Sage hin oder her: Ein jüdischer Friedhof befand sich früher tatsächlich an dieser Stelle.

Hinweis am Plac Nowy auf die Markttage

■ **Remuh-Synagoge**

Gegenüber der Mikweh, an der ul. Szeroka 40, steht die Remuh-Synagoge. Im Jahr 1533 wurde dieses in ganz Europa bekannte jüdische Gotteshaus von Israel Isserles Auerbach als Holzbau gestiftet und nach der vollständigen Zerstörung durch einen Brand im Jahr 1557 aus Stein errichtet. Es ist ein einzigartiges Beispiel jüdischer Architektur und Sakralkultur und erfüllt auch heute noch die Aufgabe einer aktiv religiös genutzten Synagoge. Das Gebäude mit seinem anliegenden Friedhof besuchen nicht nur Krakautouristen, vielmehr kommen allein wegen der Remuh-Synagoge und dem angrenzenden Friedhof Juden aus aller Welt nach Kazimierz.

Bevor man in den Betsaal gelangt, ist ein Vorraum zu durchschreiten. Dort führt ein Mitglied der Gemeinde die Aufsicht. Den Betsaal betritt man durch ein Sandsteinportal. In der Mitte des Betsaals steht die Bima mit einem Pult für die Tora. Bemerkenswert ist die aus zwei Flügeln bestehende Tür der Bima aus

dem 18. Jahrhundert. Ein brennender siebenarmiger Leuchter mit einer Krone ist unter anderem auf den Flachreliefs der Tür zu sehen.

Über dem steinernen Renaissancealtarschrein an der Ostseite hängt eine Tafel mit den Zehn Geboten an der Wand. Rechts neben dem Altarschrein steht der Stuhl, auf dem der Rabbiner Rabbi Moses, was Remuh heißt, gesessen haben soll. Nach diesem Rabbiner (um 1525–1572) wurde die Synagoge benannt. Neben dem Stuhl befinden sich eine Gedenktafel und das ewige Licht. Marmortafeln an der Südseite erinnern an verstorbene Gemeindemitglieder.

■ **Alter Friedhof**

Der Alte Friedhof, den man durch das Tor auf der linken Seite des Innenhofs der Remuh-Synagoge erreicht, ist unbedingt einen Besuch wert. Dieser jüdische Friedhof ist einer der ältesten in Europa und hat eine ganz besondere Atmosphäre. Von 1552 bis in das 19. Jahrhundert hinein wurden hier Menschen begraben. Bedeutende Persönlichkeiten wie Moses Isserle, im 16. Jahrhundert der Krakauer Rabbiner, und der Kabbalist Nathan Spira sind dort begraben. Zwar wurde der Friedhof zur Zeit der Naziherrschaft weitgehend zerstört, doch konnten einige der zum Teil sehr schmuckvollen Grabsteine erhalten werden, auch wenn die Steine heute nicht mehr genau an ihrem ursprünglichen Ort der Ruhestätte stehen. Es empfiehlt sich, beim Gang über den Friedhof auf die Symbole dieser Grabsteine zu achten. So deuten der Davidstern oder ein Löwe auf einem Grabstein auf einen Verstorbenen aus dem Geschlecht Juda hin. Gelehrte erhielten zum Zeichen der Weisheit eine Krone auf ihrem Grabstein, eine Schlange symbolisiert einen Arzt, segnende Hände einen Priester.

An der Westseite der Synagoge befindet sich das von alten Bäumen umgebene **Grab von Moses Isserle**, dem Rabbiner Remuh. Ihm wurden wundersame Heilkräfte nachgesagt, und sein Grab ist heute eine Pilgerstätte für Juden aus aller Welt. Neben dem auffälligen Stein des Remuh sind die Gedenksteine für dessen Familienangehörige zu sehen. Die gesamte Gedenkstätte der Familie des Moses Isserle ist mit einem Gitter versehen.

Auf viele der Grabsteine haben Friedhofsbesucher kleine Steine gelegt. Dieser Brauch erinnert an die Wanderung der Juden durch die Wüste. Sie bestatteten damals ihre Toten durch Zudecken des Grabes mit kleinen Steinen. Interessant

Inschrift in der Izaak-Synagoge

Karte S. 92

ist auch die Klagemauer am östlichen Ende des Friedhofs an der Alten Synagoge. Sie ist mit Bruchstücken von Grabsteinen versehen. Nachdem die Nazis den Friedhof weitgehend verwüstet hatten, wurden diese zerstörten Grabsteine in die Klagemauer eingebaut.

Längst werden auf dem Remuh-Friedhof keine Bestattungen mehr vorgenommen. Bereits um 1800 entstand in der ul. Miodowa 55 ein **neuer jüdischer Friedhof**, weitaus größer als der alte. Für einen Abstecher auf den Friedhof ist die ul. Starowiślna in der Nähe des Badehauses Mikweh zu überqueren. Nach einer Eisenbahnunterführung sind dann nur noch wenige Schritte zurückzulegen, bis man das Eingangstor der letzten Ruhestätte der Mitglieder der Krakauer jüdischen Gemeinde erreicht.

Weitere Sehenswürdigkeiten

Nach dem Abstecher auf die andere Seite der ul. Starowiślna führt der Spaziergang durch Kazimierz wieder zurück ins historische jüdische Viertel und zwar auf die ul. Miodowa (Honigstraße). Im dortigen Gebäude mit der Nummer 24 befindet sich die von 1860 bis 1862 errichtete und erst vor wenigen Jahren aufwendig restaurierte **Tempel-Synagoge**. Orientalische Fresken und Stuckarbeiten im Inneren der Synagoge wirken eindrucksvoll auf Besucher ein. Die Tempel-Synagoge, die die religiöse Heimat einer liberalen jüdischen Glaubensrichtung ist, war im jüdischen Kazimierz lange umstritten. Dass man hier auf Polnisch und auf Deutsch predigte und auch andere liturgische Neuerungen einführte, konnten viele orthodoxe Juden nicht mittragen. Der große und imposante Betsaal der Tempel-Synagoge erhielt nach seiner umfangreichen Restaurierung Ende des letzten Jahrhunderts seinen alten Glanz zurück.

Von hier empfiehlt es sich, die ul. Estery einige Meter bis zum **Plac Nowy** (Neuer Platz) zu gehen und einen Blick auf den dort in der Mitte des Platzes stehenden Rundbau zu werfen. Im 19. Jahrhundert wurde dieses auffällige Gebäude als Handelszentrum errichtet, und diese Funktion erfüllt es auch heute noch. Zwischen den beiden Weltkriegen diente ein Teil des Rundbaus vorübergehend als Stelle für rituelle Tierschlachtungen. In unmittelbarer Umgebung dieses kleinen Marktes am Plac Nowy pulsiert heute das abendliche Leben des Szeneviertels Kazimierz. Urige, zum Teil verwinkelte **Kneipen** sorgen dafür, dass hier, besonders an Wochenenden, die Nacht zum Tag gemacht wird.

Nicht weit vom Plac Nowy entfernt, in der ul. Meisela, befinden sich neben einem jüdischen **Kulturzentrum** im Haus mit der Nr. 17, das umfangreiches und hochwertiges Kulturprogramm bietet, in einer kleinen Verbindungsgasse zur ul. Józefa zwei weitere urige Restaurants, nämlich das ›Mleczarnia‹ mit einem schönen Biergarten und der Pub ›Stajnia‹. Wer bei Steven Spielbergs Film ›Schindlers Liste‹ genau hingesehen hat, wird in der Gasse beim Pub ›Stajnia‹ die Treppe wiedererkennen, unter der sich im Film ein Kind versteckt. Ebenso wurde die Szene, in der Geld und Koffer aus den Fenstern geworfen wurden, hier gedreht. Der Plac Nowy wird auf seiner nördlichen Seite von der ul. Warszauera begrenzt. An der Nr. 8 dieser Straße findet sich die **Kupa-Synagoge**. Der Sakralbau wurde im 17. Jahrhundert durch Geldspenden der Gemeinde errichtet und diente der ärmeren jüdischen Bevölkerung in Kazimierz. Direkt gegenüber der Kupa-Synagoge beginnt die ul. Kupa. Folgt man ihr bis zur Kreuzung mit der ul. Izaaka, steht man vor einem weiteren jüdischen Sakralbau, der **Izaak-Synagoge**. Sie wurde in

der ersten Hälfte des 17. Jahrhunderts erbaut und Ende des 20. Jahrhunderts restauriert. Heute werden dort Filme und Ausstellungen über das verlorengegangene jüdische Leben in Krakau gezeigt. In Richtung Weichsel führt die ul. Kupa auf die Kreuzung zur ul. Józefa. Hält man sich dort links, gelangt man mit einigen Schritten zum Haus mit der Nummer 38. In diesem nicht weit von der Alten Synagoge entfernten Gebäude befindet sich das ehemalige jüdische Gotteshaus mit dem Namen **Hohe Synagoge**. Den Namen erhielt es, weil sich der Betsaal im ersten Stockwerk befand. Außer einer hebräischen Tafel erinnert heute nichts mehr an die frühere religiöse Nutzung des Gebäudes.

Schreitet man die ul. Józefa bis zur ul. Bożego Ciała (Fronleichnamsstraße) hinab, hat man das jüdische Kazimierz bereits verlassen und ist im christlichen Teil des Stadtteils angelangt. Auch dieser hat einige Sehenswürdigkeiten zu bieten.

Das christliche Kazimierz

Folgt man der ul. Bożego Ciała in Richtung Plac Wolnica, fällt auf der linken Seite ein eindrucksvoller christlicher Kirchbau auf, die **Fronleichnamskirche** (›Kościoł Bożego Ciała‹). Diese Kirche geht auf die Anfänge Kazimierz' zurück. Bereits im Jahr 1340 begann man mit dem Bau der Kirche, aber erst Anfang des 15. Jahrhunderts wurde dieser Bau beendet. Sein heutiges Aussehen erhielt er im 17. Jahrhundert, als man dem Kirchturm den manieristischen Helm aufsetzte. Das dreischiffige gotische Gebäude ist von einem Kloster umgeben. Im Inneren ist die Fronleichnamskirche vom Barock geprägt. Besonderes Augenmerk verdient der mit viel Gold verzierte Hauptaltar mit dem Bild ›Christi Geburt‹ des Malers Tomasz Dolabelli. Ebenso interessant ist die in Form eines

Stadtspaziergänge

Reich geschmückte Kanzel in der Fronleichnamskirche

Bootes mit aufgespannten Segeln gestaltete spätbarocke Kanzel. Sie stammt aus dem 18. Jahrhundert. Im Nordschiff der Kirche befindet sich die Grabstätte des zu Lebzeiten im 15. Jahrhundert in Kazimierz sehr geachteten seligen Mönchs Stanisław Kazimierczyk.

Unweit der Bożego-Ciała-Kirche befindet sich direkt am Plac Wolnica das frühere **Rathaus**, das ursprünglich im Zentrum eines großen Marktplatzes der damals eigenständigen Stadt Kazimierz stand. Auch das Rathaus stammt aus der Gründungszeit des heutigen Krakauer Stadtteils. Seine gegenwärtige Form erhielt es erst in der ersten Hälfte des 16. Jahrhunderts. Heute beherbergt das Gebäude das **Ethnographische Museum Krakau** und damit auch die ständige Ausstellung ›Polnische Volkskultur‹.

Über die ul. Krakowska, die frühere Handelsstraße nach Ungarn, führt der Spaziergang durch Kazimierz schließlich in die ul. Węglowa und dann nach rechts in die ul. Augustańska. Dort befindet sich mit der **Kirche św. Katarzyny** (St. Katharina) ein Beispiel für die Krakauer Gotik, deren Charakteristikum der fehlende Kirchturm ist. Dadurch tritt das Hauptgebäude nach außen viel deutlicher in Erscheinung. Im 14. Jahrhundert wurde der Kirche ein Augustinerkloster angebaut. Von der ul. Augustańska führt das Eingangstor durch einen Kreuzgang in das helle Innere der Kirche św. Katarzyny. Der reichhaltig verzierte, frühbarocke Hauptaltar zieht die Blicke auf sich. Im Mittelpunkt befindet sich ein Bild aus dem 17. Jahrhundert mit dem Titel ›Die geheimnisvolle Vermählung der Heiligen Katharina‹. Die Gemälde im Presbyterium stellen Szenen aus dem Leben des Heiligen Augustin dar.

Podgórze

Nicht nur geografisch, sondern auch historisch eng mit Kazimierz verbunden ist der Stadtteil Podgórze, wo die Nationalsozialisten während des Zweiten Weltkriegs ein Ghetto und ein Konzentrationslager errichteten. Auch befand sich dort die seit dem Film ›Schindlers Liste‹ bekannte Fabrik des Oskar Schindler. Einige wertvolle Kultureinrichtungen wie das Museum der Gegenwartskunst, das Schindler-Museum, die neue Cricoteka und das erneuerte Museum der Ghettoapotheke entstanden in den letzten Jahren in Podgórze, so dass ein Abstecher dorthin fast schon Pflicht ist. In den sich weiterhin sehr entwickelnden Stadtteil gelangt man entweder über die ul. Szeroka, die dann zum plac Bohaterów Getta führt, oder aber über die nur für Fußgänger und Radfahrer zugelassene,

Karte S. 101

zur Cricoteka Tadeusz Kantors führende, neue **Weichselbrücke Kładka Ojca Bernatka**, an deren Geländer unzählige Verliebte Metallschlösser für die Ewigkeit befestigt haben.

Plac Bohaterów Getta

Am 1. September 1939 überfiel die deutsche Wehrmacht Polen, bereits fünf Tage später war auch Krakau von den Faschisten besetzt. Im März des Jahres 1941 errichteten die Deutschen hier wie in anderen Städten Polens auch ein Ghetto, in dem die jüdische Bevölkerung Krakaus zwangsweise wohnte. Das Ghetto entstand in der Umgebung des heutigen Plac Bohaterów Getta, dem Platz der Ghettohelden. Die Krakauer Juden wurden aus Kazimierz und aus anderen Teilen der Stadt umgesiedelt. Wer nicht Jude war und bis dahin in dem Bezirk des Ghettos gewohnt hatte, musste weichen. Eine um das Ghetto erbaute Mauer sicherte die Kontrolle über die Menschen. Mehr als 17 000 Menschen hielten sich hier gleichzeitig auf engstem Raum auf. Vor der Ghettogründung hatten in dem Bereich nur etwa 3000 Menschen gelebt. Zentrum des Krakauer Ghettos war der große Platz, der heute nach den sogenannten Ghettohelden benannt ist. Direkt an diesem Platz lag die **Apteka pod Orłem**, die Adlerapotheke. Ihr Inhaber Tadeusz Pankiewicz war der einzige Nichtjude, der im Ghetto bleiben durfte, um zunächst noch eine Versorgung mit Medikamenten zur Erhaltung der Arbeitsfähigkeit der Insassen zu gewährleisten. Seine Apotheke entwickelte sich zum wohl einzigen Ort der Menschlichkeit in dem ummauerten und von Leid geprägten Stadtviertel. Wo er nur konnte, half Pankiewicz den Menschen im Ghetto. Für seinen Einsatz für die Krakauer Juden erhielt Tadeusz Pankiewicz nach dem Krieg vom israelischen Staat die Medaille ›Gerechter unter den Völkern‹. Seine Erinnerungen an die furchtbaren Erlebnisse verarbeitete Pankiewicz in seinem Buch ›Die Apotheke im Krakauer Ghetto‹. Darin beschreibt er, dass seine Apotheke für einige Bewohner eine Art »Diplomatische Vertretung, die die freie Welt in diesem ummauerten und vergit-

Stadtspaziergänge

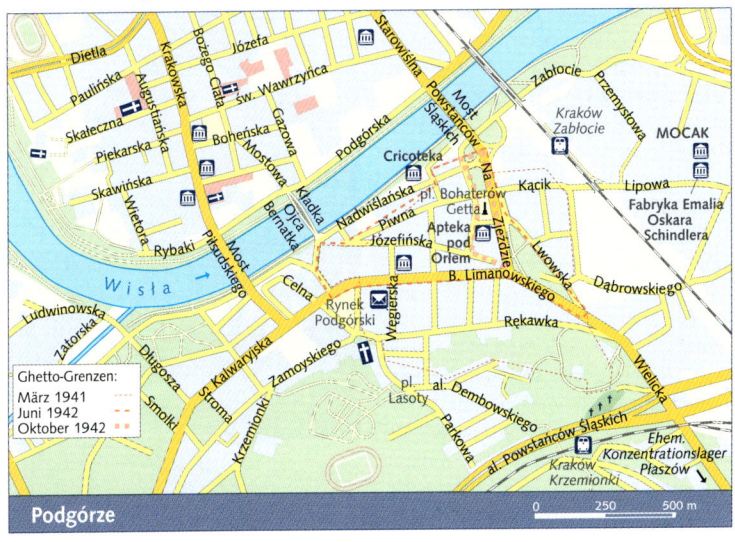

Podgórze

Ghetto-Grenzen:
März 1941
Juni 1942
Oktober 1942

*Leere Stühle zur Erinnerung an die
Menschen, die sie zurücklassen mussten*

terten Städtchen repräsentierte«, war.
Hitlers Schergen verhielten sich in Krakau wie überall: unerbittlich und grau-
sam. Tadeusz Pankiewicz schreibt in seinem Buch: »Das Ghetto ist noch immer
vom Sonderdienst umstellt. Ich kehre
zur Apotheke zurück und gehe diesmal
in Begleitung eines polnischen ›marine-
blauen‹ Polizisten. Wir sehen die deutschen Posten zu viert herumlaufen. Sie
haben Gewehre und sind schussbereit.
Und wirklich, von Zeit zu Zeit schießen
sie auf die Fenster, wenn sie dort jemanden entdecken [...] Eine neue Bekanntmachung wird verkündet. Sie erhält die
Warnung, dass jeder, der nach einem bestimmten Termin keinen ›Blauschein‹ vor-
weisen kann, erschossen wird. Nebenbei
bemerkt, enthielt jede Bekanntmachung
und jede Anordnung der deutschen Behörden die Androhung der Todesstrafe.
Es verwundert also nicht, dass das auf
niemanden mehr Eindruck machte, sondern – im Gegenteil – manchmal sogar
Anlass zu Scherzen ist. Jeder natürliche

Tod im eigenen Bett wird in dieser Zeit
schon als ›Glück‹ angesehen.« Im März
1943 wurde das Ghetto geschlossen,
nachdem bereits zuvor nach und nach
Juden des Ghettos entweder erschossen,
nach Auschwitz-Birkenau oder – sofern
sie arbeitsfähig waren – in das Krakauer
Konzentrationslager Płaszów verbracht
worden waren. In der Adlerapotheke
befindet sich heute ein modernes und
sehenswertes Museum. Es zeigt das Wirken von Tadeusz Pankiewicz und das
Leben im Krakauer Ghetto.

Auf dem Platz der Ghettohelden, vor der
Apotheke, ist seit dem Jahr 2005 eine
Installation der Krakauer Künstler Piotr
Lewicki und Kazimierz Łatak zu sehen.
70 leere Stühle, in der Dunkelheit be-
leuchtet, stehen auf und um den Platz.
Die Idee geht auf eine Beschreibung von
der Schließung des Ghettos im Buch von
Tadeusz Pankiewicz ›Die Apotheke im
Krakauer Ghetto‹ zurück, als Möbel und
andere Gegenstände scheinbar herrenlos
zurückgelassen wurden.

Vom Platz der Ghettohelden empfiehlt
sich ein Abstecher in die ul. Lwowska.

In der Adlerapotheke

Karte S. 101

Am Ende der Straße ist noch ein Rest der Mauer erhalten, die die Nazis um die Ghetto gezogen hatten. Auf einer Gedenktafel an der Mauer ist in hebräischer und polnischer Sprache zu lesen: »Hier haben sie gelebt und gelitten und sind von den Nazi-Henkern ermordet worden. Von hier aus führte ihr letzter Weg in Vernichtungslager.«

Das Museum in der Schindlerfabrik

Vom Rest der Ghettomauer an der ul. Lwowska führt der Spaziergang durch Podgórze über die ul. Traugutta in die ul. Lipowa (Lindenstraße).
In dem Haus mit der Nummer 4 befindet sich eines der interessantesten Museen Polens, das Museum in der Schindlerfabrik (Fabryka Emalia Oskara Schindlera), das im Sommer 2010 in den Räumen der alten Emaillewarenfabrik des Oskar Schindler errichtet wurde. Es beherbergt die eindrucksvollste Ausstellung über die Auswirkungen der Nazizeit in Krakau. Mit möglichst vielen originalen Gegenständen der Zeit und mit Licht- und Toninstallationen versucht das Museum in 27 thematisch unterschiedlich gegliederten Räumen so originalgetreu wie möglich die Lebensumstände während der nationalsozialistischen Besatzung darzustellen. So ist ein dunkler Raum der sogenannten Sonderaktion Krakau gewidmet, bei der im November 1939 Wissenschaftler der Krakauer Jagiellonen-Universität in einem Saal des Collegium Novum zusammengetrieben und anschließend von dort in die Konzentrationslager in Dachau und Sachsenhausen gebracht wurden. Dieser Raum im Museum ist teilweise mit Originalbänken aus dem Collegium Novum ausgestattet. Ein Tonband mit einer Rede des SS-Sturmbannführers Bruno Müller an die im Universitätsgebäude zusammengetriebenen Wissenschaftler

Im Museum in der früheren Fabrik Oskar Schindlers

ist zu hören. »Sie haben versucht, in den Instituten zu arbeiten und Prüfungen durchzuführen, ohne uns um Erlaubnis gefragt zu haben«, dröhnt es etwa aus den Lautsprechern.
Ein anderer Raum ist dem Krakauer Hauptbahnhof gewidmet, der eine wichtige Station auf dem Weg vom Deutschen Reich nach dem Osten war. Ebenso ist das Originalbüro samt Sekretariat von Oskar Schindler zu sehen.
Der letzte Raum der Ausstellung heißt ›Saal der Wahlen‹ (Sala Wyborów). Über einen dunklen, weichen Gang geht es zum Ausgang des Museums durch einen hell erleuchteten Raum mit Zitaten an den Wänden. Diese verdeutlichen moralische Dilemmata von Menschen, die trotz des schwierigen Umfelds Entscheidungsmöglichkeiten für menschliches Handeln nutzen wollten. »Er stellte mich in seiner Fabrik an, obwohl er wusste, dass er davon keinen Nutzen haben würde«, heißt es da in einem der Zitate.

Stadtspaziergänge

Oskar Schindler und der Film ›Schindlers Liste‹

Die Nationalsozialisten ermordeten in der kurzen Zeit ihrer Besatzungsherrschaft fast die gesamte jüdische Bevölkerung Krakaus. Die wenigen Überlebenden haben ihr Entkommen oft Helfern zu verdanken. Einer dieser Helfer war Oskar Schindler. Das im Jahr 1908 in Zittau geborene NSDAP-Mitglied Schindler kam bereits im September 1939, wenige Tage nach dem Überfall Deutschlands auf Polen, nach Krakau. Schindler, der in verschiedenen Quellen als Lebemann beschrieben wird, sollte zunächst ein Emaillewarengeschäft verwalten, schließlich bekam er auch die Leitung der Emaillegeschirrfabrik im Krakauer Stadtteil Zabłocie, heute zum Bezirk Podgórze gehörig, übertragen. Aus dem inzwischen gebildeten jüdischen Ghetto erhielt Schindler Arbeitskräfte für die Fabrik. Im Jahr 1943 wurde das Ghetto aufgelöst und das Konzentrationslager Krakau-Płaszów eingerichtet. Oskar Schindler erreichte bei den Behörden, dass in der Nähe seiner Fab-

Fabryka Schindlera
Schindler Factory
בית חרשת שינדלר
1939-1944

Kto ratuje jedno życie,
jakby świat cały ratował.

Whoever saves one life,
saves the world entire.

וכל המקיים נפש אחת כאילו קיים עולם מלא

—*Talmud Yerushalmi, Sanhedrin 4:12*

Oskar Schindler
1908-1974

Plaque erected by:

Jewish Community Council of Cracow
Students and Faculty of Albion College (Michigan, USA)

Gedenktafel für Oskar Schindler an einer Mauer seiner früheren Fabrik

rik ein Nebenlager errichtet wurde. Die Lebensbedingungen waren dort deutlich besser als in den von der SS betriebenen Lagern. Schon bald aber wurden alle Nebenlager von der Besatzungsverwaltung geschlossen, und so mussten auch die in Schindlers Fabrik arbeitenden Juden zurück nach Płaszów. Als sich Mitte 1944 die Rote Armee Krakau näherte, erwarb Schindler eine ehemalige Spinnerei in Böhmen, in der nun Munition hergestellt werden sollte. Die für die Produktion benötigten Arbeitskräfte – etwa 1000 Juden – sollten nach Schindlers Wunsch aus der Krakauer Emaillefabrik kommen. So entstand die berühmte Schindlerliste. Etwa 700 Menschen wurden auf diesem Weg von Krakau in das böhmische Brünnlitz gebracht. Diesen Menschen rettete Oskar Schindler somit das Leben.

Der Regisseur Steven Spielberg machte aus dem Stoff um die jüdischen Arbeiter des Unternehmers Oskar Schindler den berühmten Spielfilm ›Schindlers Liste‹. Die ul. Szeroka in Kazimierz und die umliegenden Gassen dienten ihm dabei als Kulisse für den Film, der die Grausamkeit der Täter ebenso darstellt wie die Rettung derer, die auf der Schindlerliste standen. Der überwiegende Teil des Films wurde in Krakau gedreht. Wer genau hinsieht, wird viele Häuser aus Kazimierz wiedererkennen. »Krakau hat uns seine Geschichte geschenkt, und es ließ uns auf den Seiten geöffneter Geschichtsbücher tanzen«, soll Steven Spielberg nach der Fertigstellung seines Films gesagt haben. Das ergreifende, 1993 fertiggestellte Werk ging als eine der anspruchsvollsten Darstellungen über die Zeit des Nationalsozialismus in die Spielfilmgeschichte ein. Mit mehreren Oscars wurde die künstlerische Leistung honoriert.

Das Museum der Gegenwartskunst

Ghetto, Konzentrationslager und Schindlerfabrik – gerade der Stadtteil Podgórze bietet viele Anknüpfungspunkte für eine Auseinandersetzung mit der Zeit des Nationalsozialismus. In jüngerer Zeit setzt Krakau aber auch gerade hier neue wichtige Impulse für die Kultur nicht nur der Stadt, sondern auch des gesamten Landes.

Einer dieser starken Impulse ist das Museum der Gegenwartskunst (Muzeum Sztuki Współczesnej, MOCAK), das sich direkt neben dem Museum Schindlerfabrik in der ul. Lipowa befindet. Der moderne Bau wurde vom italienischen Architekten Claudio Nardi geplant. ›Der Entwurf des Florentiner vereint die Dimensionen der vorhandenen Industriearchitektur mit mediterraner Leichtigkeit‹, schrieb der Berliner Tagesspiegel im Dezember 2010. Auf über 4000 Quadratmetern Ausstellungsfläche wird auf hohem Niveau polnische und internationale Kunst der Gegenwart gezeigt. In den Räumen des MOCAK darf auch provoziert werden. Neben wechselnden Ausstellungen können Besucher auch Objekte aus der eigenen Sammlung des Museums sehen.

Cricoteka

Nicht weit vom Plac Bohaterów Getta, direkt an der Weichsel ganz in der Nähe der neuen Brücke Kładka Ojca Bernatka, liegt die erst im September 2014 eröffnete Cricoteka, die damit aus beengten Verhältnissen in verschiedenen Häusern der Krakauer Innenstadt in ein auffallendes Gebäude umgezogen ist. Die Cricoteka ist ein Museum zu den Theaterwerken des großen polnischen Malers, Grafikers und Theaterregisseurs Tadeusz Kantor (1915–1990, s. S. 81). Zudem werden hier auch Werke anderer zeitgenössischer Künstler gezeigt.

Das imposante Gebäude entstand auf dem Gelände eines ehemaligen Kraftwerks und verstärkt mit seiner Architektur den postindustriellen Charakter Podgórzes.

Das Konzentrationslager in Płaszów

Wer gut zu Fuß ist, kann vom plac Bohaterów Getta aus in etwa einer halbe Stunde zum Mahnmal im ehemaligen Konzentrationslager Płaszów gehen. Der Weg führt vom Platz nach Südwesten, zunächst entang der Na Zjeździe, die dann, links abbiegend, ihren Namen in

In der Cricoteka. Darstellung der Kantor-Inszenierung ›Umarła Klasa‹

Stadtspaziergänge

Wielicka ändert. Von der ul. Wielicka führt dann nach einiger Zeit eine kleine Nebenstraße, die ul. Abrahama, zum früheren Konzentrationslager. Wer die Straßenbahnen Nr. 3, Nr. 9 oder Nummer 13 nimmt, gelangt etwas schneller zum Ziel, sollte aber auch über die ul. Abrahama gehen. Ein Taxifahrer dürfte seine Gäste, wenn Sie den Wunsch äußern, zum Mahnmal gebracht zu werden, eher zu einem Seitenstreifen der ul. Kamieńskiego bringen. Von dort sind es nur noch wenige Schritte zum Ziel. Zunächst von den Nazis als Arbeitslager eingerichtet, wurde das Gelände später nach der Schließung des Krakauer Ghettos in ein Konzentrationslager umgewandelt. Ein monumentales **Mahnmal** erinnert heute an die Leiden der Opfer. Eine Spalte trennt die Oberkörper von fünf Menschen vom Rest ihres Körpers – das Mahnmal symbolisiert die Vernichtung, die in diesem Lager stattfand. Viele Häftlinge wurden hier ermordet, für andere war das Lager die letzte Station vor dem Weg in das Vernichtungslager in Auschwitz-Birkenau.

Von dem Lager, das etwa 180 Hektar groß war, ist ansonsten kaum noch etwas zu sehen.

Kleparz

Wer heute in Krakau über Kleparz spricht, hat vor allem eines im Kopf: den Markt, genauer gesagt, die beiden Märkte. Das Viertel, das ansonsten hinsichtlich seiner Sehenswürdigkeiten im Schatten der Krakauer Altstadt steht, ist im Alltag der Menschen in Krakau besonders dafür bekannt, dass es auf zwei Plätzen an Marktbuden von montags bis samstags Lebensmittel, vor allem frisches Obst und Gemüse, und auch Kleidung und andere Haushaltswaren zu kaufen gibt. ›Idę na Kleparz‹ (›Ich gehe zum Kleparz‹) heißt für Krakauer daher in erster Linie: Ich gehe nach Kleparz zum Einkaufen. Dabei kann das Markttreiben in den ganz in der Nähe der Altstadt zwischen der ul. Długa und der ul. Warszawska gelegenen Straßen durchaus auf eine lange Tradition zurückblicken. Seit Jahrhunderten nämlich wird in Kleparz Handel betrieben.

Ebenso wie der heutige Krakauer Stadtteil Kazimierz steht auch Kleparz als eigenständige Stadt in enger Verbindung mit König Kazimierz Wielki (Kasimir der Große). Im Jahr 1366 verlieh Kazimierz Wielki der damals bereits vorhandenen Siedlung Clepardia die Stadtrechte. Doch fand sich Kleparz vor den Toren Krakaus und damit außerhalb der Stadt, wenn auch ganz in der Nähe des Florianstors. Eine eigene Stadtmauer besaß Kleparz nicht, und damit war das heutige Viertel in früheren Jahrhunderten anders als die Krakauer Altstadt und anders als das einst von zwei Weichselarmen umgebene Kazimierz kaum vor Angriffen geschützt. Das ist dem Stadtteil anzusehen: Mit der Altstadt vergleichbare, bis ins Mittelalter zurückreichende Bausubstanz sucht man hier vergeblich. Der Kleparz, der im Jahr 1791 seine Eigenständigkeit verlor und an die größer gewordene Stadt Krakau angegliedert wurde, ist architektonisch überwiegend vom 19. und 20. Jahrhundert geprägt. Und doch lohnt sich ein Spaziergang durch Kleparz, wenn der Aufenthalt in Krakau etwas länger dauert und somit eine Entdeckungstour über die Hauptsehenswürdigkeiten hinaus und ein Eintauchen in die für Touristen eher verborgenen Straßen der Stadt erlaubt.

Karte: vordere Umschlagklappe

Rund um den plac Matejki

Ein guter Ausgangspunkt für eine Tour durch Kleparz ist der plac Matejki, der vom Barbakan vor dem Florianstor schon gut zu sehen ist. Auf dem nach dem Krakauer Historienmaler Jan Matejko benannten Platz springt vor allem das große **Grunwalddenkmal** ins Auge. Es ist die Nachbildung des Denkmals, das von den Nazis während ihrer Besatzung zerstört worden ist. Es erinnert an die Schlacht bei Tannenberg im Jahr 1410, als die Litauisch-Polnische Union den Deutschen Orden besiegte. Zum 500. Jahrestag dieses Siegs, im Jahr 1910, wurde das Denkmal aufgestellt. Es zeigt, auf dem Pferd reitend und den Kopf zur Krakauer Altstadt gerichtet, den polnischen König Władysław II. Jagiełło, und darunter, ebenfalls auf der zur Altstadt gerichteten Seite des Denkmals, den litauischen Fürsten Witold. Unter beiden liegt der gefallene Hochmeister des Deut-

Das Grunwalddenkmal

schen Ordens, Ulrich von Jungingen. Die anderen figürlichen Darstellungen des Grunwalddenkmals zeigen auf der einen Seite einen polnischen Ritter zusammen mit seinem Knappen. Auf der anderen Seite ist ein ins Horn blasender litauischer Kämpfer mit einem Gefangenen zu sehen. Die Rückseite zeigt einen Bauern, der die Fesseln der Sklaverei gesprengt hat. Nach der Zerstörung des Denkmals durch die Nazis wurde es in den 1970er Jahren wieder aufgebaut. In unmittelbarer Nähe des Denkmals befindet sich zur Altstadt hin das **Grabmal des unbekannten Soldaten**.

An der Westseite des Matejko-Platzes liegt die in der zweiten Hälfte des 19. Jahrhunderts gegründete **Akademie der Schönen Künste**, deren Rektor Jan Matejko einst war. Zum Norden hin befindet sich mit der **Sankt-Florians-Kirche** (Kościół św. Floriana) das architektonisch bedeutsamste Gebäude in Kleparz. Im 12. Jahrhundert stand dort erstmals eine Kirche, die allerdings ebenso wie die übrigen Gebäude der damals eigenständigen Stadt Kleparz mehrfach zerstört wurde. Ihr heutiges barockes Äußeres geht auf die Zeit nach der Schwedenbelagerung im 17. Jahrhundert zurück. Der dreischiffige Sakralbau ist nach dem Heiligen Florian benannt, dem Schutzpatron der Feuerwehr, der auch auf einem Altarbild im Innern der Kirche zu sehen ist. In der Florianskirche war Karol Wojtyła, der spätere Papst Johannes Paul II., als Priester tätig.

■ Märkte

Es empfiehlt sich, vom pl. Matejki aus über die ul. Paderewskiego zum Rynek Kleparski (Kleparzer Marktplatz) zu gehen. Da Kleparz zu Zeiten seiner Gründung am Handelsweg nach Schlesien lag, wurde hier schon vor Jahrhunderten Handel getrieben – bis heute. Wer Lust auf einen weiteren Markt hat, dem ist von Rynek Kleparski der Weg über die ul. Krzywa und die ul. Długa zum Plac Nowy Kleparz (Platz des Neuen Kleparz) zu empfehlen.

Weitere Sehenswürdigkeiten

Wenn auch streng genommen nicht mehr in den Grenzen der früheren Stadt Kleparz gelegen, so kann aufgrund der räumlichen Nähe an dieser Stelle durchaus auf zwei weitere Orte hingewiesen werden: auf das neue Bahnhofsviertel und auf den Rakowicki-Friedhof. Diese gehören heute ohnehin ebenso wie das historische Kleparz zum Verwaltungsbezirk Krakau-Altstadt (Stare Miasto). Von der Florianskirche am pl. Matejki ist es über die ul. Kurniki nicht mehr weit zur ul. Pawia. Diese begrenzt das neue Krakauer Bahnhofsviertel nach Westen hin. Die einst etwas schmuddelig aussehende Gegend um den Hauptbahnhof herum erfuhr in den vergangenen Jahren eine enorme Aufwertung. Gerade das große Einkaufszentrum **Galeria Krakowska** drückt dem neu entstandenen plac Jana Nowaka-Jeziorańskiego, dem seit der Neugestaltung nicht mehr wiederzuerkennenden früheren Bahnhofsvorplatz, seinen Stempel auf. Die im Jahr 2006 eröffnete, hochmoderne und mehrfach preisgekrönte Shopping-Mall beheimatet 270 Geschäfte auf drei Etagen, zudem ein Parkhaus mit 1400 Parkplätzen. Das nebenan gelegene Andel's-Hotel trägt zum eleganten Ambiete des neuen Bahnhofsviertels ebenso bei. Lediglich das Gebäude des Hauptbahnhofs sowie das alte Postgebäude, beide aus dem 19. Jahrhundert, erinnern noch an die Zeiten vor der Entstehung des Platzes, der nach dem inzwischen verstor-

benen früheren Leiter der polnischen Abteilung von Radio Free Europe, Jan Nowak Jeziorański, benannt ist.

Durch den Durchgang des Hauptbahnhofs gelangt man schließlich auf die Seite jenseits der Bahnschienen und über die ul. Rakowicka vorbei an der Wirtschaftsuniversität (Uniwersytet Ekonomiczny) zum Cmentarz Rakowicki, dem **Rakowicki-Friedhof**. Ein Spaziergang über den kommunal betriebenen Rakowicki-Friedhof ist eine innige Begegnung mit der Krakauer Geschichte. Er wurde 1802 angelegt und umfasst nach mehreren Erweiterungen heute eine Fläche von etwa 42 Hektar. Viele Gräber sind mit eindrucksvollen, aufwändigen Gedenksteinen versehen. Der Friedhof ist eine Besonderheit. Wer es in Krakau zu etwas gebracht hat, wünscht sich, hier begraben zu werden. So liest sich die Liste der auf dem Cmentarz-Rakowicki Ruhenden wie das Who-is-Who der Krakauer Stadtgeschichte: Jan Matejko, Maler und Rektor der Akademie der Schönen Künste; Tadeusz Kantor, Künstler und Theaterregisseur; Józef Ignacy Daszyński, sozialdemokratischer Politiker und Übergangsministerpräsident nach dem Ersten Weltkrieg; Józef Dietl, Krakauer Stadtpräsident im 19. Jahrhundert; Tadeusz Pankiewicz, Inhaber der Ghetto-Apotheke; Wanda Dubieńska, erste weibliche Olympiateilnehmerin Polens (Olympische Spiele 1924 in Paris, Fechten); Henryk Reyman, Krakauer Fußball-Legende der 1920er Jahre, nach dem das Fußballstadion von Wisła Krakau benannt ist; seit Februar 2012 auch Wisława Szymborska, Literaturnobelpreisträgerin – um nur einige wenige der vielen bedeutenden Krakauer Persönlichkeiten zu nennen, die hier begraben sind.

Die Galeria Krakowska am Bahnhof ist eine der großen Shopping-Malls

Als vor den Toren Krakaus die Pferde streikten

Einer alten Krakauer Legende zufolge geht die Entstehung der ursprünglichen Sankt-Florians-Kirche am Matejko-Platz auf die Weigerung von vier Pferden zurück, sich fortzubewegen. Als König Kasimir der Gerechte im Jahr 1184 in der Nähe des Wawel eine Kirche bauen wollte, schickte er Gesandte nach Rom, um Papst Luzius III. um die Übersendung von Reliquien eines Heiligen zu bitten, damit diese in der neuen Kirche aufbewahrt werden könnten. Verschiedene Heiligengräber wurden dieser Legende zufolge geöffnet, um sie um ihr Einverständnis mit der Überführung nach Krakau zu bitten. Der Leichnam des Heiligen Florian, der Schutzpatron der Feuerwehrleute – er war im Jahr 304 in Lauriacum verstorben, dem heutigen Lorch an der Enns in Österreich –, gab ein Zeichen seiner Zustimmung mit dem Vorhaben. So schickte Luzius III. die Boten des polnischen Königs mit dem Sarg des Sankt Florian und vier Pferden gen Krakau. Nach langer Reise kam der Zug schließlich vor die Mauern Krakaus. Die Prominenz der Stadt, allen voran König Kasimir der Gerechte, erwartete den Zug mit den erwünschten Reliquien sehnsüchtig am Eingangstor zur Stadt, dem heutigen Florianstor. Doch was war das? Vor den Toren Krakaus streikten die Pferde plötzlich. Sie standen still, bewegten sich keinen Meter mehr weiter.

Nach und nach kamen immer mehr Menschen, um den Wagen zu schieben und so die Pferde zu unterstützen. Es half nichts, der Wagen mit den Reliquien des Heiligen Florian war nicht mehr zu bewegen. Schnell war klar: Das musste ein Zeichen Gottes sein. Offensichtlich war es gewollt, dass die neue Krakauer Kirche nicht, wie ursprünglich geplant, in der Nähe des Wawels gebaut wird, sondern genau an der Stelle, an der die Pferde keinen Schritt mehr weitergingen. Und so entschied König Kasimir der Gerechte, die neue Kirche, die Florianskirche, dort zu bauen, wo sie noch immer steht: am heutigen plac Matejki.

Die Reliquien des Heiligen Florian wurden später zum Wawel überführt. Ob das der Grund dafür ist, dass die ursprüngliche Florianskirche ebenso wie die frühere Stadt Kleparz mehrfach zerstört wurde und ihre heutige barocke Gestalt im 17. Jahrhundert erhielt?

Der heilige Florian in der Innenstadt von Dobczyce

Nowa Huta

Etwa zehn Kilometer nordöstlich vom Krakauer Marktplatz entstand nach dem Zweiten Weltkrieg ein städtebauliches Ensemble, das als Vorzeigestadt für die ganze sozialistische Welt geplant war: Nowa Huta (›Neue Hütte‹). Heute ist diese Trabantenstadt für viele nicht mehr als ein lebendiges Museum der kommunistischen Zeit, dessen Erscheinungsbild trotz einiger Verschönerungsarbeiten an Wohnblocks in den letzten Jahren noch immer nur schwer zum Verweilen einlädt. Für Touristen, die Interesse an der jüngeren Architekturgeschichte haben, ist ein Besuch hingegen reizvoll. Darüber hinaus befinden sich in Nowa Huta mit dem Museum ›Dzieje Nowej Huty‹, das wechselnde Ausstellungen zur Geschichte dieses Krakauer Stadtteils präsentiert, und dem Jan-Matejko-Hof interessante Museen.

Geschichte

Die Geschichte Nowa Hutas begann Ende der 1940er Jahre, als die polnische Staatsführung plante, im Land eine riesige Stahlhütte zu errichten. Nach längerer Suche entschied man sich 1949 als Standort für dieses Stahlwerk für eine Fläche zwischen den Dörfern Pleszów und Mogiła bei Krakau. In den Köpfen der politischen Führung war die Stadt Nowa Huta geboren. 1946 hatte sich die bürgerlich geprägte Krakauer Bevölkerung in einem Referendum gegen den Kommunismus entschieden, so dass neben den zur Verfügung stehenden und erweiterungsfähigen Flächen auch politische Gründe für die Ansiedlung dieses Stahlwerks vor den Toren Krakaus eine Rolle spielten. Denn die kommunistisch gesinnten Politiker hofften, die proletarische Industriearbeiterschaft würde ein Gegengewicht zur Krakauer Bourgeoisie

setzen und damit die alte Königsstadt Krakau mit all ihren intellektuellen Zügen auf den von der Führung gewünschten politischen Kurs bringen. 1954 wurde der erste Hochofen in Betrieb genommen, und anlässlich des 30. Todestags Lenins benannte man die Hütte nach dem russischen Revolutionsführer. Mit den Jahren entwickelte sich ein riesiges Stahlwerk. Etwa 35 000 Arbeiter produzierten in den 1970er Jahren jährlich etwa sieben Millionen Tonnen Stahl.

Mit dem Auf- und Ausbau des Stahlwerks entstand auch die Notwendigkeit, Wohnungen für die Beschäftigten zu errichten. Bereits 1948, also vor dem Beschluss über den Hüttenstandort, wurde ein Auftrag zum Bau von Wohnungen für 70 000 Einwohner vergeben. Als man sich dann für die freie Fläche bei Krakau entschieden hatte, enteignete man kurzerhand die Grundstückseigentümer, Bauern des Dorfes Mogiła, und baute 1949 erste zweigeschossige Gebäude in der heutigen os. Wandy. 1950 entwickelte man dann einen eher auf die örtlichen Gegebenheiten zugeschnitte-

Gebäude aus der ersten Bebauungsphase am Plac Centralny

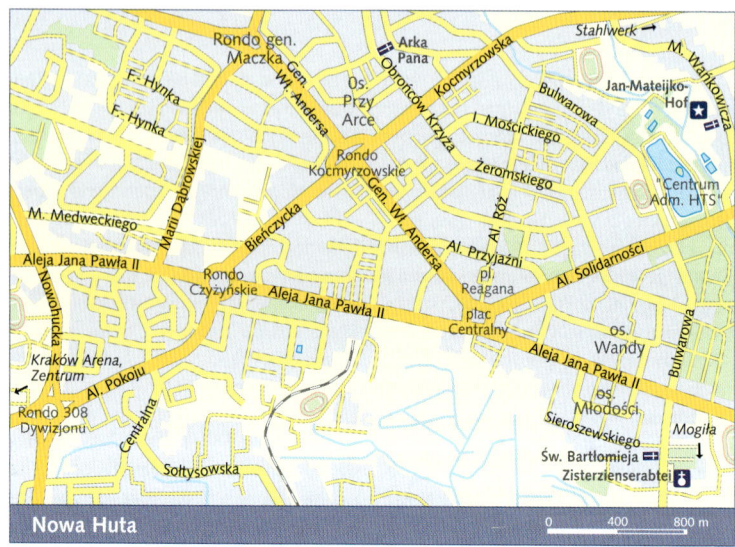

Nowa Huta

0   400   800 m

nen Plan und baute Wohnungen für etwa 5000 Menschen.

Während die Wohnblockansiedlung in
den ersten Jahren durch die halbkreisförmig angelegten Siedlungen um den
geräumigen plac Centralny städtebaulich
noch recht geordnet vonstatten ging,
verlief die Bebauung in den Folgejahren
in weniger harmonischen Bahnen. Die
Wohnblocks wurden immer höher, große Blocks mit 200 und mehr Wohnein-
heiten wie in der os. Przy Arce am Ron-
do Kocmyrzowskie oder auch an vielen
anderen Stellen Nowa Hutas überragten
längst die zwei- und dreigeschossige Bau-
weise aus den Anfangsjahren. Seit den
1970er Jahren wohnen in Nowa Huta
etwa 220 000 Menschen.

Die Systemwende hat auch in Nowa Huta ihre wirtschaftlichen Opfer gefordert.
Nach der politischen Wende kam es in
der Hütte zu Massenentlassungen, die
Arbeitslosigkeit ist entsprechend hoch.
Der Krakauer Vorort ist auch die Heimat
vieler Enttäuschter, die sich fragen, ob
ihr gegenwärtiger Lebensstandard wirk-

lich das ist, wofür sie 1989 auf der Aleja Róż in der Nähe des plac Centralny
die bis dahin dort stehende Lenin-Figur
gestürzt hatten.

Nach 1989 wurde häufig die Frage nach
der Zukunft Nowa Hutas gestellt, zunächst eher skeptisch. In den letzten
Jahren jedoch wurde kräftig investiert.
Die in Krakau geborene Idee, das Zentrum Nowa Hutas in Zukunft in die
UNESCO-Liste des Weltkulturerbes aufnehmen zu lassen, unterstützen inzwischen sogar die Region Małopolska und
ihr Regionalparlament.

Stahlwerk, Plac Centralny und Aleja Róż

Dass man architektonische Sehenswürdigkeiten aus früheren Jahrhunderten in
Nowa Huta fast vergebens sucht, muss
angesichts der Entstehungsgeschichte
der Krakauer Vorstadt nicht länger er-
läutert werden. Und doch lohnt sich ein
Spaziergang durch die als Musterstadt
der kommunistischen Welt geplanten
Hochhaussiedlungen. Es gibt in Nowa

Huta einige historisch bedeutsame Orte, auch hier haben Menschen in den 1980er Jahren am Rad der polnischen Geschichte gedreht.

Zuerst ist das Stahlwerk zu nennen, die frühere Lenin-Hütte, die seit der Wende nach Tadeusz Sędzimir benannt ist, dem polnischen Industriellen und Erfinder von Methoden zur Verzinkung und Walzung von Blechen. Dorthin gelangt man vom plac Centralny mit den Straßenbahnen 4, 16, 17, 21 oder 22. An dem schon von Weitem unübersehbaren Eingangstor, dessen Straßenbahnhaltestelle allgemein mit ›Centrum Adm. HTS‹ abgekürzt wird, empfiehlt es sich auszusteigen und ein paar Minuten vor dem imposanten Werkstor zu verweilen. ›Centrum Adm. HTS‹ heißt in der vollständigen deutschen Übersetzung ›Verwaltungszentrum der Tadeusz-Sędzimir-Hütte‹. Diese Stahlhütte hat eine ähnlich bewegte Geschichte wie die berühmte Danziger Lenin-Werft, an der Lech Wałęsa seine Karriere vom Elektriker über den Anführer der Solidarność bis hin zum polnischen Präsidenten begann. Auch das Stahlwerk in Nowa Huta war in den 1980er Jahren stummer Zeuge zahlreicher Streiks und Auseinandersetzungen. Die Solidarność von Nowa Huta war eine der stärksten im Lande.

Denkmal für die Solidarność

Besucher sollten sich auch am plac Centralny, dem zentralen Platz, umsehen. Hier fand die erste Wohnbebauung Nowa Hutas ihren Platz. Fünf Straßen führen gerade auf den großen Platz mit seinen Geschäftszeilen zu und machen ihn somit zu einem Mittelpunkt des Krakauer Stadtteils. Auffällig ist die Offenheit des Platzes zu seiner Südseite hin. Ursprünglich hatte die Stadtplanung eine Schließung dieser Baulücke am plac Centralny vorgesehen. Dazu ist es allerdings nie gekommen, so dass der Platz nach Süden hin von Freigelände umgeben ist. Die nördliche der fünf strahlförmig auf den plac Centralny zulaufenden Straßen ist die Aleja Róż, die Rosenallee. Diese zentrale, für die Architektur des Kommunismus typische breite Allee ist die vielleicht schönste Straße in Nowa Huta. Bunter Blumenschmuck, nach dem die Straße auch benannt ist, ziert noch heute die Flaniermeile der Trabantenstadt. In den 1970er und 1980er Jahren prägte ein Lenin-Denkmal die Rosenallee. Noch heute erzählen ältere Einwohner Nowa Hutas gerne, wie es war, als man nach der Wende das Denkmal fast schon feierlich abriss.

Kirche Arka Pana

Neben dem plac Centralny mit seiner halbkreisförmig angelegten Bebauung und der Tadeusz-Sędzimir-Hütte ist die Kirche ›Arka Pana‹ (›Arche des Herrn‹) im Bezirk Bieńczyce sehenswert. Sie befindet sich an der nach der Kirche benannten Siedlung os. Przy Arce (›Siedlung an der Arche‹). Erst in den 1970er Jahren wurde dieses Gebäude errichtet. Und doch hat der moderne Sakralbau einen sicheren Platz in den Geschichtsbüchern Krakaus. Die Arka Pana war die erste in der sozialistischen Vorzeigestadt Nowa Huta erbaute Kirche, und der Grundsteinlegung gingen harte Auseinandersetzun-

Ungewöhnliche Formensprache: die moderne Kirche Arka Pana

gen mit der Stadtführung voraus. In der zu Stalins Zeiten angelegten Musterstadt konnte die Institution Kirche, die doch nach der kommunistischen Ideologie nichts mehr als ›Opium für das Volk‹ war, keinen Platz haben. Doch die Arbeiterschaft Nowa Hutas entsprach nicht den Erwartungen der Staatsführung, ein Gegengewicht zur ›Krakauer Bourgeoisie‹ zu bilden. Die Bevölkerung setzte den Bau dieser Kirche durch, und so wurde die Arka Pana zu einem Symbol für den Widerstand gegen das frühere System – nicht nur für die Einwohner Nowa Hutas, sondern auch für Krakau.

Die Arka Pana überrascht mit einer für Westeuropäer völlig unbekannten Kirchenarchitektur in Form eines Schiffes, die sich an die Plattenbauweise der Hochhaussiedlungen der Umgebung anpasst. Zu der aufwendigen Verzierung der Außenfassade sollen etwa zwei Millionen Gebirgsflusskiesel verwendet worden sein. Das moderne Innere des Gotteshauses hebt sich deutlich von den alten Krakauer Kirchen ab. Neben der Kirche erinnert ein großes Kreuz an einen jungen Hüttenarbeiter, der 1983 vom staat-

lichen Sicherheitsdienst in Folge von Demonstrationen, die an dieser Stelle stattfanden, erschossen wurde.

Kloster in Mogiła

So sehr Nowa Huta auch durch die Plattenbauweise geprägt ist: Es gibt mit dem Kloster in Mogiła auch ein Zeugnis der vergangenen Jahrhunderte. Geht man vom plac Centralny nach Osten die aleja Jana Pawła II. entlang, gelangt man zu dieser Zisterzienserabtei, wenn man hinter der os. Młodości (Siedlung der Jugend) nach rechts in die ul. Klasztorna, die Klosterstraße, abbiegt.

Im Zentrum dieses Gebäudekomplexes steht die **Zisterzienserkirche**. Ihre Ursprünge gehen zwar bis in das 13. Jahrhundert zurück, doch haben zahlreiche Veränderungen auch deutliche barocke Spuren hinterlassen. Ebenso sind spätgotische Elemente an der Außenseite des Presbyteriums sowie am östlichen Seitenschiff zu sehen. Im Inneren der geräumigen dreischiffigen Kirche, die mit dem großen Presbyterium als Kreuzbau angelegt wurde, fallen sofort die bunten Fenster, der spätgotische Hauptaltar

Karte S. 112

und die mit Fresken bemalten Wände auf. Zisterziensermönche haben die zum Teil aus dem 16. Jahrhundert stammenden Fresken geschaffen. Besonderes Augenmerk verdient auch das rechts des Eingangs befindliche Kruzifix aus dem 15. Jahrhundert, dem in der Vergangenheit wundersame Eigenschaften zugeschrieben wurden.

Gegenüber dem Ausgang des Klosterkomplexes ist eine nach dem Heiligen Bartholomäus benannte, kleine dreischiffige **Holzkirche** beachtenswert. Am Eingang der im 15. Jahrhundert errichteten Kirche św. Bartłomieja befinden sich ein gotisches Eichenportal und Rokokomalereien aus dem 18. Jahrhundert.

Jan-Matejko-Hof

Etwas außerhalb der Plattenbausiedlungen befindet sich in Nowa Huta in der ul. Wańkowicza 25, die im früher eigenständigen Dorf Krzesławice liegt, der Jan-Matejko-Hof. Der Krakauer Historienmaler Jan Matejko (1838–1893), der von Geburt an bis zu seinem Tod in Krakau lebte und dessen Haus in der ul. Floriańska in der Krakauer Altstadt heute ein Museum ist, verbrachte hier auf dem Dorf seine Zeit, wenn er sich vom Stress der Großstadt Krakau erholen und auch in Ruhe arbeiten wollte. Vor dem kleinen Haus weist eine Büste unübersehbar darauf hin, wer hier gearbeitet hatte und wem dieses Haus heute gewidmet ist. Im Inneren sind dann einige persönliche Gegenstände von Jan Matejko, der auch Rektor der Krakauer Akademie der Schönen Künste war, sowie auch einige seiner Skizzen zu sehen. Ganz in der Nähe des Jan-Matejko-Hofs ist ebenfalls an der ul. Wańkowicza eine kleine **Holzkirche** noch einen Abstecher wert. An diesem Ort steht die nach Johannes dem Täufer benannte Kirche allerdings erst seit einigen Jahren. Ursprünglich befand sich die Kirche nämlich südlich von Krakau in einem Dorf in der Nähe der Kreisstadt Myślenice. Dort wurde sie Mitte des 17. Jahrhunderts errichtet und später umgebaut. Bei ihrem Wiederaufbau in Krzesławice bei Nowa Huta erhielt sie ein neues Dach und einen neuen Turm.

Stadtspaziergänge

Am Durchgang zur Zisterzienserkirche

Ausflüge in die nähere Umgebung

Fast alle Touristen strömen in die Altstadt, zum Wawel und nach Kazimierz. Aber es gibt auch andere Ecken, nicht zuletzt die Parks und weiten Grünflächen. Besonders für diejenigen, die sich länger in Krakau aufhalten als nur ein paar Tage, bietet es sich an, auch diese Ecken der Stadt kennenzulernen.

Zwierzyniec

Der Stadtteil Zwierzyniec ist unmittelbar westlich der Altstadt gelegen und wird von den Touristen doch meist liegen gelassen. Neben dem Nationalmuseum sind vor allem die ausgedehnten Grünflächen eine Erkundung wert.

■ Nationalmuseum

Ein Spaziergang durch Zwierzyniec könnte am Nationalmuseum beginnen. Es befindet sich an der aleja 3. Maja (Allee des 3. Mai). Dorthin fahren vom Zentrum die Straßenbahnen Nr. 15 und 18; aber auch zu Fuß ist das Museum vom Marktplatz aus gut zu erreichen.

Das nicht zu übersehende große Gebäude am Beginn der Straße zeigt eine ständige Ausstellung polnischer Kunst des 20. Jahrhunderts und glänzt auch immer wieder mit beeindruckenden Wechselausstellungen. Große Namen wie Marc Chagall und Andy Warhol waren bereits Thema dieser Wechselausstellungen. Das Gebäude ist nur ein Teil der Krakauer Einrichtungen des Nationalmuseums. Weitere Teile sind das Museum in den Tuchhallen am Marktplatz, das Matejko-Haus in der ul. Floriańska sowie das Czartoryski Museum in der ul. Św. Jana.

■ Jordan-Park

Nur wenige Schritte vom Nationalmuseum entfernt, ebenfalls an der al. 3. Maja, liegt der Jordan-Park. Professor Henryk Jordan, nach dem der Park benannt ist, hatte im 19. Jahrhundert die Absicht, einen Raum zur Freizeitgestaltung für Kinder und Jugendliche zu schaffen. Es entstand der Park, der auch heute noch Angebote vor allem für Kinder bietet. So kann auf einem kleinen See Tretboot gefahren oder an anderen Stellen im Park Fußball gespielt oder Skateboard gefahren werden. Auch Spaziergänger kommen auf dem Gelände auf ihre Kosten. Besonderen Eindruck machen dabei vor allem die zahlreichen bildhauerischen Darstellungen verschiedener Krakauer und anderer polnischer Persönlichkeiten. Eine zentrale Stellung im Park nimmt natürlich auch die Büste der Person ein, auf die der Park zurückgeht: Professor Henryk Jordan.

■ Błonia-Wiesen

Gegenüber dem Jordan-Park befinden sich die Błonia-Wiesen, eine weitgehend nur mit Gras bewachsene freie Fläche von über 40 Hektar. Die Wiesen werden regelmäßig für große Festlichkeiten genutzt. Die unbestritten größte Besucherzahl registrierte das Gelände an der ul. 3. Maja bei den Besuchen Papst

Blick über die Błonia-Wiesen auf den Kościuszko-Hügel

Karte: vordere Umschlagklappe

Stadtspaziergänge

Zahlreiche Büsten schmücken den Jordan-Park

Johannes Pauls II. in Krakau. Bei seinem letzten Aufenthalt in Polen im Sommer 2002 soll der Papst etwa zwei Millionen Gläubige zu einem Gottesdienst auf die Błonia-Wiesen angezogen haben. Im Sommer wird der Weg um das Wiesengelände gerne als Jogging-Strecke genutzt.

■ **Stadion Reymana**
Direkt neben dem Jordan-Park und damit in unmittelbarer Nähe der Błonia-Wiesen befindet sich das Stadion Reymana, in dem der mehrfache polnische Fußballmeister Wisła Krakau zu Hause ist. Das altehrwürdige Stadion wurde in den vergangenen Jahren zu einer modernen Fußballarena umgebaut, bietet heute über 33 000 Zuschauern Platz und dabei vom VIP-Bereich bis zum Familienblock einen Komfort, den man auch aus Bundesligastadien gewohnt ist. Der Verein Wisła Krakau wurde seit seiner Gründung im Jahr 1906 bis zum Jahr 2014 13 Mal polnischer Fußballmeister. Damit ist er ohne Zweifel einer der wichtigsten polnischen Fußballvereine, auch wenn der

ganz große internationale Durchbruch bisher noch nicht gelungen ist und die Teilnahme an der europäischen Champions League bisher noch nicht gelang. Die Fans des Vereins pflegen eine innige Feindschaft zum Ortsrivalen Cracovia Krakau, dessen modernes, aber deutlich kleineres Stadion sich auf der gegenüberliegenden Seite der Błonia-Wiesen befindet. Das Aufeinandertreffen beider Vereine hat eine ähnlich emotionale Bedeutung für polnische Fußballanhänger wie die Spiele von Borussia Dortmund und Schalke 04 in der deutschen Bundesliga.

■ **Kościuszko-Hügel**
Ein Spaziergang durch Zwierzyniec könnte nun von der al. 3. Maja über die ul. Piastowska und die ul. Vlastimila Hofmana zum Kościuszko-Hügel führen, der sich an der al. Waszyngtona befindet. Wem der Weg dorthin zu Fuß zu weit ist, kann mit dem Bus Nr. 100 fahren. Um Krakau herum befinden sich vier von Menschenhand aufgeschüttete Hügel: der nach der legendenumwobenen Königin Wanda benannte Kopiec Wandy (Wanda-Hügel) in Nowa Huta, der nach dem ebenfalls nur aus Legenden bekannten König Krak benannte Kopiec

Das Fort auf dem Kościuszko-Hügel bietet ein kleines Wachsfigurenkabinett

Krakusa im Ortsteil Podgórze, der Kopiec Kościuszki im Stadtteil Zwierzyniec sowie der Kopiec Piłsudskiego im Wolskiwald. Die ältesten unter ihnen sind der Wanda- und der Krak-Hügel. Bis heute ist nicht geklärt, wer diese beiden Hügel geschaffen hat und warum sie errichtet wurden. Untersuchungen haben ergeben, dass der Krak-Hügel spätestens im 7. Jahrhundert unserer Zeitrechnung aufgeschüttet wurde. Eine heidnische Eiche, die vermutlich auf der Spitze des Hügels gestanden hat, wurde bei der Christianisierung des Gebiets um Krakau im 10. Jahrhundert vernichtet.

In der Umgebung des Wanda-Hügels hat man bei archäologischen Ausgrabungen verschiedene interessante Gegenstände gefunden. Heute vermutet man, dass der Hügel von keltischen Stämmen errichtet wurde. Die Verbindungslinie vom Wanda-Hügel zum Krak-Hügel soll zugleich die Linie des Sonnenaufgangs am 1. Mai bestimmen. Der 1. Mai, der Beltain, war bei den Kelten der Feiertag zum Beginn der hellen Jahreszeit.

Der Kościuszko-Hügel, der in den Jahren von 1820 bis 1823 aufgeschüttet wurde, ist sicher der bekannteste der vier mythischen Krakauer Hügel. Er wurde zu Ehren des polnischen Nationalhelden Tadeusz Kościuszko errichtet, der Ende des 18. Jahrhunderts den Kampf gegen die Besatzer Polens angeführt hatte. Heute ist der Kopiec Kościuszko ein beliebtes Ausflugsziel. Zum einen beheimatet er heute den Krakauer Radiosender RMF FM. Zum anderen befinden sich in dem Fort, das aus der Habsburgerzeit des 19. Jahrhunderts übriggeblieben ist, ein kleines Wachsfigurenkabinett sowie eine Tadeusz Kościuszko gewidmete Ausstellung.

■ **Klasztor Norbertanek**

Der 100er Bus, der vom Kościuszko-Hügel zum Zentrum fährt, hält auf dem Rückweg auch in Salwator, einer Siedlung im Krakauer Stadtbezirk Zwierzyniec. In der Nähe der Endstation der Straßenbahnenlinien 1, 2 und 6 – sie kommen vom Krakauer Zentrum – lohnt sich ein Abstecher zum Klasztor Norbertanek, einem von Nonnen bewohnten Kloster des Prämonstratenserordens. Es ist das älteste Frauenkloster Polens.

Der Prämonstratenserorden geht zurück auf den Magdeburger Erzbischof Norbert von Xanten, der im 12. Jahrhundert lebte. Aus dieser Zeit stammt auch das unübersehbar am Ufer der Weichsel gelegene Kloster, auch wenn vom ursprünglichen romanischen Gebäude kaum noch etwas erhalten ist. Lediglich ein kleiner Teil eines romanischen Portals am Turm ist als Zeugnis der Anfänge des Klosters noch zu erkennen.

Die Lage außerhalb der Krakauer Stadtmauern bot dem Kloster wenig Schutz gegen Angreifer wie die Tataren im 13. Jahrhundert und die Schweden im 17. Jahrhundert. Und so wurde das Kloster der Krakauer Prämonstratenserinnen in seiner Geschichte mehrfach beschädigt oder gar zerstört. Die heutige Gestalt mitsamt Kirche stammt überwiegend aus dem 17. Jahrhundert und ist somit barock geprägt.

Sehenswert ist gerade auch das Innere der Klosterkirche. Es überzeugt mit den Farben Weiß und Gold, die dem Gotteshaus eine eindrucksvolle Eleganz verleihen. Im linken Seitenbereich der Kirche ist ein Altarbild mit einer Darstellung der Seligen Bronisława zu sehen. Bronisława lebte und wirkte im 13. Jahrhundert im Krakauer Prämonstratenserinnen-Kloster.

Stadtspaziergänge

Ein ›Lajkonik‹ in Aktion

Alljährlich am Ostermontag findet vor dem Kloster das Krakauer Emmausfest statt. Es erinnert an die biblische Begegnung des auferstandenen Jesu Christi mit zwei Jüngern, die ihn auf ihrem Weg nach Emmaus zunächst nicht erkannten, sondern erst, als er mit ihnen wie beim letzten Abendmahl das Brot brach. Das Emmausfest in Krakau blickt auf eine lange regionale Tradition zurück. Süßigkeiten, Spielzeug und andere typische Kirmeswaren werden auf dem Emmaus-Markt mit seinen vielen Buden in der Umgebung des Klosters Norbertanek angeboten.

Über das Emmausfest hinaus wird das Kloster mit einer weiteren, über 300 Jahre alten Tradition in Krakau in Verbindung gebracht: dem Lajkonik-Fest. Jeweils am ersten Donnerstag nach Fronleichnam startet vom Hof des Klosters ein Festumzug des Lajkonik, einer Darstellung eines bärtigen Tatarenreiters aus dem 13. Jahrhundert, zum Krakauer Marktplatz. Die auffallend rotbunte Kleidung des Reiters mit seiner Pferdnachbildung wurde von niemand geringerem als Stanisław Wyspiański entworfen, dem 1907 verstorbenen, großen Krakauer Künstler. Die Tradition des Laj-

Für Besucher unzugänglich: das Kamaldulenser-Kloster

Karte: vordere Umschlagklappe

konik knüpft an eine Legende an, nach der Flößer aus dem heutigen Krakauer Stadtteil Zwierzyniec sich beim Einfall der Tataren gegen die Angreifer stemmten, als diese das Klasztor Norbertanek überfallen wollten. Die Flößer siegten. Einer von ihnen verkleidete sich als Tatare und ritt unter Begleitung seiner Mitstreiter auf dem Pferd eines Besiegten nach Krakau, um die Nachricht vom glücklichen Ausgang der Kämpfe im Volk zu verbreiten. Am ersten Donnerstag nach Fronleichnam lebt diese Legende regelmäßig wieder auf. Mit Musikanten im Gefolge ›reitet‹ der Lajkonik durch die Stadt, tanzt und treibt nicht zuletzt mit den vielen Schaulustigen in den Straßen allerlei Schabernack. Der Umzug endet schließlich mit einem feierlichen Trinkspruch auf dem Krakauer Marktplatz.

Wolski-Wald

Noch weiter westlich der Altstadt als Zwierzyniec liegt der Wolski-Wald (Las Wolski), ein beliebtes Naherholungsziel der Krakauer. Von der Altstadt muss man sich schon einige Zeit nehmen, um dorthin zu Fuß zu gelangen. Einfacher ist es, mit dem Auto zu fahren oder einen der verschiedenen Busse zu nehmen, die die ul. Księcia Józefa entlang fahren. Diese Straße flankiert den südlichen Teil des Wolski-Waldes, und von jeder Haltestelle ist die Grüne Lunge Krakaus verhältnismäßig schnell zu erreichen. Der Bus Nr. 409 fährt sogar direkt zur Decius-Villa und damit zu einem der vier im Folgenden vorgestellten Ziele des Wolski-Waldes. Der Bus Nummer 134 fährt, wenn auch nicht über die ul. Księcia Józefa, zu einem weiteren dieser Ziele, nämlich dem Zoo.

■ Decius-Villa

Im 16. Jahrhundert begann Justus Ludwig Decius, Sekretär des Königs Sigismund des Alten, etwa drei Kilometer

Die Decius-Villa dient heute kulturellen Zwecken

von der Krakauer Altstadt entfernt ein Renaissancegebäude am Rande des Wolski-Waldes zu bauen. Nach der Fertigstellung im Jahr 1535 wurde die heutige Decius-Villa schnell zum Treffpunkt eines intellektuellen Austauschs von Vertretern verschiedener Kulturen und Ansichten. Im 19. Jahrhundert, als das Gebäude mit der Nutzung durch polnische Adlige eine weitere Blütezeit erlebte, wurde die Villa umgebaut. Die beiden großen Kriege des 20. Jahrhunderts fügten ihr jedoch größere Schäden zu. Im Ersten Weltkrieg diente die Villa militärischen Zwecken, im Zweiten Weltkrieg nutzten sie die deutschen Besatzer als Polizeigebäude. In der Zeit danach verfiel die Decius-Villa immer mehr. Erst Ende des letzten Jahrhunderts besann man sich wieder auf die alte, dem kulturellen Austausch dienende Tradition des Gebäudes. Im Jahr 1996 wurde es schließlich nach einer grundlegenden Renovierung wieder eröffnet. Ein privater Verein organisiert hier Veranstaltungen wie Vorträge über ethnische Minderheiten oder Sommerakademien zu europäischen Themen.

■ Kamaldulenser-Kloster

Von der Decius-Villa ist entweder über die ul. Księcia Józefa oder aber mit einem Spaziergang durch den Wolski-Wald ein Kamaldulenser-Kloster gut zu erreichen. Das mächtige Gebäude aus dem 17. Jahrhundert steht auf einem Berg und verschafft den von Westen kommenden Autofahrern auf der Autobahn A4 einen ersten Eindruck von den Schönheiten Kleinpolens.

Die Kamaldulenser sind eine Anfang des 11. Jahrhunderts vom Heiligen Romuald gegründete Ordensgemeinschaft, die die Benediktinerregel und das Einsiedlerleben verbindet. Die im Wolski-Wald lebenden Mönche bieten der Gegenwart auf geheimnisvolle Weise die Stirn. Einsamkeit, Schweigen und Gastfreundschaft sind ihre Maximen. Nicht zum Orden gehörende Männer dürfen die Kirche und das Kloster immer besuchen, Frauen hingegen sind nur an den zwölf höchsten kirchlichen Feiertagen im Jahr willkommen und dürfen dann auch nur die Kirche betreten. Das Kloster bleibt für sie unzugänglich. Das wird

Einen Ausflug wert: die Benediktinerabtei in Tyniec

schon auf den ersten Blick durch die hohen Außenmauern deutlich: Das mächtige Gebäude mit seinen weißen Türmen trennt die Mönche von der Außenwelt.

■ Zoo

Vom Kamaldulenser-Kloster führt ein rot gekennzeichneter Wanderpfad durch den Wolski-Wald zunächst zum Krakauer Zoo. Schon Anfang des 15. Jahrhunderts sollen aus Florenz erstmals Löwen nach Krakau gebracht worden sein. Einen kleinen Zoo nach heutigem Verständnis erhielt Krakau hingegen erst Ende des 19. Jahrhunderts, damals allerdings an anderer Stelle der Stadt. 1929 schließlich wurde der Krakauer Zoologische Garten an seinem jetzigen Standort eröffnet. Affen und Elefanten, Tiger und Löwen, Kamele und Tapire – der Krakauer Zoo beherbergt in 46 Gehegen und Häusern allerhand exotische Tiere. Auch ein Streichelzoo gehört zum Programm. In den vergangenen Jahren wurde in den Zoo kräftig investiert. Ein Besuch lohnt sich nicht nur für die Kleinsten.

■ Piłsudski-Hügel

Vom Zoo ist es nicht mehr weit zum Piłsudski-Hügel, dem jüngsten der vier künstlich aufgeschütteten Krakauer Hügel. Er wurde 1937 nach dreijähriger

Vorarbeit freigegeben. Erst nach dem Tod des Marschall Józef Piłsudski im Jahr 1935 entschied man sich, den 35 Meter hohen Hügel nach dem polnischen Militärführer des Ersten Weltkriegs und späteren Staatschefs des unabhängigen Polen zu benennen. Von allen Schlachtfeldern, auf denen polnische Soldaten im Ersten Weltkrieg gekämpft hatten, wurde bei der Errichtung des Hügels etwas Erde herangetragen. Vom Piłsudski-Hügel, der auf dem mit 358 Meter höchsten Krakauer Berg Sowiniec steht, lässt sich ein herrlicher Blick über die Stadt genießen. Mit dem Bus Nummer 134 geht es vom Zoo wieder zurück in die Innenstadt.

Benediktinerabtei in Tyniec

In Tyniec, etwa 15 Kilometer von der Krakauer Altstadt in Richtung Südwesten und somit nicht weit vom Kamaldulenser-Kloster im Wolski-Wald entfernt, befindet sich die Benediktinerabtei. Sie ist einen Abstecher vom Krakauer Zentrum wert. Benediktinermönche aus dem Rheinland kamen im 11. Jahrhundert auf Bitten des Königs Kazimierz Odnowiciel (des Erneuerers) nach Krakau und errichteten die Anlage; der Krakauer Bischof Aaron wurde zu ihrem Abt. In dieser Zeit erfüllte die Benediktinerabtei einerseits eine kulturelle Aufgabe, andererseits diente sie aber auch als Festung. Die letztgenannte Funktion hatte das mächtig-imposante Gebäude noch bis ins 18. Jahrhundert inne, doch dann wurde der Festungsteil der Anlage von der russischen Armee zerstört. 1817 löste sich der Orden auf, und die Benediktiner verließen Tyniec. Erst 1939 kehrten wieder Benediktinermönche nach Tyniec zurück, und seit 1969 fungiert das Gebäude wieder als Abtei.
Das ursprünglich im romanischen Stil erbaute **Kloster** erhielt nach zahlreichen baulichen Veränderungen sein gegenwärtiges Äußeres im Barock. Heute ist die

Anlage die prunkvollste Benediktinerabtei Polens. Zu dem Klosterkomplex gehört auch eine nach den Heiligen Peter und Paul benannte **Kirche**. Unter dem Altarraum dieser Peter-und-Paul-Kirche befinden sich noch Reste des ursprünglichen Sakralbaus aus dem 11. Jahrhundert. Während die Kirche Besuchern offen steht, können die romanischen Fundamente leider nicht besichtigt werden. Ebenfalls unter dem Altarraum der zum Kloster Tyniec gehörenden Peter-und-Paul-Kirche fand man in den 1960er Jahren die Gräber von sieben Äbten, die zwischen dem 11. und dem 13. Jahrhundert in ihrem Kloster begraben wurden. In einem der sieben Gräber befand sich ein aus purem Gold gefertigter Reisekelch aus der Gründungszeit der Abtei. Der Kelch aus dem 11. Jahrhundert ist das zweite aus dieser Epoche stammende rituelle Behältnis seiner Art, das auf der Welt gefunden wurde.
Ein interessantes Ritual sind die täglich um 15 Uhr im Kloster mit lateinischen Texten gesungenen Vespern, zu denen Besucher immer willkommen sind. Beeindruckend ist an sonnigen Sommertagen auch das Phänomen des leuchtenden Kirchenfensters hinter dem Hauptaltar in der Klosterkirche. Während des allmorgendlichen 6-Uhr-Gebets scheint die Sonne dann genau an der Stelle in das Gotteshaus hinein, an der das Kirchenfenster mit ihrem Abbild versehen wurde. Das so von der Sonne erleuchtete Kirchenfenster lässt Christus als Sonne des Universums erscheinen.
Wer schon immer mal in einem Kloster übernachten wollte, ist in Tyniec an der richtigen Adresse: Das Kloster bietet Gästebetten in Einzel-, Doppel- und Dreibettzimmern (www.tyniec.mm.com.pl). Die Abtei erreicht man mit dem Bus 112, der an der Grunwald-Brücke (most grunwaldzki) südlich des Wawel startet.

Stadtspaziergänge

»Nirgends lebt man so sehr von der Einbildungskraft
und so wenig in der Realität wie in Krakau«

Tadeusz Boy-Żeleński (1874–1941)

Eines der vielen Restaurants am Rynek

Allgemeine Informationen

Vorwahl: 012.

Postleitzahl: variiert von Bezirk zu Bezirk.

Die **Städtische Touristeninformation** Krakau, im Internet unter www.krakau.travel mit deutschsprachigen Informationen zu finden, hat an verschiedenen Stellen im Stadtgebiet Büros eingerichtet. Dort erhalten Gäste zu allen touristischen Fragen Auskünfte, Prospektmaterial etc. Gleiches gilt für die Touristeninformation der Region Kleinpolen und für das private Reisebüro Jordan. Zudem verkaufen die unten stehenden Touristeninformationsstellen auch die Krakauer Touristenkarte. Die Anlaufstellen der Touristeninformation der Stadt Krakau:
ul. Szpitalna 25, Tel. 4320110 (auf dem Weg vom Hauptbahnhof zur Altstadt);
Rynek Główny (Hauptmarkt) 1–3, Tel. 4337310;
ul. Św. Jana 2 (Altstadt), Tel. 4217787;
pl. Wszystkich Świętych (Altstadt), Tel. 6161886;
ul. Józefa 7 (Kazimierz), Tel. 4220471;
ul. Powiśle 11 (Wawel), Tel. 4175810;
Flughafen Balice, Tel. 2855341.

Touristeninformation der Region Kleinpolen, ul. Grodzka 31/7, Tel. 4217706, www.mcit.pl.

Private Anbieter touristischer Dienstleistungen:

Reisebüro Jordan, ul. Gęsia 8, Tel. 4224033, www.jordan.pl.

See Kraków, ul. Floriańska 6, Tel. 4294499, www.seekrakow.pl

Marco der Pole, ul. Kanonicza 15, Tel. 4302117, www.marcoderpole.com.pl.

■ Krakauer Touristenkarte

Eine echte Erleichterung nicht nur finanzieller Art ist die Krakauer Touristenkarte. Sie hat die Form einer Plastikchipkarte, kann für eine Gültigkeitsdauer von zwei oder von drei Tagen erworben werden und kostet dann 75 zł bzw. 95 zł. Die Krakauer Touristenkarte berechtigt zur kostenlosen Benutzung der Krakauer Busse und Straßenbahnen rund um die Uhr. Inhaber der Karte genießen zudem freien Eintritt in über 30 Museen im Stadtgebiet, darunter zu allen Museen des Nationalmuseums und zum Historischen Museum der Stadt Krakau. Zudem gewähren einige Restaurants und Geschäfte bei Vorlage Vergünstigungen. Die Touristenkarte kann unter anderem an allen oben genannten Touristeninformationspunkten der Stadt Krakau und der Region Kleinpolen, im Reisebüro ›Jordan‹ und in den Büros der Firma ›See Kraków‹ erworben werden. **Infos**: www.krakowcard.com.

Post, Banken, Wechselstuben

Hauptpost, ul. Starowiślna, Ecke ul. Westerplatte. Die ul. Sienna führt vom Marktplatz direkt auf das Hauptpostgebäude zu. Die Briefkästen sind rot.

Im Flughafen und in der Krakauer Innenstadt gibt es zahlreiche Wechselstuben. Fast alle arbeiten seriös. Nur einige wenige, in orangenem Layout gehalten, locken mit guten Angeboten, die beim näheren Hinsehen allerdings in die Irre führen, weil sie sich am Verkauf von Polnischen Złoty orientieren. Touristen wollen hingegen in aller Regel Złoty kaufen und nicht verkaufen, erhalten in diesen wenigen Wechselstuben dann allerdings für den Kauf von Złotys schlechte, etwas versteckt angezeigte Kurse.

EC-Geldautomaten sind überall im Stadtgebiet in Bankgebäuden zu finden.

Im Zentrum finden sich zahlreiche Internetcafés, die an der entsprechenden Beschriftung einfach auszumachen sind. Sie bieten durchweg sehr ähnliche Konditionen.

Medien

In Krakau gibt es neben den regionalen und landesweiten Tageszeitungen mit Lokalteil wie ›Gazeta Wyborcza‹, ›Dziennik Polski‹ und ›Gazeta Krakowska‹ auch einige Stadtmagazine. Ein englischsprachiges Monatsblatt in Krakau ist die Krakow Post (www.

Karte: vordere Umschlagklappe

*Am Hauptbahnhof kommen die meisten
Gäste an*

krakowpost.com). Sie ist an vielen Stellen im
Stadtgebiet zu kaufen. Einen umfangreichen
Überblick über das aktuelle Kulturprogramm
in der Stadt gibt das traditionelle Heftchen
›Karnet‹, das neben der gedruckten Form
auch über eine gute Internetseite verfügt
(www.karnet.krakow.pl).

An- und Abreise

Krakau liegt näher an Deutschland, als viele
vermuten. Von Berlin erreicht man Krakau
mit dem Pkw in weniger als sechs Stunden.
Mit dem Flugzeug geht es naturgemäß von
jedem Flughafen im deutschsprachigen Gebiet, der entsprechende Verbindungen anbietet, nochmals deutlich schneller. Nur die
Anreise mit der Bahn dauert noch immer
verhältnismäßig lang, da kein Hochgeschwin-
digkeitsnetz vorhanden ist. Aufgrund der
langen Fahrzeiten hat die Deutsche Bahn
inzwischen sogar den Direktzug von Berlin
nach Krakau durch Fernlinienbusse ersetzt.

■ Anreise mit dem Auto

Aus Richtung Westen erreicht man Krakau
mit dem Auto am besten über die Autobahn
A4. Sowohl über Dresden als auch über
Cottbus führt die Strecke in Polen inzwischen vollständig über die auf beiden Seiten

zweispurige Autobahn. Lediglich die ersten
60 Kilometer nach der Einreise über Cott-
bus/Forst sind noch wegen jahrzehntealter
Betonplatten unkomfortabel. Aber auch das
lässt sich ertragen. Der etwa 160 Kilometer
lange Autobahnabschnitt zwischen Wrocław
(Breslau) und Katowice ist mautpflichtig und
kostete Ende 2014 für Pkw 16,20 zł. Bei der
Einfahrt in den mautpflichtigen Bereich ist
ein Ticket zu ziehen, bezahlt wird bei der
Ausfahrt. Auch von Katowice bis Krakau
(62 Kilometer) ist die A4 gebührenpflichtig.
Ende 2014 kostete das Fahren auf der 62
Kilometer langen Strecke für PKW insgesamt
18 zł, wobei jeweils 9 zł bei der Einfahrt in
und bei der Ausfahrt aus dem gebühren-
pflichtigen Bereich zu bezahlen sind. An den
Mautstationen wird auch der Euro akzeptiert, allerdings zu einem etwas schlechteren
Umtauschkurs. Tankstellen und Raststätten
sind an der A4 reichlich vorhanden.
Von Süden über die Slowakei her führt der
Weg nach Krakau oft über die Hohe Tatra
an Zakopane vorbei über die E77, die in
Polen allgemein als Zakopianka bezeichnet
wird. Eine andere Möglichkeit der Anreise über die Slowakei ist das Überschreiten
der Grenze nach Polen bei Chyżne. Über
die nationale Fernstraße Nr. 7 gelangt man
schließlich nach Krakau.
Von Wien aus kommend fährt man über
Tschechien bei Ostrava nach Polen hinein,
um dann bei Zabrze auf die A4 Richtung
Krakau zu fahren.

■ Anreise mit der Bahn

Der Krakauer Hauptbahnhof befindet sich
nur wenige Meter nordöstlich der Altstadt
und somit sehr zentral. Das Krakauer Bahnhofsviertel hat in den letzten Jahren sein altes Schmuddelimage verloren und ist nach
aufwendigen Erneuerungen längst eine gute Adresse in der Stadt geworden. Dazu
tragen nicht zuletzt das große Einkaufszentrum Galeria Krakowska sowie das Andel´s
Hotel und die beiden ibis-Hotels in unmit-

Am modernen Flughafen

telbarer Bahnhofsnähe bei. Aber auch der Zugang zu den Bahnsteigen mit seinen unterirdischen Geschäften sowie die Sanitäranlagen rund um den Bahnhof können sich heute sehr sehen lassen. Da ist nur ein Problem: Von Deutschland kann man wegen der schlechten Verbindungen kaum mit dem Zug nach Krakau kommen. Zwischen Berlin und Krakau sowie zwischen Dresden und Krakau verkehren keine Direktzüge mehr. Die Deutsche Bahn AG setzt seit einiger Zeit zwischen Berlin und Krakau Fernbusse ein, die am Krakauer Busbahnhof direkt im Komplex des Hauptbahnhofs ankommen. Der Bus ist in der Regel deutlich schneller als eine Fahrt mit der Bahn. Deutlich besser geht es mit dem Zug von Österreich aus. Etwa acht bis neun Stunden braucht die Bahn für die Strecke von Wien nach Krakau. **Infos**: www.bahn.de, www.oebb.at, www.pkp.pl.

■ Anreise mit dem Bus

Von nahezu allen deutschen Großstädten aus bieten Busunternehmen auf internationalen Linien täglich Fahrten nach Krakau an. Aufgrund der schlechter gewordenen Möglichkeiten im polnischen Eisenbahnnetz setzt inzwischen auch die Deutsche Bahn AG zwischen Berlin und Krakau einen Direktbus ein.

Eurolines Germany, Deutsche Touring GmbH, Am Römerhof 17, 60486 Frankfurt am Main, Tel. 068/7903501, www.touring.de.

Deutsche Bahn AG, Fahrkarten auch für den Berlin-Krakau-Bus, zu buchen unter www.bahn.de, telefonische Auskunft: 0180/6996633.

Sindbad-Reisen GmbH, Zentrale Ticketverkaufsstelle: An der Linde 15, 50321 Brühl, Tel. 02232/923140, www.sindbad.pl.

■ Anreise mit dem Flugzeug

Von verschiedenen Städten in Deutschland, Österreich und der Schweiz werden mehrmals wöchentlich Direktflüge zum Krakauer Johannes-Paul-II.-Flughafen angeboten. Der Krakauer Flughafen befindet sich etwa 15 Kilometer westlich vom Stadtzentrum in Balice. Vom Flughafen fahren die Buslinien 208, 292 und 902 mehrmals stündlich in die Krakauer Innenstadt (Fahrtzeit etwa 30 Minuten). Am schnellsten legt jedoch der zwischen Flughafen und Hauptbahnhof pendelnde Regionalzug die Strecke in die Krakauer Innenstadt zurück: Er benötigt nur

18 Minuten. Die Haltestelle am Flughafen ist etwa 200 Meter vom Terminal entfernt. Ein kostenloser Shuttlebus vereinfacht die Überwindung der Strecke vor allem dann, wenn viel Gepäck zu schleppen ist. Selbstverständlich steht auch ständig eine größere Anzahl Taxis vor dem Flughafengebäude zur Abfahrt bereit.

Lotnisko im. Jana Pawła II. Kraków-Balice (Johannes-Paul-II.-Flughafen Krakau-Balice), ul. Kapitana Medweckiego 1, 32-083 Balice, Polen, Tel. 0048/12/2955800, www.krakowairport.pl.

Noch vor wenigen Jahren hatten die Billigfluggesellschaften einen sehr großen Anteil am Krakauer Luftfahrtaufkommen. Inzwischen landen viele dieser Billigflieger auf dem Flughafen Katowice-Pyrzowice. Von dort dauert der Bustransfer nach Krakau etwa anderthalb Stunden.

Unterwegs in Krakau
■ Mit dem Auto

In der Krakauer Altstadt sind verschiedene Parkplatzzonen – A, B und C – ausgewiesen. Die Parkplatzzonen A und B dürfen nur von Anwohnern und Besitzern von speziellen Genehmigungen in Anspruch genommen werden, Parkscheine für die Zone C bekommt man an jedem Kiosk.

Größere **Parkplätze** in der Innenstadt befinden sich unter anderem an folgenden Stellen:

Parkhaus des Einkaufszentrums Galeria Krakowska mit 1400 Parkplätzen, ul. Pawia 5, Mo–Sa 8–22.30, So 10–21.30 Uhr.

Tiefgarage unter dem pl. Na Groblach 24, direkt am Wawel, 600 Parkplätze, rund um die Uhr geöffnet.

Parkplatz Centrum, Karmelicka 28, 200 Parkplätze, rund um die Uhr geöffnet.

Parkhaus des Einkaufszentrums Galeria Kazimierz, ul. Podgórska 34, bis zu 1600 Parkplätze, Mo–Sa 10–22, So 10–20 Uhr.

Parkplatz an der ul. Długa 72, rund um die Uhr geöffnet, www.parking-w-centrum-krakowa.com.

■ Die wichtigsten Autoverleiher

Alle großen und international bekannten Autoverleiher sind auch in Krakau vertreten, hinzu kommen lokale Anbieter. Bereits in Deutschland kann man bei den entsprechenden Anbietern häufig die gewünschten Leihwagen mieten und dann am Flughafen abholen. Adressen im Zentrum:

AVIS, ul. Lubicz 23, Tel. 6296108, www.avis.pl.

Hertz, al. Focha 1, Tel. 4296262, hertz.com.pl.

Europcar, ul. Nadwiślańska 6, Tel. 3745696, www.europcar.com.pl.

■ Mit Bus und Straßenbahn

Krakau verfügt über ein dichtes und durch Linienbusse ergänztes Straßenbahnnetz. Im Abstand von nur wenigen Minuten gelangt man tagsüber vom Zentrum in die Außenbezirke. Abends fahren die Straßenbahnen nicht mehr ganz so häufig, und nachts werden sie durch Nachtbuslinien zum erhöhten Fahrpreis ersetzt. Da das Netz der öffentlichen Verkehrsmittel sehr dicht ist, kann Touristen empfohlen werden, zumindest in der Stadt das Auto stehen zu lassen.

Verirren unmöglich: Wegweiser im Zentrum

Krakau-Informationen

Auch mit dem Fahrrad lässt sich Krakau gut erkunden

Einzelfahrscheine erhält man in Zeitungskiosken, überwiegend mit der Aufschrift ›Ruch‹. Wochentickets erhält man in den Fahrkartenhäuschen an bestimmten Straßenbahnhaltestellen, zum Beispiel am ›Dworzec Główny‹ (Hauptbahnhof). In vielen Straßenbahnen sind inzwischen auch Fahrscheinautomaten vorhanden.

Verschiedene Fahrkartenarten werden in Krakau angeboten. Neben dem Einmal-Fahrschein (Preis 3,80 zł, für Gepäck ab einer bestimmten Größe muss zusätzlich ein Fahrschein gelöst werden, Umsteigen ist nicht erlaubt) sind unter anderem 20-Minuten-Tickets (2,80 zł), 60-Minuten-Fahrscheine (5,00 zł), 24-Stunden-Karten (15 zł) und 48-Stunden-Tickets (24 zł) sowie ein Wochenticket (18 zł) zu erwerben. Ebenso gibt es Familien-Wochenendtarife. Alle Preisangaben sind von Ende 2014.

Informationsstelle des Krakauer Städtischen Nahverkehrsunternehmens MPK S.A.: Tel. 19150, www.mpk.krakow.p.

■ Mit dem Taxi

Das Taxisystem ist einfach: An allen bedeutenderen, von PKW zu befahrenden Plätzen warten Taxifahrer auf ihre Gäste. Und die Preise sind deutlich niedriger, als man es aus Großstädten in Deutschland, Österreich und der Schweiz gewohnt ist. Ein besonderer Service für Fahrgäste sind die gut sichtbar angebrachten Aufkleber in polnischer und englischer Sprache mit einem Hinweis auf den Namens des Fahrers und auf eine Telefonnummer für den Fall einer Beschwerde über dessen Verhalten.

Einige verlässliche Taxi-Unternehmen:
Radio-Taxi 919, Tel. 19191, www.radio taxi919.com.
Taxi Barbakan, Tel. 19661.
Taxi Lajkonik, Tel. 2673535.
Metro, Tel. 6360000.

■ Mit dem Fahrrad

Für Erkundungen mit dem Fahrrad bieten sich eher die Sehenswürdigkeiten am Stadtrand und in der Umgebung als das Zentrum an. Fahrradverleiher u.a.:
Rent a Bike, ul. Świętej Anny 4, mobil (0)501/745986, www.bike-rental.pl.
Lucky Bike, ul. Szewska 25, Tel. 0048/696/539976 (Mobilnummer), www.lucky-bike.pl.

Stadtführungen

Um kommerzielle Stadtführungen vornehmen zu dürfen, ist eine Lizenz erforderlich. Und diese bekommt nur, wer nach umfangreichen Vorbereitungskursen eine Prüfung besteht. Das sichert die Qualität der Stadtführungen in Krakau. Teilnehmer können sich also darauf verlassen, dass sich ihr Stadtführer auskennt. Es führt aber auch zu so absurden Situationen, dass ausgewiesene Krakauexperten wie der Journalist und Buchautor Mieczysław Czuma, der die erforderliche Prüfung nicht absolviert hat, bei Stadtrundgängen mit Gästen immer eines seiner Bücher unter dem Arm hat und auf kritische Nachfrage darauf hinweist, dass es sich um ein Autorentreffen handelt, wie er im April 2011 in der Tageszeitung ›Gazeta Krakowska‹ bekannte.

Verband der Stadtführer in Krakau, ul. Sienna 5, Tel. 4153262, www.guide-cracow.pl.

Agencja Turystyczna Gaja, ul. Praska 58/23, Tel. 0048/505/855414 (mobil), www.gaja.turystyka.pl.

Büro der Wawel-Führer, Wawel-Baszta Panieńska, Tel. 4220904, www.przewodnicy.krakow.pl.

Agencja Usług Przewodnickich i Turystycznych Renesans, ul. Zacisze 12/4b, Tel. 4218979, www.renesans.krakow.pl.

■ Rundfahrten

Neben dem traditionellen Rundgang mit zertifizierten Stadtführern werden auch Rundfahrten mit dem Fiaker oder mit einem Elektromobil angeboten. Ebenso sind geführte Fahrradtouren und Schiffsfahrten auf der Weichsel im Angebot. Kultstatus haben organisierte Nowa-Huta-Touren im Trabant. Der Warteplatz für die Fiaker befindet sich an der Nordwestseite des Rynek, an der Ecke zur ul. Sławkowska.

Die Warteplätze der kleinen **Elektrofahrzeuge**, deren Fahrer ebenfalls Stadtfahrten anbieten, sind: ul. Pijarska, ul. Szewska, ul. Mikołajska, ul. Szeroka und pl. Wolnica (Kazimierz).

Die Anlagestelle für die **Ausflugsschiffe**, die auf der Weichsel fahren, befindet sich am bul. Czerwiński am Fuße des Wawel. Von dort werden regelmäßig Fahrten über die Weichsel mit unterschiedlicher Dauer auch bis nach Tyniec angeboten, z.B. mit dem Schiff ›Nimfa‹, Tel. (mobil) 0048/505102677, www.statek-krakow.pl. Stadtführungen mit dem Fahrrad: **Cruising Kraków**, ul. Basztowa 17, Tel. 0048/514/556017, www.cruisingkrakow.com. Treffpunkt täglich am Adam-Mickiewicz-Denkmal auf dem Marktplatz, 1. März bis 15. Juni um 12 Uhr, 16. Juni bis 31. August um 11 Uhr, 1. September bis 31. Oktober um 12 Uhr.

Nowa-Huta-Führungen mit dem Trabant: **Michał Ostrowski**, ul. Krakusów 1a/31, Tel. (mobil 0048/500/091200, www.crazyguides.com.

Übernachtungsmöglichkeiten

Übernachtungen in Krakau sind deutlich teurer als in vielen kleineren Städten Polens, das Preisniveau entspricht zum Teil sogar dem deutscher Städte vergleichbarer Größe. Nicht immer geht mit dem Preis auch ein höherer Standard gegenüber den außerhalb der Zentren gelegenen Hotels einher. Gleichwohl geht an einer Unterkunft in Krakau kein Weg vorbei, wenn man das Flair der Stadt nicht nur in Ansätzen genießen möchte. Wer preisgünstige Alternativen sucht, findet unter www.hostels.pl aktuelle Angaben zu Hostels in Krakau. Informationen zu vielen Hotels und Möglichkeit zur Buchung auch unter www.krakow.travel. Empfehlungen:

Hotel Sheraton ❶, ul. Powiśle 7, 31-101, Tel. 6621000, www.sheraton.com.pl/krakow; DZ ab 160 Euro. Ganz nahe am Wawel gelegenes Fünf-Sterne-Hotel, bei der Fußball-EM 2012 Quartier der Niederländischen Nationalmannschaft. Elegant eingerichtetes Hotel mit 232 komfortablen Zimmern, Wellnesseinrichtungen wie Schwimmbad, Sauna, Massagen und Kraftraum.

Der schöne Innenhof des Hotels ›Copernicus‹

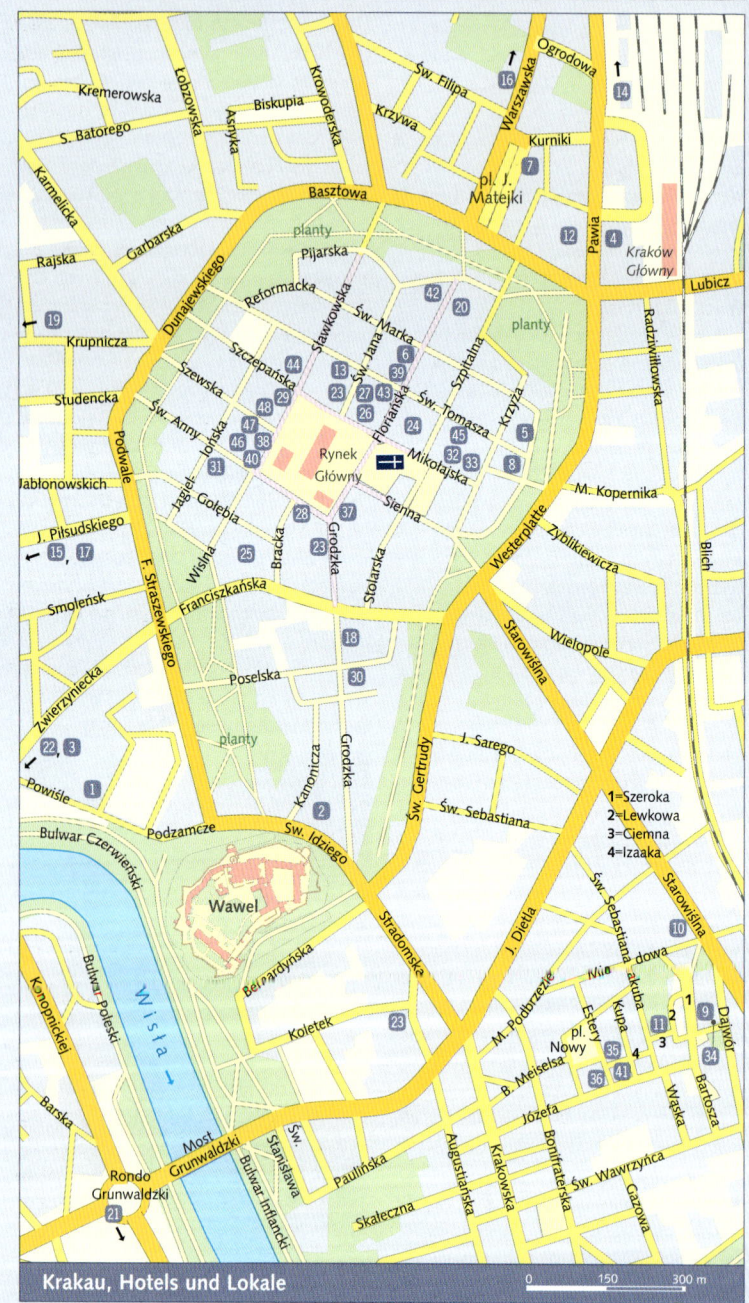

Hotel Copernicus 2 , ul. Kanonicza 16, 31-002, Tel. 4243400, www.copernicus.hotel.com.pl; DZ etwa 200 Euro. Exklusives und preisgekröntes Vier-Sterne-Hotel mit 29 Zimmern im Zentrum. Den Betreibern ist der Spagat zwischen einer modernen Ausstattung und den historischen Gemäuern in der ältesten Straße Krakaus sehr gelungen. In dem Haus hielt sich Nikolaus Kopernikus während seiner Krakauer Zeit auf. Behindertengerechte Einrichtung, kleiner Wellness- und Fitnessbereich, bewachter Parkplatz.

Novotel Kraków Centrum 3 , ul. Tadeusza Kościuszki 5, 30-105, Tel. 2992900, www.novotel.com; DZ ab etwa 100 Euro. Vier-Sterne-Haus zwischen Weichsel und Kościuszko-Hügel und nicht weit vom Wawel entfernt, 198 sympathisch eingerichtete Zimmer, guter Service und gutes Restaurant. Wellnessbereich mit Sauna, Massage und Whirlpool sowie Fitnessstudio und beheiztem Hallenbad.

Hotel Andel's 4 , ul. Pawia 3, 31-154, Tel. 6600100, www.andelscracow.com; DZ ab 185 Euro. Direkt am Bahnhof und an der Shopping Mall ›Galeria Krakowska‹, elegant-modernes Hotel mit hohem Komfort, 159 Zimmer. Massage, Fitnessraum und Sauna.

Hotel Campanile 5 , ul. św. Tomasza 34, 31-023, Tel. 4242600, www.campanile-cracovie.pl, DZ ab 60 Euro. Sehr zentral an den Planty gelegenes Drei-Sterne-Haus, vom Hauptbahnhof etwa 700 Meter entfernt.

Hotel Pod Różą 6 , ul. Floriańska 14, 31-021, Tel. 4243300, www.podroza.hotel.com.pl; DZ ab 160 Euro. Im Herzen der historischen Altstadt, 57 Zimmer, traditionsreich: Seit über 200 Jahren werden in dem vor einigen Jahren umfassend renovierten Drei-Sterne-Haus Unterkünfte angeboten. Unter anderem hat der Komponist Franz Liszt bei einem Aufenthalt in Krakau hier übernachtet.

Hotel Matejko 7 , pl. Matejki 8, 31-157, Tel. 4222737, www.matejkohotel.pl; DZ ab 100 Euro. Das nach dem Krakauer Maler Jan Matejko benannte Hotel ist nur etwa 200 Meter von der Altstadt entfernt, über 110 Betten in Zimmern mit Bad/WC, Sat-TV, Telefon und Internetzugang; Restaurant.

Hotel Wit Stwosz 8 , ul. Mikołajska 28, 31-027, Tel. 4296026, www.wit-stwosz.com.pl; DZ ab 100 Euro. Nicht weit vom Hauptmarkt, nach dem Bildhauer benannt, der den Hauptaltar der Marienkirche erstellt hat; Altbau, insbesondere der im Keller gelegene Speisesaal des Gebäudes aus dem 16. Jahrhundert ist sehr gemütlich.

Hotel Ester 9 , ul. Szeroka 20, 31-053, Tel. 4291188, www.hotel-ester.krakow.pl, DZ etwa 160 Euro. Im Herzen des jüdischen Stadtteils Kazimierz, 30 Zimmer, 4 Sterne, stilvoll eingerichtet.

Hotel Columbus 10 , ul. Starowiślna 57, 31-038, Tel. 2527550, www.hotelcolumbus.pl; DZ 130 Euro. Im Stadtteil Kazimierz, nicht weit von der ul. Szeroka mit ihren Sehenswürdigkeiten entfernt. Im Kolonialstil eingerichtet, 24 geräumige, komfortabel ausgestattete Zimmer.

Hotel Eden 11 , ul. Ciemna 15, 31-053, Tel. 4306565, www.hoteleden.pl; DZ ab 60 Euro. Mitten in Kazimierz, 27 Zimmer, kleiner Wellnessbereich.

Hotel Polonia 12 , ul. Basztowa 25, 31-156, Tel. 4221233, www.hotel-polonia.com.pl; DZ ab etwa 90 Euro. 3 Sterne, direkt am Bahnhof und nur wenige Schritte vom Florianstor.

Hotel Saski 13 , ul. Sławkowska 3, 31-014, Tel. 4214222, www.hotelsaski.com.pl, DZ mit Du/WC ab 75 Euro. Zwei-Sterne-Haus, dessen größter Vorteil die Lage ist: direkt in der Altstadt und nur wenige Meter vom Hauptmarkt entfernt. Nicht alle Zimmer verfügen über ein eigenes Bad.

Hotel Florian 14 , ul. Czerwonego Prądnika 19, 31-436, Tel. 4136868, www.hotel-florian.pl; DZ ab 45 Euro. Drei Sterne, etwas außerhalb des Stadtzentrums nordöstlich des Hauptbahnhofs und daher auch deutlich günstiger als die Hotels in der Altstadt. Das Hotel ist mit den Buslinien 129 (fährt unter anderem zum Hauptbahnhof), 159 und 602 gut an das öffentliche Verkehrsnetz angeschlossen. Gepflegt, alle Zimmer mit Du/WC und Sat-TV.

Hotel Wisła 15 , ul. Reymonta 22, 30-059, Tel. 6334922, www.bialagwiazda.com.pl; DZ mit Du/WC 25 Euro. Einfach eingerichtetes Haus des traditionsreichen Fußballvereins TS Wisła Kraków, etwa 1500 Meter westlich der Altstadt direkt neben dem Stadion des mehrfachen polnischen Fußballmeisters.

Hotel Mistia 16 , ul. Szlak 73a, 31-153, Tel. 6332926, www.mistia.org.pl; DZ mit Du/WC 52 Euro. Einfaches Hotel mit 46 Betten, nicht ganz zentral, aber auch nicht weit vom Hauptbahnhof entfernt. Beim Service kann dieses Haus mit den vorgenannten Hotels nicht mithalten, dafür sind die Preise aber deutlich niedriger. Nicht alle Zimmer sind mit Bad und WC, sondern nur mit Etagenbad ausgestattet.

■ Jugendherberge/Hostel

Hostel Olimp 17 , ul. Rostafińskiego 9, 30-072, Tel. 6224600, www.taniehoste le.pl; DZ mit Bad und WC etwa 28 Euro. Günstige Übernachtungsmöglichkeit im Viertel der Studentenwohnheime, etwa 2 km vom Marktplatz entfernt. Manche Zimmer teilen sich das Bad mit einem weiteren Zimmer und sind entsprechend günstiger.

Let's rock hostel 18 , ul. Grodzka 34, 31-044 Kraków. Tel. 48124303053, www.letsrock hostel.com. Einfache, preisgekrönte Unterkunft im Zentrum mit Räumen vom DZ bis zum Zwölf-Betten-Schlafsaal.

Jugendherberge PTSM 19 , ul. Oleandry 4, 30-060, Tel. 6338822, www.smkra kow.pl. Etwa 10 Minuten zu Fuß von der Altstadt entfernt, in der Nähe der Błonia-Wiesen, 300 Betten.

Hostel Brama 20 , ul. Floriańska 55, 31-019 Kraków, Tel. 4119943, DZ ab 35 Euro, mit Bad und WC, 40 Euro. Günstige Unterkunft in Top-Lage direkt am Florianstor in der Altstadt, www.bramahostel.pl.

■ Campingplätze

Krakowianka 21 , ul. Żywiecka Boczna, 30-427, Tel. 2681135, www.krakowian ka.info. Südlich der Innenstadt, zwischen Weichsel und Autobahn.

Smok 22 , ul. Kamedulska 18, 30-252, Tel. 4298300, www.smok.krakow.pl. Im Ortsteil Zwierzyniec.

Lokalitäten
■ Restaurants

Krakau verfügt über zahlreiche und dabei viele gute Restaurants, sowohl um den Marktplatz herum als auch etwas weiter von der Altstadt entfernt. Empfehlungen:

Chłopskie Jadło 23 . Die Restaurantkette Chłopskie Jadło ist mit altpolnischen Speisen in bäuerlichem Ambiente längst vergangener Zeiten überaus erfolgreich, auch wenn die Preise für polnische Verhältnisse nicht gerade niedrig sind. Ein Besuch eines der Restaurants ist sehr zu empfehlen: ul. św. Jana 3 (Altstadt), ul. św. Agnieszki 1 (Stradom), ul. Grodzka 9 (in unmittelbarer Nähe zum Marktplatz).

Jama Michalika 24 , ul. Floriańska 45. Ehemaliges Künstlercafé, sehr traditionsreich, heute ganz überwiegend von Touristen besucht, abends oft polnische Folklore.

Bohema 25 , ul. Gołębia 2. Unter anderem polnische Küche, abends in den gemütlichen Kellerräumen häufig Konzerte verschiedener Musikrichtungen.

Milano 26 , Rynek Główny 42/ul. św. Jana 1. Direkt am Marktplatz im altehrwürdigen Bonerowski-Palast, der sein heutiges Äußeres im 19. Jahrhundert erhielt. Die Küche bietet Mediterranes und polnische Speisen in gehobenem Ambiente und führt eine gute Weinkarte. Gelegentlich bereichert Live-Musik am Klavier die Atmosphäre.

Cherubino 27 , ul. św. Tomasza 15. Hier kommen Freunde der italienischen Küche auf ihre Kosten, auch wenn die Inneneinrichtung des Restaurants zu-

Im Restaurant Jama Michalka an der ul. Floriańska

nächst auf altpolnische Speisen schließen lässt. Besonders romantisch ist es, wenn man sich zum gemütlichen Essen zu zweit in eine der beiden kleinen Kutschen begibt. **Wierzynek** 28, Rynek 15–17. Wer Wert darauf legt, in einem Restaurant zu essen, in dem bereits viele berühmte Persönlichkeiten gespeist haben, sollte das ›Wierzynek‹ aufsuchen. Stolz wird dort in der Speisekarte auf das Festmahl im Jahr 1364 hingewiesen, bei dem verschiedene europäische Herrscher in diesem Haus zusammenkamen. Dafür sind die Preise auch etwas fürstlicher.

Hawełka 29, Rynek 34. Historisches Ambiente, die Inneneinrichtung erinnert an Kaiser Franz Josephs Zeiten.

Miód Malina 30, ul. Grodzka 40. Stilvoll eingerichtet, polnische und italienische Küche, mehrfach preisgekrönt.

Chimera 31, ul. św. Anny 3. Salatbar und Restaurant, nicht nur für Studenten etwas Besonderes: In dem romantischen Kellergewölbe werden verschiedenste Salate an einer Theke angeboten. Wer einen großen Salat bestellt, darf sechs verschiedene Sorten wählen, ein kleiner Salat umfasst vier Sorten. Neben Salaten gibt es in dem Selbstbedienungsrestaurant der besseren Klasse auch einige warme Speisen. Im Sommer wird im schönen Innenhof des Gebäudes eine zusätzliche Salatbar mit Außensitzgelegenheiten aufgebaut. Stets frisches Essen

zu sehr günstigen Preisen; mitunter trubelig. Direkt neben der legendären Salatbar befindet sich der Eingang zum Restaurant Chimera, das im Kellergewölbe des Hauses liegt und Speisen in gehobenem Ambiente anbietet. Sehr gemütlich!

U Pani Stasi 32, ul. Mikołajska 16. Ist das Restaurant, das manch einer auch einfach nur als ›Piroggenschmiede‹ bezeichnet, ein übriggebliebenes Relikt aus der Zeit der Volksrepublik Polen? Wie auch immer, es genießt Kultstatus. Bei Frau Stasia werden in einem Innenhof zu äußerst günstigen Preisen hausgemachte Piroggen in verschiedenen Variationen angeboten. Man muss allerdings Abstriche beim Service machen und darf nicht böse sein, wenn wildfremde Menschen beim Essen Gesellschaft leisten und sich an den gleichen Tisch setzen, an dem man gerade Platz genommen hat.

Pizzeria Cyklop 33, ul Mikołajska 16. Direkt neben dem ›U Pani Stasi‹ gelegenes Pizza-Restaurant in gehobener Atmosphäre. Neben umfangreichem Pizza-Angebot auch ordentliche Weinkarte.

■ Stadtteil Kazimierz

Rund um den plac Nowy in Kazimierz hat sich eine starke Restaurant-Szene entwickelt. Empfehlungen:

Ariel 34, ul. Szeroka 18. Jüdische Speisen und ein besonderes, zum Stadtteil Kazimierz

Die Lokale haben sich auf Gäste aus aller Welt eingestellt

hervorragend passendes Ambiente, schöner Innenhof. Abwechslungsreiche Karte. Hauptsächlich von Touristen besucht.

Resto-Bar Nova 35, ul. Estery 18, www.novarestobar.pl. Interessantes Angebot an Burgern (auch vegetarisch) und anderen Speisen und Drinks.

Restaurant Warsztat (Werkstatt) 36, ul. Izaaka 3, www.restauracjawarsztat.pl. Italienischer und polnische Küche, gegenüber der Resto-Bar Nova.

◼ Kneipen, Bars, Cafés

Krakau weist ein sehr lebendiges Kneipenleben auf, besonders in der Altstadt. Abends, gerade an Wochenenden, füllen sich die Tische, Stühle und Theken in den jahrhundertealten Kellergewölben mit Jugendlichen und Junggebliebenen. Gelegentlich aber haben die Götter vor den Preis den Fleiß gesetzt, denn in manchen Kneipenkellern haben Durstige zunächst einige enge und steile Treppen hinabzusteigen und ein Labyrinth von kleinen, gemauerten Sälen zu überwinden, bevor sie das erste polnische

Bier bestellen dürfen. Viele Kellerkneipen bieten insbesondere im Sommer regelmäßig Livemusik an. Oft steht dann Jazz auf der Tagesordnung, aber auch Rock und Blues sind in Krakaus Bierkellern angesagt. Für den romantischen Abend zu zweit sind die Krakauer Gewölbe hingegen weniger geeignet. Die Tour durch die Kellerkneipen am und um den Marktplatz ist eher etwas für die Gruppe von Freunden und Bekannten. Wer es romantischer wünscht und sich nach einem Abend zu zweit sehnt, sollte eher die überirdisch gelegenen Kneipen, Restaurants und Cafés aufsuchen. In den vergangenen Jahren hat sich Kazimierz mehr und mehr zum Szeneviertel entwickelt, besonders um den Plac Nowy herum. Aus der sehr großen Anzahl der Lokale einige Tipps:

U Louisa 37, Rynek Główny 13. Seit Jahren ein führender Kneipenkeller am Marktplatz mit regelmäßigen Auftritten von Livebands; es wird Rockmusik gespielt.

Harris Piano Jazz Bar 38, Rynek Główny 28. Mehrmals wöchentlich treten in der beliebten Jazzkneipe am Marktplatz Jazzbands auf.

U Muniaka 39, ul. Floriańska 3. Eine weitere führende Jazzkneipe im Herzen der Stadt mit regelmäßigen Auftritten von Livebands.

Pod Baranami 40, Rynek Główny 27. Traditionsreicher Gewölbekeller mit regelmäßigem Kabarett- und Musikprogramm.

Singer 41, ul. Estery 20. Gemütliche Szenekneipe im jüdischen Viertel Kazimierz.

Pod Złotą Pipą 42, ul. Floriańska 30. Altes Kneipengewölbe.

Loch Camelot 43, ul. św. Tomasza 17. Kleine Kneipe mit gelegentlichem Kulturprogramm.

Free Pub 44, ul. Sławkowska 4. Einer der ersten Krakauer Pubs, unterirdisch gelegen und urig.

Pożegnanie z Afryką 45, ul. św. Tomasza 21. Gemütlich und mit zahlreichen verschiedenen Kaffeesorten im Angebot.

Bambus Café 46, Rynek Główny 27. Gemütliches Café direkt am Krakauer Marktplatz mit eher jüngerem Publikum.

Karte S. 132

Kama 47, ul. Szewska. Eisdiele mit Tradition. **Krakowska Manufaktura Czekolady** 48, ul. Szewska 7, www.chocolate.krakow.pl. Die Krakauer Schokoladenmanufaktur, mitten im Zentrum, ist ein echtes Highlight. Gemütliches Café mit eigener, öffentlich einsehbarer Schokoladenherstellung und ›Werksverkauf‹.

Museen, Galerien und Ausstellungen

Krakau als eines der kulturellen Zentren Polens kann sich einer hohen Dichte von Museen, Galerien und Ausstellungen rühmen. Gerade in der Innenstadt konzentrieren sich hochwertige Einrichtungen, deren Besichtigung bei einem mehrtägigen Aufenthalt in Krakau geradezu ein Muss darstellt. Die Museen, Galerien und Ausstellungen werden in diesem Kapitel nach ihren Trägern in die Rubriken Nationalmuseum, Wawel, Historisches Museum der Stadt Krakau sowie weitere Museen gegliedert. Für alle Einrichtungen des Nationalmuseums sowie des Historischen Museums der Stadt Krakau gilt die Krakauer Touristenkarte (s. Allgemeine Informationen).

■ Nationalmuseum

Zum Nationalmuseum (Muzeum Narodowe) in Krakau gehören verschiedene Einrichtungen im Stadtgebiet. Sie alle sind im Internet unter www.muzeum.krakow.pl zu finden. In den meisten Häusern des Nationalmuseums wird sonntags freier Eintritt auf die ständigen Ausstellungen gewährt. Ausnahmen sind nur die Galerie in den Tuchhallen und das Czartoryski-Museum; in diesen beiden Häusern gibt es keinen eintrittsfreien Tag. Freien Eintritt in allen Ausstellungen des Nationalmuseums genießen hingegen Inhaber der Krakauer Touristenkarte.

Hauptgebäude des Nationalmuseums, al. 3 Maja, 30-062, Tel. 2955500, Di–Sa 10–18, So 10–16 Uhr, Mo geschlossen. Im Hauptgebäude des Nationalmuseums wird in einer ständigen Ausstellung überwiegend polni-

sche Kunst aus dem 20. Jahrhundert gezeigt. Darüber hinaus gibt es immer wieder wechselnde Kunstausstellungen, die auch über die Grenzen Krakaus hinaus auf Interesse stoßen. Zudem zeigt eine ständige Ausstellung in dem Gebäude Waffen und Militärabzeichen der polnischen Geschichte. Behindertengerecht eingerichtet (→ S. 116).

Czartoryski-Museum (Muzeum Czartoryskich), ul. Św. Jana 19, 31-017, Tel. 3705460. Seit Jahren wird das Gebäude des Czartoryski-Museums in den Krakauer Altstadt restauriert. Damit ist die Ausstellung europäischer Kunst vom 13. bis zum 20. Jahrhundert, zu der auch die berühmte Bilder ›Dame mit Hermelinchen‹ von Leonardo da Vinci und ›Landschaft mit barmherzigem Samariter‹ von Rembrandt zählen, derzeit nicht an Ort und Stelle zu sehen. Eine Wiedereröffnung des Czartoryski-Museums soll noch im Jahr 2015 erfolgen. Bis dahin ist ein größerer Teil der Sammlung im Schloss Niepołomice (s. S. 164) zu sehen. Die ›Dame mit Hermelinchen‹ hingegen wird bis zur Wiedereröffnung vorübergehend auf dem Wawelschloss gezeigt. Weitere Informationen auch zur Wiedereröffnung sollten im Laufe der Zeit unter www. muzeum-czartoryskich.krakow.pl zu finden sein (→ S. 106).

In der Galerie der Tuchhallen

Jan-Matejko-Haus, ul. Floriańska 41, 31-019, Tel. 4335960, Di–Sa 10–18, So 10–16 Uhr, Mo geschlossen. Das Jan-Matejko-Haus ist ein biografisches Museum und informiert über das Schaffen des Krakauer Historienmalers und Rektors der Krakauer Akademie der Schönen Künste Jan Matejko, der von 1838 bis 1893 in Krakau lebte und an vielen Stellen der Stadt mit seinen Werken, die oft großflächig sind und patriotische Themen des geteilten Polens in den Mittelpunkt stellen, präsent ist. Im Jan-Matejko-Haus, dem Haus, in dem der Künstler wohnte, sind nicht nur seine Werke zu sehen, sondern es wird auch sein Leben veranschaulicht – als Ehemann, Vater, Student und Reisender. Denjenigen, die weiter an Jan Matejko interessiert sind, ist ein Besuch des kleinen Museums im Jan-Matejko-Hof in Nowa Huta zu empfehlen (→ S. 60).

Galerie Polnischer Kunst des 19. Jahrhunderts in den Tuchhallen (Galeria w Sukiennicach), Rynek Główny 1/3, Tel. 4335400, Di–Sa 10–20, So 10–18 Uhr, Mo geschlossen. Die Galerie Polnischer Kunst des 19. Jahrhunderts in den Tuchhallen zeigt überwiegend großflächige patriotische Historienmalereien. Der Krakauer Künstler Henryk Siemiradzki legte Ende des 19. Jahrhunderts mit einer Stiftung eines seiner Werke den Grundstein für die Galeriegründung. Neben Siemiradzki sind Werke von Jan Matejko und anderen patriotischen Malern des 19. Jahrhunderts zu sehen, der Zeit, als Preußen, Russland und Österreich Polen unter sich aufgeteilt hatten und das Land von der Karte verschwunden war. Das Museum ist vollständig renoviert und verfügt über einen hohen, modernen Standard. Es befindet sich direkt in den Tuchhallen am Marktplatz (→ S. 68).

Der Palast des Bischofs Erasmus Ciołek, ul. Kanonicza 17, 31-002, Tel. 4335920. Mo–Fr 10–16 Uhr, Sa/So geschlossen. Ein weiterer Teil des Nationalmuseums ist nach Erasmus Ciołek benannt, der im 16. Jahrhundert Bischof in Płock war. In dem Gebäude in der alten Kanonicza-Straße ganz in der Nähe des Wawel wird polnische Kunst vom 12. bis zum 18. Jahrhundert gezeigt. Besonders die gotischen Skulpturen und Gemälde beeindrucken. Zudem ist ein Raum dem Schaffen des Bildhauers Veit Stoß gewidmet, der den berühmten Hauptaltar in der Krakauer Marienkirche am Marktplatz schuf (→ S. S. 80).

Stanisław-Wyspiański-Museum, ul. Szczepańska 9, 31-011, Tel. 4335450, Di–Sa 10–18, So 10–16 Uhr, Mo geschlossen. Stanisław Wyspiański (1869–1907) war Schüler Jan Matejkos und ist einer der herausragenden Köpfe der künstlerischen Zeit des Jungen Polen. Bekannt ist er noch heute nicht zuletzt für seine Gestaltung von Kirchenfenstern. Zudem war Wyspiański Autor von Theaterstücken, ›Wesele‹ (Hochzeit) ist sein wohl bekanntestes. Das Stanisław-Wyspiański-Museum beschäftigt sich mit den Werken des Krakauer Künstlers und mit dem Leben des Kunstsammlers Feliks Manggha Jasieński (1861–1929) (→ S. 75).

Józef-Mehoffer-Haus (Dom Józefa Mehoffera), ul. Krupnicza 26, 31-123, Tel. 4335880, Di–So 10–16 Uhr, Mo geschlossen. Wegen der räumlichen Gegebenheiten kann das Haus nicht mehr als 25 Gäste gleichzeitig empfangen. Das Józef-Mehoffer-Haus ist ein dem Künstler Józef Mehoffer (1869–1949) gewidmetes biografisches Museum. Mehoffer war Schüler Jan Matejkos und einer der führenden Künstler in der Zeit des sogenannten Jungen Polens. Er erwarb 1932 das Haus, in dem sich heute das nach ihm benannte Museum befindet.

■ Wawel

Der **Wawel**, das polnische Nationalheiligtum mit dem Schloss und der Kathedrale auf einem Hügel direkt an der Weichsel, beherbergt verschiedene Ausstellungen. Der Wawel hat für die polnische Geschichte und für die polnische Identität einen sehr hohen Stellenwert. Ihm ist in diesem Reiseführer auch ein eigenes ausführliches Kapitel gewidmet. Daher wird an dieser Stelle auf eine Wiederholung der Beschreibung des Wawels verzichtet, so dass hier lediglich die Öffnungszeiten und Eintrittspreise zu den verschiedenen Ausstellungen auf dem Wawelhügel genannt werden. Im Internet ist der Wawel mit seinen zur Kirche gehörenden Einrichtungen unter www. katedra-wawelska.pl zu finden, die übrigen Ausstellungen mit Königschloss unter www. wawel.krakow.pl. Über das Wawel-Büro können Führungen telefonisch gebucht werden: Tel. 4221697 (→ S. 83ff.).

Wawelkathedrale mit Sigismundglocke, Krypta und Dommuseum, April–September Mo–Sa 9–17, So 12.30–17 Uhr, Oktober bis März Mo–Sa 9–16, So 12.30–16 Uhr, Tel. 4299516. Eintritt frei. Durch die Kathedrale gelangt man zur Sigismundglocke, und dorthin ist der Eintritt nicht frei. Kostenpflichtig ist auch der Besuch der Krypta sowie des Dommuseums. Eine Eintrittskarte gilt für alle drei Bereiche.

Königliche Gemächer, April bis Oktober Di–Fr 9.30–17, Sa/So 10–17 Uhr, Mo geschlossen; November bis März Di–Sa 9.30–16, So 10–16 Uhr, Mo geschlossen.

Königliche Privatappartements, April bis Oktober Di–Fr 9.30–17, Sa/So 10–17 Uhr, Mo geschlossen; November bis März Di–Sa 9.30–16 Uhr, So und Mo geschlossen.

Schatz- und Rüstkammer, April bis Oktober Mo 9.30–13, Di–Fr 9.30–17, Sa/So 10–17 Uhr; November bis März Di–Sa 9.30–16 Uhr, So und Mo geschlossen.

Kunst des Orients, April bis Oktober Di–Fr 9.30–17, Sa/So 10–17 Uhr, Mo geschlossen; November bis März Di–Sa 9.30–16 Uhr, So und Mo geschlossen.

Verschollener Wawel April bis Oktober Mo 9.30–13, Di–Fr 9.30–17, Sa/So 10–17 Uhr; Oktober bis März Di–Sa 9.30–16, So 10–16 Uhr, Mo geschlossen.

Drachenhöhle, April, September und Oktober tgl. 10–17 Uhr, Mai und Juni 10–18 Uhr, Juli/Aug. 10–19 Uhr, November bis März geschlossen.

■ Historisches Museum der Stadt Krakau

Das Historische Museum der Stadt Krakau (Muzeum Historyczne Miasta Krakowa) ist Träger verschiedener Einrichtungen im Stadtgebiet. Die meisten Ausstellungen in Kazimierz werden vom Historischen Museum der Stadt angeboten. Aber auch in der Krakauer Altstadt und in Nowa Huta ist das Historische Museum mit interessanten Einrichtungen vertreten. Alle im Historischen Museum der Stadt Krakau organisierten Museen haben montags freien Eintritt (mit Ausnahme des Museums Pomorska Straße, das den eintrittsfreien Tag am Dienstag hat). Freien Eintritt gewähren die Einrichtungen des Historischen Museums der Stadt Krakau auch bei Vorzeigen einer gültigen Krakauer Touristenkarte.

Infos: Tel. 4265060, www.mhk.pl.

Barbakan und Verteidigungsmauern, an der ul. Basztowa (Barbakan, Verteidigungsmauern grenzen unmittelbar an), 30-547, April bis Oktober tgl. 10.30–18 Uhr. Der imposante Rundbau aus dem Ende des 15. Jahrhunderts war Teil des Krakauer Verteidigungssystems und kann nicht nur von außen bestaunt, sondern auch von innen besichtigt werden (→ S. 57).

Podziemia Rynku, April bis Oktober Mo 10–20, Di 10–16 Uhr (jeden ersten Di im Monat geschlossen), Mi–So 10–22 Uhr; November bis März Mi–Mo 10–20, Di 10–16 Uhr (jeden ersten Di im Monat geschlossen). Das Unterirdische Museum unter dem Marktplatz ist eines der neuen Höhepunkte des Historischen Museums der Stadt Krakau. Unter dem Marktplatz wird das Krakauer Leben vergangener Jahrhunderte aufwendig rekonstruiert. In diesem Reiseführer ist dem Museum im Marktplatzteil ein eigenes Kapitel gewidmet (→ S. 68).

Museum im Rathausturm, Rynek Główny 1 (im Rathausturm auf dem Marktplatz), 31-001, Tel. 4264334, von April bis Oktober tgl. 10.30–18 Uhr. U.a. das Uhrwerk der

Rathausuhr, im Untergeschoss befinden sich ein kleines Theater und Café (→ S. 72).

Pałac Krzysztofory, Rynek 35, 31-011, Tel. 6192335, Mi–So 10–17.30 Uhr. Der Krzysztofory-Palast ist nicht nur ein äußerlich imposantes Gebäude, sondern beschäftigt sich im Inneren mit der Geschichte und der Kultur der Stadt Krakau. Empfehlenswert ist im Winter auch die Ausstellung der bunten und oft großen Krakauer Krippen, die jedes Jahr von neuem für einen Wettbewerb von engagierten Krippenbauern der Region geschaffen werden.

Alte Synagoge, ul. Szeroka 24, 31-053, Tel. 4220962, April bis Oktober Di–So 9–17, Mo 10–14 Uhr; November bis März Di, Mi, Do, Sa/So 9–16, Mo 10–14, Fr 10–17 Uhr. Die alte Synagoge (Stara Synagoga), im Stadtteil Kazimierz gelegen, ist der älteste noch erhaltene jüdische Sakralbau Polens und beherbergt heute ein Museum zur Geschichte und Kultur der Krakauer Juden (→ S. 95).

Adlerapotheke, plac Bohaterów Getta 18, 30-547, Tel. 6565625, Mo 10–14 Uhr, Di–So 9–17 Uhr, am zweiten Di im Monat geschlossen. Die Adlerapotheke (Apteka pod Orłem) zeigt eine Ausstellung zum Krakauer Ghetto während der Besetzung der Stadt durch Hitler-Deutschland (→ S. 104).

Schindlerfabrik, ul. Lipowa 4 (Podgórze), 30-702, Tel. 2571017, April bis Oktober Mo 10–16 Uhr (erster Mo im Monat 10–14 Uhr), Di–So 10–20 Uhr. November bis März Mo 10–14 Uhr, Di–So 10–18 Uhr. Die Schindlerfabrik ist eines der herausragenden Museen in Krakau und stellt die Geschichte und das Leben und Leiden der Stadt unter der nationalsozialistischen Besatzung dar (→ S. 101).

Ulica Pomorska, ul. Pomorska 2 (etwa 1,5 km nordwestlich der Altstadt), 30-039, Tel. 6331414, April bis Oktober Di–So 10–17.30, Mo geschlossen; November bis März Di/Mi u. Fr 9–16, Do 12–19, Sa/So 10–17 Uhr, Mo geschlossen. Das neue Museum Ulica Pomorska (Pomorska-Straße), das im Gebäude des Hauptsitzes der Gestapo im Zweiten Weltkrieg eingerichtet wurde, dokumentiert die Verbrechen der Nazi- sowie der Stalinistischen Diktatur in Krakau. So sind unter anderem Gefängniszellen mit Mauerinschriften der Inhaftierten zu sehen. Installationen, Fotos und umfangreiches Archivmaterial tragen zur Qualität des Museums bei.

Museum Dzieje Nowej Huty, os. Słoneczne 16, 31-958. Nicht weit vom pl. Centralny und nur wenige Schritte von der al. Róż entfernt, April bis Oktober Di–So 9.30 Uhr–17, Mo geschlossen; November bis März Di u. Do–Sa 9–16 Uhr, jeden 2. So im Monat 9–16 Uhr, Mi 10–17 Uhr, Mo geschlossen. Das Museum beleuchtet in wechselnden Ausstellungen die Geschichte dieses Krakauer Stadtteils. Eine ständige Ausstellung ist nicht vorhanden.

■ Weitere Museen

Neben den drei großen Museen mit ihren unterschiedlichen Einrichtungen gibt es auch kleinere und dabei ebenso sehenswerte Einzelmuseen.

Collegium Maius, ul. Jagiellońska 15, 31-010, Tel. 4220549, www.maius.uj.edu.pl, Mo, Mi, Do, Fr 10–14.20, Di 10–15.20, Sa 10–14.40 Uhr, So geschlossen. Eine Besichtigung ist nur mit Museumsführer möglich. Das Museum lässt Besucher in den historischen Universitätssaal blicken und zeigt Gegenstände aus der Geschichte der Jagiellonen-Universität (→ S. 73).

Pałac Sztuki (Kunstpalast), pl. Szczepański 4, 31-011, Tel. 4226616, www.palac-sztuki.krakow.pl, Mo–Fr 8.15–18, Sa/So 10–18 Uhr. Im Kunstpalast wird in wechselnden Ausstellungen moderne und zeitgenössische Kunst gezeigt (→ S. 75).

Kunstbunker, pl. Szczepański 3a, 31-011, Tel. 4224021, www.bunkier.art.pl, Di–So 12–20 Uhr, Mo geschlossen. In direkter Nachbarschaft zum Kunstpalast. Schwerpunkt ist die Moderne Kunst, wechselnde Ausstellungen (Installationen, Grafiken, Bilder, Skulpturen) (→ S. 75).

Museum der Gegenwartskunst, ul. Lipowa 4 (Podgórze), 30-702, Tel. 2634000, www.mocak.com.pl, Di–So 11–19 Uhr, Mo geschlossen. Das Museum der Gegenwartskunst ist das neueste Krakauer Kunstmuseum und befindet sich direkt neben der Schindlerfabrik (→ S. 105).

Galerie Andrzej Mleczko, ul. Św. Jana 14, 31-018, Tel. 4217104, www.mleczko.pl. Kleine Galerie des Krakauer Karikaturisten Andrzej Mleczko, der 1949 geboren wurde und seit über 40 Jahren mit seinen spitzzüngigen Karikaturen auf sich aufmerksam macht. Regelmäßig werden Mleczkos Karikaturen in der polnischen Wochenzeitung ›Polityka‹ veröffentlicht. Drucke der Zeichnungen auf Papier, T-Shirts und anderen Grundlagen bzw. Gegenständen können vor Ort erworben werden.

Archäologisches Museum, ul. Senacka 3, Tel. 4227560, www.ma.krakow.pl, September bis Juni Mo–Mi 9–14, Do 14–18, Fr u. So 10–14 Uhr, Sa geschlossen; Juli und August Mo, Mi u. Fr 9–14, Di u. Do 14–18, So 10–14 Uhr, Sa geschlossen. Das Archäologische Museum in Krakau ist das älteste seiner Art in Polen und wurde im Jahr 1850 gegründet.

Museum der Erzdiözese, ul. Kanonicza 19–21, 31-002, Tel. 4218963, www.muzeumkra.diecezja.pl, Di–Fr 10–16, Sa/So 10–15 Uhr. Das Museum der Erzdiözese zeigt Sakralkunst aus 800 Jahren und ein Zimmer Karol Wojtyłas aus dessen Studienzeit (→ S. 80).

Pharmazie-Museum, ul. Floriańska 25, 31-019, Tel. 4219279, www.muzeumfarmacji.pl, Mo 15–19 Uhr, Di–Do 11–14 Uhr, Sa 11–14 Uhr, Fr und So geschlossen. Im Pharmazie-Museum sind Apothekenausstattungen vergangener Jahrhunderte zu sehen (→ S. 60).

Jan-Matejko-Hof, ul. Wańkowicza 25, 31-752, Tel. 6445674, Mo–Fr 10–14 Uhr, außerhalb dieser Zeiten ist eine Besichtigung nach vorheriger telefonischer Absprache möglich. Der Jan-Matejko-Hof (Dworek Jana Matejki) ist nicht mit dem Matejko-Haus in der Krakauer Altstadt zu verwechseln. Vielmehr handelt es sich beim Jan-Matejko-Hof um ein kleines Museum in Nowa Huta, in

Im Museum für Gegenwartskunst

dem einige Skizzen und persönliche Gegenstände des Krakauer Historienmalers Matejko zu sehen sind (→ S. 115).

Remuh-Synagoge, ul. Szeroka 40 (Kazimierz), www.krakow.jewish.org.pl, So–Fr 9–18 Uhr, Sa und an jüdischen Feiertagen für Touristen geschlossen. Die Synagoge mit ihrem anliegenden alten Friedhof dient auch heute noch als jüdisches Gotteshaus, ist aber auch Besuchern zugänglich. Sie wird derzeit aufwendig renoviert und ist daher vorübergehend nicht zugänglich. (→ S. 97).

Muzeum Galicja, ul. Dajwór 18 (Kazimierz), 31-052, Tel. 4216842, www.galiciajewish museum.org, tgl. 10–18 Uhr. In einer alten Fabrik, kaum mehr als 100 Meter von der Alten Synagoge entfernt, befindet sich das Muzeum Galicja. Dort ist die Hauptausstellung ›Spuren der Erinnerung‹ zu sehen. Auf 150 großformatigen Fotografien wird die einst reiche jüdische Kultur Galiziens gezeigt. Wechselnde Ausstellungen, ein Café und ein Seminarraum für bis zu 60 Personen runden das Angebot ab (→ S. 96).

Ethnographisches Museum, pl. Wolnica 1 (Kazimierz), 31-066, Tel. 4305575, www. etnomuzeum.eu, Di, Mi, Fr, Sa 11–19, Do 11–21, So 11–15 Uhr, Mo geschlossen. Das Ethnografische Museum liegt im christlichen Teil von Kazimierz und zeigt eine volkskundliche Ausstellung (→ S. 100).

Theater, Musik, Kino

Ein Schwerpunkt des Krakauer Kulturangebots sind die Theater im Stadtgebiet sowie die Philharmonie und die Oper. Für diejenigen, die entweder Theaterprofi sind oder aber die Schwierigkeiten mit der polnischen Sprache überwunden haben, sind die zahlreichen Krakauer Theater ein Genuss.

Staatliche Philharmonie Karol Szymanowski, ul. Zwierzyniecka 1, 31-103, Tel. 6198721, www.filharmonia.krakow.pl. Im Jahr 1909 entstand in Krakau das erste Symphonieorchester. Heute ist die Philharmonie die führende Einrichtung klassischer Musik in Krakau.

Oper, ul. Lubicz 48, 31-512, Tel. 296-61-00, www.opera.krakow.pl. Krakaus Oper bietet musikalische Genüsse von ›Carmen‹ über ›Don Giovanni‹ bis zum ›Zigeunerbaron‹.

Juliusz-Slowacki-Theater, pl. św. Ducha 1, 31-023, Tel. 4244525, www.slowacki.kra kow.pl. Das Juliusz-Slowacki-Theater (Teatr im. Juliusza Słowackiego) ist das vielleicht bemerkenswerteste Theatergebäude in Krakau. Es wurde im Stil des Eklektizismus gebaut und im Jahr 1893 eröffnet.

Altes Theater, pl. Szczepański (Ecke ul. Jagiellońska), Theaterkasse: ul. Jagiellońska 1, 31-011, Tel. 4229080, die Kasse der Kammerbühne im Gebäude dieses Bühnenstandorts: ul. Starowiślna 21, 30-001, Tel. 4284700. Weitere Infos: www.stary.pl. Bis ins 18. Jahrhundert reicht die Geschichte des Alten Theaters (Teatr Stary) zurück. Im Jahr 1781 als Krakauer Theater gegründet, zog es bereits 18 Jahre später in das Gebäude, in dem es sich mit seiner großen Bühne noch heute befindet. Noch heute besinnt es sich auf diese lange Tradition, auch mit seinem Programm. Neben der Großen Bühne verfügt das Alte Theater über die Neue Bühne und über die Kammerbühne.

Teatr Bagatela, ul. Karmelicka 6, 31-128, Tel. 4245200, www.teatr.pl. Weniger auf Traditionelles und klassische Stücke, sondern mehr auf gute Unterhaltung setzt das Teatr Bagatela.

Volkstheater (Teatr Ludowy), Bühnen: unter dem Rathausturm am Marktplatz, Rynek Główny 1, sowie Große Bühne (os. Teatralne 34) und Bühne ›Trendtischlerei‹ (os. Teatralne 23) in Nowa Huta. Gemeinsame Ticketauskunft und -bestellung unter Tel. 6802112, www.ludowy.pl.

Teatr Groteska, ul. Skarbowa 2, 31-121, Tel. 6334822, www.groteska.pl. Das Groteska-Theater ist ein bereits im Jahr 1945 gegründetes Puppen- und Maskentheater. Neben begeisternden Vorstellungen für Kinder werden auch abendliche Puppentheatervorstellungen für Erwachsene geboten.

Karte: vordere Umschlagklappe ▲

Theater Stu, ul. Krasińskiego 16–18, 30-101, www.scenastu.pl, Theaterkasse: Tel. 4222744. Das Theater Stu (Teatr Stu) unterscheidet sich von allen anderen Bühnen der Stadt, weil es eher experimentell und alternativ orientiert ist.

Goethe-Institut Krakau, Rynek Główny 20, 31-008, Tel. 4225829, Bibliothek Mo u. Mi 11–16, Di u. Fr 12–18 Uhr. Das Goethe-Institut ist in Krakau seit Jahren an sehr prominenter Stelle vertreten und schlägt immer wieder Brücken zur deutschen Sprache und zur deutschsprachigen Kultur. Neben einer guten Bibliothek lädt das Goetheinstitut auch regelmäßig zu Veranstaltungen ein.

Japanisches Zentrum Manggha, direkt an der Weichsel gegenüber dem Wawel, Tel. 2672703, ul. Konopickiej 26, www.manggha.pl, Di–So 10–18 Uhr. Das mit einem wellenförmigen Dach versehene Gebäude fällt ins Auge. Das im Jahr 1995 eröffnete und vom Architekten Arata Isozaki projektierte Gebäude schlägt eine Brücke zwischen Polen und Japan und geht auf eine Initiative des polnischen Filmregisseurs Andrzej Wajda zurück. Neben wechselnden Ausstellungen sind dauerhaft unter anderem japanische Porzellankunst und Malereien zu sehen. Jeden letzten Sonntag im Monat werden um 11 Uhr japanische Kindergeschichten auf Polnisch vorgelesen. Ebenso gehören schöpferische Aktivitäten wie Kunstwerkstätten regelmäßig zum Programm des Manggha.

■ Diskotheken und Musikclubs

Nachtschwärmer müssen in Krakau nicht auf ihr Vergnügen verzichten. Zahlreiche Diskotheken und Musikclubs versüßen auch jüngeren Krakau-Besuchern den Aufenthalt. Dabei befinden sich die Diskotheken nicht etwa ausschließlich in großen Hallen außerhalb des Stadtzentrums, einige liegen sehr zentral in der Innenstadt.

Frantic Club, ul. Szewska 5, www.frantic.pl. Der Frantic Club ist eine der führenden Diskotheken in Krakau. Diskjockeys aus ganz Polen und auch aus dem Ausland legen in dem Kellergewölbe in der Altstadt regelmäßig auf. Etikette ist im Frantic Club besonders wichtig, vor dem Einlass in die Diskothek wird eine Auswahl der Besucher vorgenommen. Der Zutritt ist erst ab dem vollendeten 21. Lebensjahr möglich. In den Zugangsregeln des Frantic Club heißt es zwar einerseits, dass der Eintritt grundsätzlich eine Mitgliedskarte voraussetzt. Im Nachsatz wird aber darauf hingewiesen, dass davon auch Ausnahmen gemacht werden.

Loca musicclub, ul. Krakowska 19, www.locaclub.pl. Eine Mischung aus Diskothek, Kneipe und Klub, die keine Musikrichtung ausschließt. Verschiedene Tanzsäle, davon einer mit großem Spiegel. Sogar ein Rauchersaal ist vorhanden.

Cień Klub, ul. Św. Jana 15, www.cienklub.com. Cień ist das polnische Wort für Schatten. Auf zwei Tanzflächen und an drei Bars lässt sich das Nachtleben genießen. Einlass ist ab 21 Jahren.

Alchemia, ul. Estery 5, www.alchemia.com.pl. Das Alchemia in Kazimierz mit seiner Mischung aus Disko- und Konzertveranstaltungen genießt in Krakau Kultstatus. In den urigen, dunklen Räumen des Alchemia kann neben House und Afrobeat auch ein Streichquartett den Abend füllen und den Grundstein für eine lange Nacht legen.

■ Kinos

Ausländische Filme werden in der Regel in ihrer Originalsprache mit polnischen Untertiteln gezeigt.

In der Innenstadt befinden sich einige kleinere Filmtheater wie das **Kino Apollo** (ul. św. Tomasza) oder das **Kino Ars** (ul. św. Jana 6). Größere Kinokomplexe befinden sich etwas außerhalb der Innenstadt in den großen Einkaufszentren, z.B. in der **Galeria Kazimierz**, ul. Podgórska 34, 31-536, www.galeriakazimierz.pl, und im **Bonarka City Center**, ul. Kamieńskiego 11, 30-644, www.bonarkacitycenter.pl.

Einkaufen

Krakauer Fotos noch aus den späten 1980er Jahren zeigen eine ganz andere Stadt als heute: An den Gebäuden ist keine Reklame zu sehen. Heute findet man etwa an der ul. Floriańska kein Gebäude ohne Reklametafel, Restaurantschild oder Tafel mit Wechselkursen. Weil in Krakau ein deutlich größeres Warenangebot als in den umliegenden Kreisstädten vorzufinden ist, kommen aus ganz Kleinpolen die Menschen hierher. Für Erstbesucher dürften die exklusiveren Geschäfte am Rynek, in der ul. Floriańska und in den umliegenden Straßen die erste Anlaufstelle sein. Von Kleidung über Schuhe bis hin zu Schmuck, Parfum und Porzellan ist hier noch immer vieles zu finden, was das Shopping-Herz begehrt. In den letzten Jahren sind indessen immer mehr große Einkaufszentren entstanden, nicht nur am Stadtrand, sondern auch sehr zentral am Bahnhof und in Kazimierz, also zwischen Altstadt und Weichsel. Diese großen Einkaufskomplexe nehmen den Geschäften in der Altstadt potentielle Kunden, entlasten die ohnehin sehr stark von Besuchern gefüllte Altstadt aber auch von zusätzlichen Menschenmassen. Zu beobachten ist deshalb einerseits seit einigen Jahren eine Veränderung in der Gewerbestruktur der Altstadt hin zu mehr touristischen und gastronomischen Angeboten mit weniger Einzelhandel und andererseits eine Verlagerung des Einzelhandels in Bereiche außerhalb der Altstadt.

Einkaufszentren

Die beiden größten dieser Einkaufszentren: **Galeria Krakowska**, ul. Pawia 5 (direkt am Hauptbahnhof), 31-154, www.galeriakrakowska.pl. 270 Geschäfte und großzügiges Parkplatzangebot.
Bonarka City Center, ul. Kamieńskiego 11 (am Stadtrand Richtung Wieliczka), 30-644, www.bonarkacitycenter.pl.
Kleiner ist als die beiden zuvor genannten: **Galeria Kazimierz**, ul. Podgórska 34 (Kazimierz), 31-536, www.galeriakazimierz.pl.

■ Märkte

Wer Marktatmosphäre liebt, sollte sich zuallererst den Kleparz ansehen, nicht weit von Hauptbahnhof und Marktplatz entfernt. Auf diesen traditionellen Marktplatz kamen früher die Bauern aus dem Umland, um ihr Gemüse zu verkaufen. Heute ist es ›in‹, mit einem Einkaufskorb frische Lebensmittel an den Kleparz-Buden zu ergattern oder ein günstiges Kleidungsstück zu erwerben. Typische Märkte mit frischem Obst und Gemüse und allerlei anderen Waren gibt es in Krakau an folgenden Orten:
Plac Nowy (Kazimierz);
Rynek Kleparski, zwischen ul. Długa und plac Metejki;
Nowy Kleparz, ul. Długa (Ecke al. Słowackiego);
Hala Targowa, ul. Grzegórzecka.

■ Handwerkliches und Antiquitäten

Ein ›Muss‹ für Souvenirjäger sind die **Tuchhallen** auf dem Marktplatz in der Altstadt. Von Bernstein und Porzellan über Kleidung und Fahnen bis hin zu Holzfiguren und Schachspielen ist dort einiges für Touristen in den Auslagen der Buden zu finden.

Auf dem Markt

Auch Antiquitätenfreunde müssen nicht vergebens anreisen: In der ul. Sławkowska 9 und in der ul. Gołębia 3 finden sie alte Karten, Bücher und andere Gegenstände, um nur einige wenige der Krakauer Antiquariate zu nennen.

Feste und Veranstaltungen

Zahlreiche Krakauer Feste und Veranstaltungen bereichern die Stadt seit Jahren regelmäßig und locken immer wieder Besucher von weit her.

Gerade im Bereich des Marktplatzes, aber auch an vielen anderen Orten im Stadtgebiet, finden das ganze Jahr über verschiedene Feste statt. Zu den wichtigsten dieser alljährlich wiederkehrenden Veranstaltungen gehören:

■ Januar

Wielka Orkiestra Świątecznej Pomocy (›Großes Orchester der Feiertagshilfe‹): An diesem vor Jahren von Jerzy Owsiak ins Leben gerufenen Tag sammeln landesweit Künstler mit Straßenkonzerten Geld für einen guten Zweck. Krakau ist dabei regelmäßig eines der polnischen Zentren dieser Mischung aus Fest und Spendenaktion. Die Veranstaltungen finden landesweit jeweils am ersten Sonntag nach Neujahr statt.

■ Februar

Shanties-Festival: Internationales Festival der Shanty-Lieder; www.shanties.pl.

Film-Classic: Festival des klassischen Films, das im Kulturzentrum ›Rotunda‹ in der ul. Oleandry 1 stattfindet; detaillierte Infos unter www.rotunda.pl.

■ März

Festival der Alternativen Theater (›Festiwal Teatrów Alternatywnych – Krakowskie Reminiscencje Teatralne‹).

Bachtage in der Aula der Musikakademie Krakau, ul. Basztowa 8.

■ Ostermontag

Emaus: rauschendes Kirchweihfest. Am Norbertinenkloster im Stadtteil Salwator/Zwierzyniec findet eine Kirmes statt.

■ Dienstag nach Ostern

Rękawka: mittelalterliches Volksfest am Krak Hügel im Ortsteil Podgórze.

■ April

Internationales Festival der Jungen und Alten: Jazz an der Krakauer Schule für Jazz und Unterhaltungsmusik, ul. Grochowa 22, www.jazz.krakow.pl.

■ Mai

Juwenalia: Studentenfestival. Drei Tage lang haben die Studierenden in der Stadt das Sagen. Symbolisch wird ihnen vom Krakauer Stadtpräsidenten der Rathausschlüssel übergeben. In originellen Verkleidungen ziehen sie durch die Altstadt, Musikaufführungen finden auf dem Marktplatz und an anderen Orten der Stadt statt, www.juwenalia.krakow.pl.

Krakauer Internationales Filmfestival und **Gesamtpolnisches Festival der Dokumentar- und Kurzfilme**: Die alljährlichen Preisträger werden unter anderem mit dem Goldenen Waweldrachen ausgezeichnet. Veranstaltungsort sind die Kinos ›Kijów‹ an der ul. Krasińskiego 34 und ›Mikra‹ an der ul. Lea 5, www.kff.com.pl (auch in englischer Sprache).

Fest des Waweldrachen, organisiert vom Kindertheater Groteska auf dem Marktplatz, am Wawel und auf den Błonia-Wiesen, www.groteska.pl.

■ Juni

Schützenfest (›Wybory Króla Kurkowego‹): Der sehr traditionsreiche Krakauer Schützenverein feiert die Amtseinführung seines neuen Königs.

Lajkonik: Nach Fronleichnam spaziert ein Lajkonik, ein auf einem Pferd reitender Tatare, durch die Stadt. Der Umzug beginnt stets im Stadtteil Zwierzyniec und führt von dort zum Marktplatz. Dort erhält der Reiter vom Präsidenten der Stadt Krakau Wein eingeschenkt und hält einen Toast auf die Stadt und ihre Einwohner. Das traditionsreiche Kostüm des Lajkonik wurde vom Krakauer Künstler Stanisław Wyspiański kreiert.

Wianki (›Kranzfest‹): In der Johannisnacht werfen junge Frauen Blumenkränze in die Weichsel. Die Tradition stammt noch aus heidnischer Zeit. Das Fest wird von Feuerwerk und Lasershow an der Weichsel begleitet, www.wianki.krakow.pl.

■ Juni

Krakauer Stadtfest in der Innenstadt, vor allem am Rynek.

Internationales Festival der Militärorchester: Am Marktplatz, im Stadion des Fußballvereins WKS Wawel an der ul. Bronowicka 5 und an anderen Orten der Stadt spielen Militärkapellen.

■ Juni/Juli

Festival der jüdischen Kultur: Im jüdischen Stadtteil Kazimierz werden verschiedene Konzerte, Theater- und Filmvorführungen organisiert; www.jewishfestival.pl.

■ Juli

Sommerjazzfestival: Jazz aus aller Welt in der ›Piwnica Pod Baranami‹, der berühmten Kneipe am Rynek 27, und in der Philharmonie.

Internationales Festival des Straßentheaters: In die fröhlichen und bunten Straßentheatervorstellungen am Marktplatz werden nicht selten zufällig vorbeikommende Passanten mit einbezogen.

■ August

Festival Muzyka w Starym Krakowie (Musik im Alten Krakau): In allen Stadtteilen Krakaus spielen internationale Künstler in Kirchen, Klöstern und alten Höfen Musik vom Mittelalter bis zur Gegenwart, www.mwsk.pl.

■ September

Sacrum Profanum: Musik des 20. Jahrhunderts ertönt im Rahmen eines reichhaltigen Programms an verschiedenen Orten der Stadt, www.sacrumprofanum.com.

■ Oktober

Orgelmusiktage: In der Krakauer Philharmonie sowie in verschiedenen Kirchen der Stadt finden Orgelkonzerte statt; www.filharmonia.krakow.pl.

Krakauer Buchmesse, www.targi.krakow.pl.

Krakowskie Zaduszki Jazzowe (Krakauer Jazz-Gedenktage): Am ältesten Jazzfestival Osteuropas nehmen neben vielen polnischen Jazzgrößen auch regelmäßig internationale Stars teil. Veranstaltungsorte sind die Krakauer Jazzkneipen.

■ November

Audio Art Festival: An verschiedenen Orten der Stadt wie dem Bunkier Sztuki oder dem Goethe Institut gibt es verschiedene Veranstaltungen mit experimenteller Musik in einer Verbindung aus Geräuschen und visueller Kunst, www.audio.art.pl.

■ Dezember

Wettbewerb um die schönste Krakauer Krippe: In Krakau und ganz Kleinpolen besteht eine lange und besondere Krippentradition. Die sehenswerten, sehr bunten und zum Teil recht großen Krippen werden bewertet und im Historischen Museum der Stadt Krakau am Marktplatz ausgestellt, www.mhk.pl.

Weihnachtsmarkt am Rynek: Original Krakauer Wurst, Galizischer Glühwein (›Grzaniec Galicyjski‹) und allerhand Weihnachtsartikel auf dem Marktplatz.

■ Silvester

Das alte Jahr verabschieden, das neue begrüßen – in Krakau macht man das besonders ausgelassen. Große Silvesterfeiern auf dem Krakauer Marktplatz haben eine lange

Tradition. Stars und Sternchen der polnischen Rock-, Pop- und Showszene treten auf dem Rynek auf und heizen bei noch so kalten Temperaturen kräftig ein. Das Ganze ist kostenlos zugänglich. Nach einer durch die Stadtfinanzen begründeten ›Erholungspause‹ fanden in den letzten Jahren wieder riesige Sylvesterfeiern mit zehntausenden Besuchern auf dem Krakauer Hauptmarkt statt. Ein sehenswertes Feuerwerk gehörte natürlich auch dazu. Wer es ruhiger mag: Nahezu alle Restaurants in der Innenstadt bieten eigene Sylvestermenüs an.

Aktivitäten
■ Zoologischer Garten
Ul. Kasy Oszczędności Miasta Krakowa 14, 30-232 Kraków, Tel. 4253551, www.zoo-krakow.pl. Der im Wolski-Wald gelegene Zoo wurde in den letzten Jahren erweitert und ist heute nicht nur für Kinder ein interessanter Ort. Er ist über den Linienbus 134 an das öffentliche Verkehrsnetz angebunden. Parkplätze sind natürlich vorhanden. Die Öffnungszeiten sind stark von der Jahreszeit abhängig. Geöffnet wird täglich um 9 Uhr, geschlossen gegen Einbruch der Dämmerung.

■ Baden im Park Wodny
An der ul. Dobrego Pasterza 126 befindet sich mit dem **Park Wodny** (Wasserpark) ein großes Freizeitbad. An der großzügigen Badelandschaft mit verschiedenen Spaßeinrichtungen wie unter anderem einer riesigen Rutsche, Kletterwänden und einem Kleinkindbecken finden Kinder mit ihren Eltern Gefallen. Ein Fitnessbereich, ein Restaurant und Konferenzräume sind ebenso im Angebot. Auch ein kleiner Saunabereich gehört zum Gebäudekomplex. Allerdings ist die Saunakultur in Polen anders als in vielen Ländern Europas. So ist es im Krakauer Park Wodny üblich, die Saunakabinen in Schwimmbekleidung und ohne Handtuchunterlagen zu besuchen. Auch kann der erhoffte Gesundheits- und Wohlfühleffekt wohl kaum eintreten, wenn die Mehrzahl der Besucher gerade einmal bis zu drei Minuten für einen Saunagang aufbringt. So ist der Park Wodny besonders wegen des Spaßbadbereichs zu empfehlen. Park Wodny, tgl. 8–22 Uhr, Tageskarte wochentags 51 zł (ermäßigt 35 zł), am Wochenende 57 zł (ermäßigt 40 zł). Eintrittskarten mit einer Gültigkeitsdauer von einer oder zwei Stunden sind günstiger zu bekommen, Kinder bis zum Alter von drei Jahren haben freien Eintritt. Mit öffentlichen Verkehrsmitteln ist der Park Wodny gut über die Buslinien 125, 128, 129, 132, 138, 139, 142, 148, 152, 169 und 182 zu erreichen.
Ausführliche Infos: www.parkwodny.pl.

■ Botanischer Garten
Östlich der Krakauer Altstadt, an der Kopernikus-Straße 27, befindet sich der Botanische Garten, der schon im Jahr 1783 angelegt wurde und damit der älteste seiner Art in Polen ist. Er ist knapp zehn Hektar groß und eine der vielen Einrichtungen der Krakauer Jagiellonen-Universität. Von Orchideen über Palmen bis hin zu fleischfressenden Pflanzen: Der Botanische Garten bietet ein breites Spektrum der Pflanzenwelt. Mitte April bis Mitte September tgl. 9–19 Uhr, Mitte September bis Ende Oktober 9–17 Uhr; Gewächshäuser tgl. 10–18 Uhr (allerdings freitags geschlossen); www.ogrod.uj.edu.pl.

■ Stadtstrand
Eine neue Attraktion in Krakau ist der Weichselstrand. Er befindet sich in der ul. Ludwinowska auf der dem Wawel gegenüber liegenden Seite des Flusses. Im eigens für die Anlage am Ufer aufgeschütteten feinen Sand stehen Liegestühle. Möglichkeiten zum Strandsport wie Beachvolleyball oder Fußball sind ebenso gegeben wie ein Kinderspielplatz und ein schwimmender Swimming Pool auf der Weichsel. Das Baden in der Weichsel selbst ist weder zu empfehlen noch erlaubt.

■ Sport

Denjenigen, die sich weder am neuen Stadtstrand noch im Park Wodny sportlich betätigen wollen, kommt vielleicht die beliebte Joggingstrecke um die Błonia-Wiesen und im in unmittelbarer Nachbarschaft gelegenen Jordan-Park sehr gelegen. Im Jordan-Park gibt es auch die Möglichkeit zum Fußball- oder Basketballspielen sowie zum Skateboard- und auch Tretbootfahren.

Es gibt zahlreiche kleinere Fitnessstudios in den besseren Hotels und daneben auch zahlreiche größere Studios (im Polnischen Siłownia genannt) wie z.B. das **Energica** an der ul. Słowackiego 64, 30-004, Tel. 6336343, www.energica.pl (neben Geräten auch Aerobic und Aqua-Sportmöglichkeiten). Eine weitere Fitnesseinrichtung ist das **Energym** in der ul. Wrocławska 28, 30-019, Tel. 6341103, www.energym.com.pl, mit umfangreichen Trainingsmöglichkeiten auf insgesamt 700 Quadratmetern.

Mit Kindern in Krakau

Zweifellos stellen der Zoo und auch der Park Wodny (s. o.) große Attraktionen für Kinder dar. Doch Krakau hat noch mehr für die Kleinen zu bieten. Gerade in der jüngsten Vergangenheit wurde bei Neuerungen großer Wert auf Kinderfreundlichkeit gelegt. So gibt es im **Unterirdischen Museum** unter dem Marktplatz neben den vielen eher für Erwachsene konzipierten Ausstellungsteilen auch einen eigens für Kinder errichteten Raum. Mittelalterliches Spielzeug und die in polnischer Sprache erzählte und auch visuell dargestellte Legende vom Waweldrachen sind in dem ›Kinderzimmer‹ ebenso vorhanden wie Touchscreens, auf denen Kinder virtuelle Figuren in mittelalterliche Kleidung verpacken können. Gerade für Kinder sind auch der feuerspuckende **Drache** am Fuße des Wawel und die vom Burgberg aus dorthin führende Drachenhöhle etwas Besonderes, wenn die Kinder zuvor die Legende vom Waweldrachen kennengelernt haben.

Ebenso auf Interesse bei Kindern stoßen die kleinen Spielparadiese, die in den großen **Einkaufszentren** ›Galeria Krakowska‹, ›Galeria Kazimierz‹ und ›Galeria Bonarka‹ vorhanden sind. Rutschen, Toben, Werfen – hier ist unter Aufsicht des beschäftigten Personals vieles möglich, während die Eltern in Ruhe einkaufen gehen. In der ›Galeria Krakowska‹ am Hauptbahnhof hat zudem der polnische Schokoladenhersteller Wedel einen Kleinkindspielplatz in sein Café integriert, so dass Eltern entspannt einen Kaffee oder eine der vielen Varianten einer heißen Schokolade genießen können, während die Kleinen beim Spielen auf ihre Kosten kommen. Die drei großen Einkaufszentren sind auch bestens mit Wickeltischen und natürlich auch mit Geschäften mit Spielzeug und Kinderkleidung ausgestattet.

Ein Spielparadies befindet sich zwischen dem Krakauer Zentrum und Nowa Huta in der ul. Nieduża 4. Von 9 bis 21 Uhr können sich Kinder im Alter von bis zu zwölf Jahren dort im **Anikino** unter Begleitung ihrer Eltern austoben (www.anikino.pl).

In Richtung Nowa Huta, an der Aleja Pokoju 68, befindet sich seit dem Jahr 2007 mit dem **Ogród Doświadczeń** (Experimentegarten) eine weitere Attraktion für Kinder. Auf einer Außenfläche von 6 Hektar sind über 50 Experimentiergeräte unter anderem aus den Bereichen Hören, Sehen und Fühlen aufgestellt. Der Erlebnispark schlägt somit die Brücke zwischen Spielplatz und wissenschaftlichen Versuchen für Kinder. So kann beispielsweise an einem akustischen Rohr erfahren werden, wie sich Schallwellen verhalten, wenn sie sich nicht in alle Richtungen eines freien Raums ausbreiten. Auch das Funktionieren einer Sonnenuhr wird veranschaulicht. Eine Newton-Wiege, ein Periskop und vieles mehr gehören ebenso zum Repertoire des Experimentiergartens. Mitte April bis Oktober Mo–Fr ab 8.30, Sa/So ab 10 Uhr. Die Schließzeiten variieren je nach Länge der Tage: im Herbst Mo–Fr bis 15.30 Uhr, Sa/So bis 17 Uhr; von April bis September hingegen länger, im Sommer an Wochenenden sogar bis 20 Uhr. Eintritt zwei Euro, ermäßigt ein Euro (www.ogrod-doswiadczen.pl). Mit öffentlichen Verkehrsmitteln ist der Ogród Doświadczeń mit den Straßenbahnen 1, 14 und 22 zu erreichen. Im wahrsten Sinne des Wortes ein Bonbon für Kinder ist die Miniaturversion einer **Bonbonfabrik** in der ul. Grodzka 38. Stündlich wird in dem kleinen Lokal ›Ciuciu‹, das damit wirbt, die kleinste Bonbonfabrik der Welt zu sein, gezeigt, wie Bonbons und Lollies hergestellt werden. Eine Verkostung der frisch erzeugten Süßigkeiten ist natürlich möglich, der Eintritt frei. In den übrigen Stunden können die Produkte des Hauses gekauft werden. Mo–So 10–20 Uhr, www.ciuciu.pl. Aus dem Bereich ›süße Sünden‹ nicht nur für Kinder spannend ist die Schokoladenherstellung in der ul. Szewska 7. In der **Krakowska Manufaktura Czekolady** kann man zusehen, wie Schokolade entsteht. Dabei werden Produkte in unterschiedlichsten Formen und Größen geschaffen, von der traditionellen Tafelschokolade über den Fußball bis hin zur Miniatur eines Cellos. Ein angeschlossenes Café, in dem es nicht nur Trinkschokolade gibt, lädt ebenfalls zum Verweilen ein; www.chocolate.krakow.pl.

Die **Krakauer Oper**, ul. Lubicz 48, bietet immer wieder auch Veranstaltungen für Kinder an. Dabei sind wegen der kindgerechten Bühnenbilder, der Musik und des Balletts nicht immer polnische Sprachkenntnisse bei den Kindern erforderlich; www.opera.krakow.pl. Ebenfalls für polnischsprachige Kinder ist das Angebot des **Puppentheaters Groteska** in der ul. Skarbowa 2. Nahezu täglich werden hier auch vormittags Vorstellungen für Kinder geboten. Manchmal ist es wegen der vielen Kindergärten und Schulklassen, die das traditionsreiche Kindertheater besuchen, gar nicht so leicht, eine Eintrittskarte zu ergattern. Programminformationen unter www.groteska.pl.

Ärztliche Hilfe

Die medizinische Versorgung in Krakau ist gut. Notarzt: Tel. 999 und 112.

■ Krankenhäuser

Eine Auswahl der Krakauer Krankenhäuer: **Städtisches-Gabriel-Narutowicz-Krankenhaus**, ul. Prądnicka 35–37, 31-202, Tel. 4162266.

Stefan-Żeromski-Krankenhaus (Szpital Specjalistyczny im. Stefana Żeromskiego), os. Naskarpie 66, 31-913, Tel. 6440144.

Johannes-Paul-II.-Krankenhaus (Krakowski Szpital Specjalistyczny im. Jana Pawła II), ul. Prądnicka 80, 31-202, Tel. 6142000.

Universitätsklinikum, ul. Mikołaja Kopernika 36, 31-501, Tel. 4247000.

Kinderkrankenhaus der Universität (Uniwersytecki Szpital Dziecięcy w Krakowie), ul. Wielicka 265, 30-663, Tel. 6582011.

■ Apotheken

Eine Apotheke in der Krakauer Innenstadt zu finden, dürfte auch Ortsunkundigen keine größeren Schwierigkeiten bereiten. Sie sind leicht an dem landesweit gültigen Logo eines grünen Kreuzes mit Schlange und Kelch zu erkennen. Nicht alle Apotheken haben rund um die Uhr geöffnet; 24-Stunden-Apotheken an folgenden Stellen zu finden:

Apteka Starowiślna,
ul. Starowiślna 82/2.

Apteka pod Opatrznością,
ul. Karmelicka 23.

Apteka Dbam o Zdrowie,
ul. Kalwaryjska 94 .

Apteka Dbam o Zdrowie,
os. Centrum A bl. 3.

Apteka Prywatna,
ul. Galla 26.

Apteka Vene-Vita,
ul. Wolska 1.

Apteka Milenium,
ul. Kruszwicka 12 J.

Ausflüge in die Umgebung führen zu malerischen Kleinstädten, zu Oasen der Ruhe und zu geschichtlich sensiblen Orten.

Tarnów, Rynek und Kathedrale

DIE UMGEBUNG VON KRAKAU

Ojców-Nationalpark

Nur etwa 30 Kilometer nördlich der Krakauer Innenstadt ermöglicht der Ojcowski Park Narodowy (Ojców-Nationalpark) Fluchten aus dem Großstadtalltag in eine ruhespendende, geschützte Naturlandschaft. Für einen ausgiebigen Ausflug in den Ojców-Nationalpark empfiehlt es sich, einen ganzen Tag einzukalkulieren. Auch wenn das öffentliche Verkehrsnetz in Kleinpolen insgesamt sehr gut ausgebaut ist und nahezu alle Orte ausgezeichnet mit Bussen zu erreichen sind, so ist doch insbesondere außerhalb der Hauptsaison das Auto als Transportmittel für die Fahrt in den Ojcowski Park Narodowy anzuraten. Dies gilt jedenfalls dann, wenn die Baudenkmäler des Parks direkt als Ziel ins Auge gefasst werden. Schloss Pieskowa Skała, Ausgangspunkt vieler Wanderungen durch den Nationalpark, erreicht man über die Landstraße Nummer 94 von Krakau nach Olkusz. Kurz hinter der Ortschaft Jerzmanowice zeigt ein Schild an, dass es rechts ab in den Ojców-Nationalpark geht. An einer Jugendherberge vorbei gelangt man auf eine nahe der Ortschaft Ojców gelegene Kreuzung. Von dort aus ist das noch etwa sieben Kilometer entfernte Schloss Pieskowa Skała ausgeschildert.

Charakteristisch für den mit nur etwa 1590 Hektar kleinsten der polnischen Nationalparks sind unter anderem die aus Jurakalk bestehenden Felsen. Die im Verlauf der Jahrtausende aufgrund der Witterung entstandenen Klippen verleihen dem Landschaftsbild seine besondere Note. Dazu haben sich mit der Zeit zahlreiche Höhlen in den weichen Kalkstein eingegraben. Doch nicht nur der Felsen wegen erhielt das im Tal des kleinen Flusses Prądnik gelegene Gebiet in den 1950er Jahren den Rang eines Nationalparks. Vielmehr führte die Erkenntnis, dass die Vielfalt der in dem heute als Ojców-Nationalpark bekannten Gebiet vorzufindenden Pflanzen- und Tierwelt eines besonderen Schutzes

Karte S. 153

▲ *Schloss Pieskowa Skała ist ein guter Ausgangspunkt für Wanderungen im Nationalpark*

bedarf, zur Einrichtung des Naturparks. Beinahe 1000 verschiedene Gefäßpflanzengattungen, rund 160 verschiedene Moose und etwa 1200 Pilzarten wachsen laut Nationalparkverwaltung in dem geschützten Gebiet. Zu den seltenen Pflanzenarten gehören unter anderem der Frauenschuh, die Bergaster und die Steppenkirsche. Daneben kann sich der Nationalpark damit rühmen, zwölf Fledermausarten sowie zahlreiche Frascharten zu beheimaten.

Die Umgebung von Krakau

Ojców-Nationalpark

Wanderung vom Schloss Pieskowa Skała bis zur Grota Łokietka

Fünf farbig gekennzeichnete Pfade erleichtern Wanderern die Orientierung im Ojców-Nationalpark. Die wohl beliebteste Route ist die schwarz markierte. Sie beginnt am Parkplatz des Schlosses Pieskowa Skała und führt über eine elf Kilometer lange Strecke zur Höhle mit dem Namen Grota Łokietka.

Das am Ausgangspunkt der Wanderung gelegene **Schloss Pieskowa Skała** wurde laut Bericht von Jan Długosz, dem polnischen Geschichtsschreiber des 15. Jahrhunderts, im Auftrag des Königs Kazimierz Wielki auf einem Felsen zunächst im Stil der Gotik erbaut. Es erlebte zahlreiche Umbauten, insbesondere im 16. Jahrhundert im Renaissancestil, und zahlreiche Zerstörungen, unter anderem im Zuge des Einfalls der Schweden im 17. Jahrhundert und in Folge von Angriffen russischer Truppen im 19. Jahrhundert. Sein gegenwärtiges Äußeres, nun wieder im Stil der Renaissance, erhielt das Schloss erst nach dem Zweiten Weltkrieg. Im Inneren des Schlosses befindet sich heute ein **Museum**. Es zeigt neben einer Möbelausstellung Gemälde aus der Zeit des Mittelalters bis zum 19. Jahrhundert. Das Schloss Pieskowa Skała wird derzeit umfangreich saniert. Die Arbeiten werden wohl bis in das Jahr 2016 hinein dauern.

Vom Schloss führt der schwarz gekennzeichnete Wanderweg zur sogenannten **Herkuleskeule** (›Maczuga Herkulesa‹). Die Herkuleskeule ist der wohl bekannteste und imposanteste der unzähligen Felsen des Nationalparks. Die 20 Meter hohe Klippe befindet sich ganz in der Nähe des Pieskowa-Skała-Schlosses. Ihr Gipfel ist für normale Wanderer unzugänglich. Zwar deutet ein Kreuz auf der Spitze des Felsens auf die Bezwingung

Karte S. 153

Die berühmte Herkuleskeule

der Herkuleskeule durch menschliche Wesen hin, doch muss es sich angesichts des steil aus dem Boden ragenden Felsens um Kletterprofis gehandelt haben. Die schwarze Wanderroute führt an der Herkuleskeule vorbei und entlang der asphaltierten Straße durch das Tal des kleinen Flusses Prądnik. Unterwegs liegt das Dorf **Grodzisko** mit seiner kleinen **Barockkirche** aus dem 17. Jahrhundert und einem nach der seligen Salomea benannten **Kloster**. Anschließend geht es weiter nach Süden.

Nach einer Strecke von etwa sieben Kilometern – vom Start am Parkplatz des Schlosses aus gerechnet – durch herrliche Wald- und Felslandschaften erscheint auf der linken Seite eine in einer kleinen Felsengrotte aufgestellte Marienstatue. Nur wenige hundert Meter weiter, nach einer Kurve, gelangt man zu der kleinen **Holzkapelle Na Wodzie** (›Auf dem Wasser‹). Die Anfang des 20. Jahrhunderts errichtete Kapelle wurde nicht auf festem Untergrund, sondern über dem

Bach gebaut, weil sie damals laut Gesetz nicht auf dem Boden von Ojców stehen durfte. Um dieses Gesetz zu umgehen, errichtete man sie über dem Bach, so dass dieses originelle Bauwerk zugleich eine Brücke ist. Von der Kapelle ist es nicht weit bis zu der an der rechten Straßenseite liegenden **Ojców-Burgruine** (›Zamek Ojcowski‹), die nicht mit dem Schloss Pieskowa Skała zu verwechseln ist. Sie entstand auf Wunsch des Königs Kazimierz Wielki in der zweiten Hälfte des 14. Jahrhunderts. Bis heute sind neben Teilen der Verteidigungsmauern ein Turm, der Burgbrunnen und das Eingangstor erhalten. Ein Museum zeigt im Inneren die Geschichte des Bauwerks.

Durch den kleinen Ort Ojców führt die Route noch einige hundert Meter weiter zur mit deutlichem Abstand meistbesuchten der rund 200 Höhlen im Ojców-Nationalpark, der im Berg Chełmowa Góra gelegenen **Grota Łokietka** (Łokietekgrotte). Władysław Łokietek wurde 1320 zum polnischen König gekrönt und ist der erste auf dem Wawel beigesetzte Monarch. Einer Legende nach soll sich König Łokietek in der nach ihm benannten Höhle im Kampf mit dem tschechischen König Waclaw II. um den polnischen Thron versteckt haben. Wie viel Wahrheitsgehalt in der Legende steckt, ist ungewiss. Als sicher gilt jedoch, dass sich Władysław Łokietek tatsächlich für längere Zeit im Prądniktal aufgehalten hat. In der Höhle sind auf einer Länge von etwa 265 Metern Grotten zu besichtigen, die Namen wie ›Rittersaal‹ (›Sala Rycerska‹), ›Küche‹ (›Kuchnia‹) und ›Schlafzimmer‹ (›Sypialnia‹) tragen. Geräumige Gänge zwischen den einzelnen Grotten erleichtern die Fortbewegung in der nur mit einem Führer zur Besichtigung geöffneten Władysław-Łokietek-Höhle.

Für den Rückweg zum Schloss Pieskowa Skała können zumindest in der Sommersaison von der Grota Łokietka oder aber vom Ort Ojców Taxis genommen werden. Wem nach der Wanderung noch

Die Umgebung von Krakau

Ungewöhnliche Lage: die Kapelle ›Auf dem Wasser‹

ausreichend Kräfte zur Verfügung stehen, kann zu Fuß auf dem Rückweg hinter dem Dorf Ojców an der Ojców-Burgruine links abbiegen und über die Ortschaften Wola Kalinowska und Sąspów zur Herkuleskeule und schließlich zum Parkplatz am Schloss Pieskowa Skała zurückkehren. Auch dieser Weg hat eine Länge von etwa elf Kilometern.

Weitere Wanderrouten im Ojców-Nationalpark

Vier weitere Wanderrouten sind im Ojcowski Park Narodowy farblich gekennzeichnet: eine rote, eine blaue, eine gelbe und eine grüne. Der rot gekennzeichnete und durch das gesamte Prądniktal führende Pfad trägt den Namen **Adlerhorstroute** (›Szlak Orlich Gniazd‹). Ausgangspunkt der Adlerhorstroute ist wieder das Schloss Pieskowa Skała. Über

Zamek Korzkiew ist heute ein stilvolles Hotel

Karte S. 153

Grodzisko führt auch dieser Weg ebenso wie der bereits oben beschriebene in das Dorf Ojców. Über die Ortschaften Biały Kościoł, Prądnik Korzkiewski und Giebułtów reicht er bis an die Krakauer Stadtgrenzen. Diese Route ist auch für Mountainbiketouren gut geeignet. Ausgangspunkt könnte dann das Krakauer Viertel Prądnik Biały am nördlichen Stadtrand sein.

Der blaue Wanderweg ist die **Route der Juraburgen** (›Szlak Warowni Jurajskich‹). Der Ausgangspunkt dieses Pfades befindet sich nicht weit von der Bushaltestelle in der an der Strecke Krakau–Olkusz gelegenen kleinen Ortschaft Jerzmanowice. Über die kleine Ortschaft Czajowice und die Schlucht Wąwóz Ciasne Skałki, später über die Ortschaften Ojców und Grodzisko, führt dieser blaue Pfad in die etwas größere Ortschaft Skała.

Von der Haltestelle mit dem Namen ›Murownia‹, ebenfalls an der Straße zwischen Krakau und Olksusz und – von Krakau kommend – kurz vor der Ortschaft Jerzmanowice gelegen, gelangt man auf die gelb gekennzeichnete **Route der kleinen Juratäler** (›Szlak Dolinek Jurajskich‹). Dieser Wanderweg führt teilweise durch das Tal des kleinen Flusses Prądnik und zum Teil durch das sogenannte Sąspowska-Tal. Ausgangspunkt für die im Nationalpark grün gekennzeichnete Wanderroute ist die Burgruine in Ojców, die ein kleines Museum beherbergt. An verschiedenen Felsen vorbei führt der Pfad über den Berg Korona zur 230 Meter langen und vermutlich 120 000 Jahre alten Jaskinia Ciemna, der Dunklen Höhle. Hinter dieser Höhle führt der grün gekennzeichnete Wanderweg zu einem Aussichtspunkt des Bergs Korona, geht dann auf die Ortschaft Grodzisko zu und verbindet sich dort mit den anderen Wanderwegen, so dass die Route schließlich zum Schloss Pieskowa Skała führt.

■ Weitere Sehenswürdigkeiten

Weitere Attraktionen des Ojcowski Park Narodowy sind insbesondere an der Straße von Krakau nach Olkusz ausgeschildert, so zum Beispiel die Jaskinia Nietoperzowa (Fledermaushöhle) und die Jaskinia Wierzchowska. Diese beiden zwischen den Ortschaften Wielka Wieś und Jerzmanowice gelegenen Höhlen sind mit dem Auto gut zu erreichen und in der Sommersaison auch für Besichtigungen geöffnet. Denjenigen, die sich zu einem Besuch der Jaskinia Nietoperzowa entschließen, in der heute nur noch wenige Fledermäuse leben, ist auch der kurze Weg am Höhleneingang vorbei in eine kleine Felsnische zu empfehlen. Etwa zehn Meter vom Höhleneingang entfernt ist in der etwas versteckten Nische ein Baum in den Kalkfels gewachsen – ein sehenswertes Naturdenkmal.

 Ojców-Nationalpark

Vorwahl: 012.

Postleitzahl: 32-047 und 32-324 Ojców.

Verwaltung des Ojcowski Park Narodowy, 32-047 Ojców 9, Tel. 3892005, www. ojcowskiparknarodowy.pl.

der Landstraße 94 von Krakau nach Olkusz. **Touristenhaus Zosia**, Złota Góra 4, 32-047 Ojców, Tel. 3892008.

Schronisko Młodzieżowe Małgosia (Jugendherberge Małgosia), Łazy 41, 32-048 Jerzmanowice, Tel. 3895278.

In den Ojców-Nationalpark gelangt man problemlos mit dem Fahrrad und mit dem Auto. Busse und Minibusse fahren in Krakau von der ul. Ogrodowa in der Nähe der Galeria Krakowska am Krakauer Hauptbahnhof ab.

Schloss Pieskowska Skała, 32-324 Sułoszowa 4, Tel. 3896004, www.pies kowaskala.eu. Wegen der umfangreichen, bis 2016 dauernden Sanierung ist das Schloss derzeit nicht zugänglich. Die Entwicklung im Jahr 2016 ist über die Internetseite des Schlosses zu beobachten.

Nationalparkmuseum-Burgruine, 32-047 Ojców, Tel. 3892444; 10. April bis Ende Oktober Mo-Sa 10–16.45 Uhr, Juni/Juli 10–17.45 Uhr, Oktober 10–15.45 Uhr. An Sonn- und Feiertagen etwa eine Stunde länger geöffnet. Außerhalb der genannten Zeiten ist die Burgruine geschlossen.

Władysław-Łokietek-Höhle

(Grota Łokietka), in der kleinen Ortschaft Czajowice, www.grotalokietka.pl. Ende April bis August 9–18.30 Uhr, September 9–17.30 Uhr, Oktober 9–16.30 Uhr. Eintritt 2 Euro, die Besichtigung der Władysław-Łokietek-Höhle ist nur in Begleitung eines Höhlenführers möglich.

Jaskinia Nietoperzowa (Fledermaushöhle) in Jerzmanowice, www.nietoperzowa. ojcow.pl, April bis September 9–18 Uhr, Oktober bis März 9–16 Uhr.

Ein besonderes Hotel, nicht direkt im Ojców-Nationalpark gelegen, aber mit 8,5 Kilometern Entfernung doch noch in der Nähe des Ortes Ojców, ist die alte Burg in Korzkiew (Zamek Korzkiew):

Zamek Korzkiew, Gmina Zielonki, 32-088 Przybysławice, Tel. Tel. 4195590, www. donimirski.com; DZ 100–130 Euro. Nur vier stilvoll eingerichtete DZ bieten Gelegenheit zur Übernachtung in historischen Gemäuern, deren Anfänge auf das 14. Jahrhundert zurückgehen. Im herrschaftlichen Saal der Burg finden Hochzeiten und andere Feiern statt.

Green Hotelik, Sąspów 12, 32-048 Jerzmanowice, Tel. 3890900, www.green hotel.krakow.pl; DZ etwa 30 Euro. Kleines Drei-Sterne-Hotel mit 55 Betten direkt an

Die Umgebung von Krakau

Wieliczka

Zwar leben in Wieliczka nur rund 20 000 und in der gesamten Gemeinde lediglich etwa 50 000 Einwohner, dennoch gehört die etwa 13 Kilometer südöstlich des Krakauer Stadtzentrums gelegene Kreisstadt zu den Orten, die fast jeder erwachsene Pole von Klassenausflügen aus seiner Schulzeit oder von anderen Fahrten her kennt. Die meisten Besucher kommen wegen des Salzbergwerks nach Wieliczka. Denjenigen, die sich ein wenig Zeit für die Innenstadt nehmen wollen oder können, ist ein Abstecher beispielsweise zum Marktplatz der Stadt mit seinen ihn umgebenden Häusern aus dem 19. Jahrhundert zu empfehlen.

Sehenswert ist auch das ganz in der Nähe des Marktplatzes gelegene **Zamek Żupny** (Schloss Żupny), das noch bis 1945 im Eigentum des Salzbergwerks stand und lange Zeit der Betriebsleitung als Wohnung diente. Es stammt aus der Wende vom 13. zum 14. Jahrhundert, wurde allerdings mehrmals umgebaut und im Zweiten Weltkrieg auch weitgehend zerstört.

Gleich neben dem Zamek Żupny befindet sich die **Kirche św. Klemensa** aus dem 19. Jahrhundert. Von der Kirche aus dem 14. Jahrhundert, die sich ursprünglich an dieser Stelle befand, sind nur noch Fragmente erhalten. Interessant ist im Inneren der Klemenskirche insbesondere die Monstranz, das Gefäß, in dem in der katholischen Kirche das Abendmahlbrot aufbewahrt wird. Sie stammt aus dem Jahr 1490.

Weit über die Grenzen Kleinpolens hinaus bekannt wurde Wieliczka indessen weder durch den Marktplatz noch durch die Monstranz der Kirche św. Klemensa. Den Ruhm brachte dem Ort vielmehr der Stoff, den es heute in jeder Küche gibt, der vor Jahrhunderten aber eine ausgesprochene Kostbarkeit war: das Salz. Seit über 700 Jahren wird in Wieliczka Salzbergbau betrieben. Die noch immer aktive Salzmine mit ihrer einzigartigen Touristentrasse ist echter Publikumsmagnet. Allein im Jahr 2011 besuchten mehr als 1 000 000 Gäste aus aller Welt das Bergwerk.

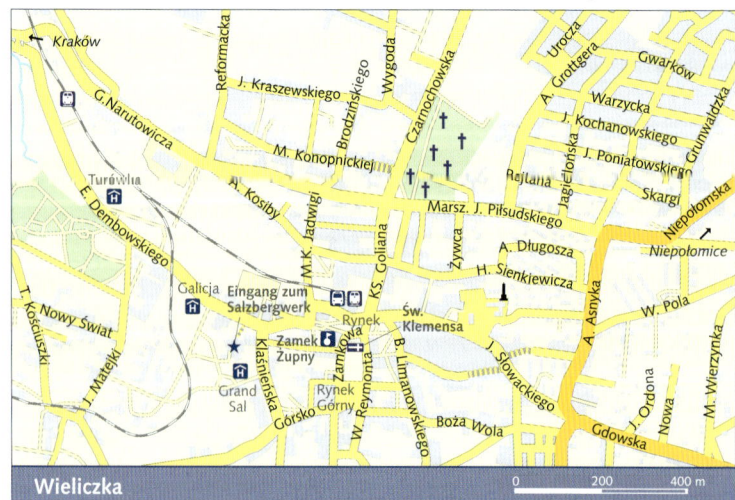

Wieliczka

Die Legende von der heiligen Kinga in Wieliczka

Mit dem Salzbergwerk Wieliczka verbindet man eine in ganz Polen bekannte Legende um die Mitgift der Heiligen Kinga, nach der die imposanteste Kapelle auf der Touristentrasse des Bergwerks benannt ist. Im Mittelpunkt steht neben der Heiligen Kinga – wie könnte es anders sein – das Salz.

Bis zur Zeit König Bolesławs des Kühnen (Bolesław Śmiały) war Salz in Polen unbekannt, auch wenn es anderswo in Europa schon längst als Speisezutat verbreitet war. Das Essen war oft fade. Dann hörte König Bolesław von Kinga, der schönen, frommen und tüchtigen Tochter des ungarischen Königs Béla. Bolesław entsandte zwei Brautwerber nach Ungarn und ließ so um die Hand der Prinzessin anhalten. Der ungarische König stimmte zu und wollte seiner Tochter eine reiche Aussteuer und eine große Mitgift mit nach Krakau geben. Doch die Prinzessin bat ihren Vater, ihr nicht nur Edelsteine und Gold für die Reise vorzubereiten, sondern auch etwas, das man in Polen nicht kenne. Schließlich sollten sich auch die Untertanen über ihre Ankunft freuen. Die beiden polnischen Brautwerber teilten dem ungarischen König auf dessen Anfrage übereinstimmend mit, es sei das Salz, das in Polen dringend gebraucht werde. Daraufhin führte Kinga die erstaunten Polen zu den ungarischen Salzgruben, zog einen prächtigen Ring vom Finger, warf ihn in den tiefsten Schacht und sagte: »Das ist das Zeichen meiner Verlobung mit dem polnischen König.«

Ein großer Hochzeitszug bewegte sich nach Krakau, und König Bolesław begrüßte seine künftige Königin am Stadttor. Nach einer tage- und nächtelangen Feier forderte Kinga Bolesław schließlich zur gemeinsamen Begutachtung ihrer Mitgift auf. Beide verließen Krakau und kamen nach Wieliczka. Die Königin ließ dort einen Graben ausheben. Doch mussten die Bauern ihre Arbeiten schon bald abbrechen, weil sie auf eine undurchdringliche Gesteinsschicht stießen. Kinga bat einen Bauern, ihr ein Stückchen vom Stein abzuschlagen und es ihr zu übergeben. Und siehe da: Es war ein Salzkristall. Und etwas noch Wundersameres war geschehen: In seinem Innern funkelte Kingas Verlobungsring! Auf diesem Weg, glaubt man der Legende, kam das Salz von Ungarn nach Polen.

Darstellung der heiligen Kinga in der Janowice-Kammer des Salzbergwerks

Geschichte des Salzbergwerks

Bereits im Mittelalter hatte man in Wieliczka Kenntnis von dem vor Ort vorhandenen Salz. Ein Dokument aus dem Jahr 1044 bezeichnet den Ort als ›magnum sal‹ – Großes Salz. Zunächst gewann man es aus den Salzquellen durch Sieden und Abdampfen von Wasser. Vermutlich entdeckte man dann bei der Vertiefung eines Salzbrunnens in Wieliczka ein Salzlager, so dass man mit einfachen Werkzeugen mit dem Abbau begann. Im 13. Jahrhundert schließlich wurde die Salzmine Wieliczka und damit das älteste Salzbergwerk Polens gegründet. Damit verbunden war auch ein wirtschaftlicher Aufstieg. Der über die Jahrhunderte hinweg im königlichen Auftrag betriebene Abbau des ›weißen Goldes‹ zahlte sich aus. So wurden die Erträge im 15. Jahrhundert unter anderem zur Sanierung und zum Ausbau des Krakauer Wawelschlosses verwendet. Im 16. Jahrhundert wuchs Wieliczka zu einem der größten Salzbergwerke Europas. Schmiede, Fuhrmänner, Fassbinder und Zimmermänner – sie alle arbeiteten rund um die Salzgewinnung in dem Ort in der Nähe von Krakau. Der Betrieb entwickelte auch ein eigenes Sozialfürsorgesystem und beschäftigte sogar einen eigenen Arzt.

Mit der Ersten Teilung Polens und der damit verbundenen österreichischen Besatzung im Jahr 1772 endete auch die königliche Bewirtschaftung der Salzgruben. Die Habsburger, die neuen Machthaber, brachten neue Fördermethoden nach Wieliczka und stabilisierten den Betrieb. Erste Ansätze für einen Kurort entstanden hingegen erst im 19. Jahrhundert, als der Bergwerksarzt Feliks Boczkowski eine Badeanstalt errichtete, in der verschiedene Krankheiten – von Schnupfen über Hysterie bis hin zu ›Schwäche wegen Übermaß an Liebe‹ – behandelt wurden. Doch dauerte diese Art des Heilbadens nur etwa 20 Jahre bis zu Boczkowskis Tod. Immerhin sollen sich bis dahin über 3000 Menschen in dem Bad ihre ›Krankheiten‹ behandelt haben lassen. Erst 1958 lebte Wieliczka als Heilbad wieder auf. Man stellte damals ein spezielles Mikroklima in den Förderkammern fest und erkannte ihre heilsame Wirkung bei Allergien und Bronchialerkrankungen. Seitdem dient ein unterirdisches Sanatorium mit Schlafplätzen zur Behandlung von Atemwegserkrankungen.

Mittlerweile hat das Bergwerk Weltruhm erlangt. Nicht ganz unwesentlich dazu beigetragen hat die UNESCO. Als sie das Salzbergwerk Wieliczka 1978 in die Liste des Weltkulturerbes eintrug, begründete sie ihre Entscheidung mit diesen Worten: »Das historische Salzbergwerk Wieliczka ist das einzige Bergwerksobjekt der Welt, das vom Mittelalter bis heute ununterbrochen in Betrieb ist. Die originalen Förderelemente (Gänge, Schleppschächte, Kammern, Salzseen, Schächte, Schurfschächte) mit einer Gesamtlänge von circa 300 Kilometern auf neun Sohlen sind bis 327 Meter tief und stellen alle Entwicklungsetappen der bergmännischen Technik in den einzelnen historischen Epochen dar.«

Ein Rundgang

Mehr als eine Million Gäste besuchen Wieliczka jährlich. Etwa die Hälfte von ihnen kommt aus dem Ausland. Darunter sind auch berühmte Personen zu finden. So waren unter anderem Lech Wałęsa, George Bush sen. mit Frau Barbara und Javier Solana hier. Fotos im Kassenbereich dokumentieren diese Be-

Der Eingang zum Salzbergwerk

suche. Ob berühmt oder nicht: Zu Beginn einer Besichtigung steigen alle Besucher zunächst etwa 380 Stufen in eine Tiefe von 64 Metern auf die erste Grubensohle herab. Auf der knapp zwei Kilometer langen Touristenroute bieten sich den Besuchern dann Einblicke in die Grubenarbeit und in unterirdische Hallen und schmale Gänge. Von Bergleuten aus Salz geschaffene Statuen schmücken diese Salzmine und machen den Besuch zu einem einzigartigen Erlebnis.

Die berühmteste und wohl auch eindrucksvollste Kammer Wieliczkas ist die auf einer Tiefe von 101 Metern gelegene **Kingakapelle**, die nach der Heiligen Kinga benannt wurde. Sie entstand 1896 in einer aus Salzstein ausgehöhlten Kammer und ist 54 Meter lang, 15 bis 18 Meter breit und 10 bis 12 Meter hoch. Der Blick in die Kingakapelle eröffnet sich dem Besucher von einer Treppe herab in einen weiten Saal. Von der Decke hängen Kristallleuchter herab, und sogar der Fußboden ist direkt aus dem Salz gehauen. Doch nicht nur der erste flüchtige Blick von der Empo-

re ist beeindruckend. Vielmehr lebt die Kapelle von den architektonischen und bildhauerischen Arbeiten des Bergmanns Józef Markowski, die er Ende des 19. und Anfang des 20. Jahrhunderts schuf. Von ihm stammt der Hochaltar mit den Figuren der Heiligen Kinga, des Heiligen Joseph und des Schutzpatrons der Pfarrgemeinde Wieliczkas, dem Heiligen Klemens. Ebenso sind die Kanzel und die Seitenaltäre und Seitenkapellen Werke Józef Markowskis. Sein jüngerer Bruder Tomasz setzte die Arbeiten in den 1920er Jahren fort und schuf dabei die Flachreliefs ›Das Urteil des Herodes‹ und ›Die Schlachtung der Unschuldsengel‹ sowie drei Marienfiguren in der Auferstehungskapelle. Mitte des 20. Jahrhunderts erweiterte der Bergmann und Bildhauer Antoni Wyrodek die Kunstgegenstände in der Kingakapelle um Flachreliefs mit weiteren Darstellungen biblischer Szenen wie ›Die Flucht nach Ägypten‹ und ›Das letzte Abendmahl‹.

Das jüngste Kunstwerk des Saals stammt aus dem Jahre 1999 und ist eine Statue

▲ *Die beeindruckende Kingakapelle*

von Papst Johannes Paul II. Anlässlich der Heiligsprechung der Kinga fertigte der Bergmann und Bildhauer Stanisław Anioł das Denkmal an. Doch die Kingakapelle ist weitaus mehr als nur ein Museumsraum mit Kunstgegenständen: Im Hochaltar werden seit 1994 die Überreste der Heiligen Kinga aufbewahrt. Auch Gottesdienste werden in dem unterirdischen Saal abgehalten, so zum Beispiel an Weihnachten oder am Namenstag der Heiligen Kinga am 24. Juli sowie am Namenstag der Heiligen Barbara, der Schutzpatronin der Bergleute, am 4. Dezember.

Nachdem man die Kingakapelle verlassen hat, führt die Touristenroute noch durch weitere Kammern und an verschiedenen unterirdischen Salzseen vorbei. Insgesamt hat man es dann bis zur dritten Grubensohle auf eine Tiefe von 135 Metern gebracht.

Zu den weiteren Attraktionen gehört der **Weimarsaal**, so genannt, da Goethe im September 1790 mit dem Fürsten von Weimar das Bergwerk besichtigte. Ein Großteil der Halle ist mit einem unterirdischen See ausgefüllt, der sich vom Rand aus betrachten lässt. Darüber hangelt sich eine schwindelerregende Treppe an der Wand empor, die man jedoch nicht betreten kann. In wechselnden Farben angestrahlt, verströmt dieser Raum eine eigenwillige, mystische Atmosphäre. Schließlich geht es mit einem originellen Aufzug wieder an die Oberfläche.

Wer das Bergwerk besuchen will, sollte sich in jedem Fall einen halben Tag dafür Zeit nehmen. Besichtigungen dauern etwa drei Stunden und sind nur mit Führung möglich. Dabei können problemlos auch fremdsprachige Grubenführer bestellt werden. Man ist in Wieliczka bestens auf internationalen Tourismus eingestellt. Auch an einem unterirdischen Restaurantbetrieb mangelt es nicht. Besucher sollten allerdings bedenken, dass die Temperatur in den Stollen konstant 14 Grad Celsius beträgt, so dass auch im Sommer wärmere Kleidung angebracht ist.

 Wieliczka

Vorwahl: 012.
Postleitzahl: 32-020.

Von den Haltestellen vor dem Krakauer Hauptbahnhof fahren im Abstand von nur wenigen Minuten verschiedene Minibusunternehmen nach Wieliczka. Beim Ausstieg der Beschilderung ›Salt Mine‹ und ›Kopalnia Soli‹ folgend, gelangt man nach einigen Metern zum unübersehbaren Förderturm und zum Eingangsbereich.

Wieliczka ist von Krakau so gut zu erreichen, dass eine Übernachtung unnötig ist. Empfehlungen für die, die dennoch eine Nacht bleiben möchten:

Hotel Turówka, ul. Żeromskiego 1, Tel. 276100, www.turowka.pl; DZ 50–80 Euro. Gut geführtes, 2006 eröffnetes Vier-Sterne-Haus in der Nähe des Salzbergwerks mit umfangreichem Service und vorhandenen Wellnesseinrichtungen. In dem klassizistischen Bau mit seinen 51 Zimmern wohnte während der Fußball-Europameisterschaft 2012 die italienische Nationalmannschaft. **Hotel Grand Sal**, ul. Park Kingi 7, Tel. 2898110, www.grandsal.pl; DZ ab 80 Euro. Das Vier-Sterne-Hotel mit seinen 19 Zimmern befindet sich direkt auf dem Gelände des Salzbergwerks und war früher das Salinenbad in Wieliczka. Das umfangreich umgebaute Hotel wirbt mit speziellen Angeboten für Familien mit Kindern. Kleiner Fitness- und Wellnessbereich.

Die Umgebung von Krakau

Hotel Galicja, ul. Dembowskiego 20, Tel. 2914040, www.hotelgalicja.pl; DZ 50 Euro. Auch dieses kleine Zwei-Sterne-Hotel mit 20 Zimmern ist nicht weit vom Salzbergwerk entfernt.

Kopalnia Soli Wieliczka Trasa Turystyczna sp.z.o.o, ul. Daniłowicza 10, Tel. 787302 und 2787366, www.kopalnia.pl. April bis Oktober 7.30–19.30 Uhr (letzter Eintritt), November bis März 8–17 Uhr (letzter Eintritt), geschlossen am 1. Januar, Ostersonntag, 1. November, Heiligabend, 1. Weihnachtsfeiertag, am Ostersamstag und an Silvester nur bis 14 Uhr geöffnet. Individualtouristen zahlen für eine der vielen planmäßigen Führungen am Tag in polnischer Sprache 52 zł, ermäßigt 38 zł. Fremdsprachige Führungen kosten 79 zł pro Person, ermäßigt 64 zł. Führungen in deutscher Sprache für Individualtouristen werden von Juni bis September täglich um 10.45 Uhr, um 14.15 Uhr und um 16.10 Uhr angeboten, von Oktober bis Mai täglich um 10.45 Uhr und um 16.10 Uhr. Zudem gibt es Familien- und Gruppenpreise. Es herrscht übrigens überall unter Tage strengstes Rauchverbot.

Niepołomice

Etwa 20 Kilometer östlich vom Krakauer Zentrum, im Kreis Wieliczka, liegt die Stadt Niepołomice. In der gesamten Gemeinde leben etwa 21 000 Menschen, davon 8000 in der Kernstadt. Neben der für eine Kleinstadt erheblichen Industrieansiedlung und der im 14. Jahrhundert errichteten Maria-und-Zehntausend-Märtyrer-Pfarrkirche im Zentrum der Stadt gilt besonders das Schloss als Aushängeschild Niepołomices. Es befindet sich ebenfalls im Stadtzentrum. König Kazimierz III. Wielki hatte es um die Mitte des 14. Jahrhunderts sowohl zur Verteidigung als auch für seine Jagden am Urstromtal der Weichsel bauen lassen. Gerade die Funktion des Schlosses als Ausgangspunkt für Jagden in den nahegelegenen Forst Puszcza Niepołomicka gefiel verschiedenen späteren Königen so gut, dass sie es zu diesem Zweck gerne weiter nutzten. Als der heutige Stolz der Stadt Mitte des 16. Jahrhunderts einem Feuer zum Opfer fiel, errichtete der von dem Baustil der Renaissance begeisterte König Zygmunt II. August das Schloss in diesem Stil neu. Erst die österreichischen Besatzer änderten nach der Ersten Polnischen Teilung im Jahr 1772 die Nutzung und machten aus dem vornehmen Renaissanceschloss eine Kaserne. Heute befindet sich in dem in den 1990er Jahren umfangreich restaurierten Gebäude neben einem Museum ein elegantes Hotel. Ein besonderes Erlebnis sind auch die in regelmäßigen Abständen durchgeführten Musikveranstaltungen. Das Restaurant bietet polnische Speisen auf gehobenem Niveau und wird gern für Feiern zu verschiedenen Anlässen genutzt.

›Weichsel und Wawel‹, Skulptur (1878) von Antoni Kurzawa im Museum von Niepołomice

Karte S. 18

Bei einem Aufenthalt in Niepołomice unbedingt empfehlenswert ist ein Besuch des Museums im Schloss. Die dauerhafte Ausstellung **Sukiennice w Niepołomicach** (Die Tuchhallen in Niepołomice) sind ein Ableger der Galerie in den Tuchhallen am Krakauer Marktplatz. Sie zeigt polnische Malereien und Skulpturen des 19. Jahrhunderts, darunter Bilder von Henryk Siemieradzki und Stanisław Witkiewicz. Zudem fand während der jahrelangen, umfangreichen Sanierung des Czartoryski-Museums in Krakau – sie ist vermutlich im Laufe des Jahres 2015 abgeschlossen – die eigentlich dort beheimatete Ausstellung westeuropäischer Kunst vom 13. bis zum 20. Jahrhundert vorübergehend Unterschlupf im Niepołomicer Schloss.

Eine weitere Besonderheit des Ortes ist der als **Niepołomicer Urwald** (Puszcza Niepołomicka) bekannte, zwischen der Weichsel und dem kleinen Fluss Raba gelegene Forst. Das etwa 100 Hektar große Naturschutzgebiet ist die Heimat zahlreicher Vögel, darunter Jungadler, Baum- und Rötelfalken, Störche und auch Waldkäuze.

Nur wenige Kilometer vom Niepołomicer Stadtzentrum entfernt befindet sich übrigens ein von Krakauern gern genutzter **Golfplatz**. Sportanlagen dieser Art gibt es in Polen noch nicht viele. Zu den bei Niepołomice gelegenen Greens gelangt man, wenn man vom Zentrum Richtung Wieliczka fährt und in der Ortschaft Ochmanów links abbiegt. Die Anlage umfasst etwa 43 Hektar.

 Niepołomice

Vorwahl: 012.
Postleitzahl: 32-005.

Nach Niepołomice gelangt man entweder mit dem eigenen Wagen oder aber mit Bussen und Minibussen von Krakau aus. Diese Verkehrsmittel fahren vom Bus- und Minibusbahnhof an der ul. Pawia und im weiteren Verlauf dieser ganz in der Nähe des Hauptbahnhofs gelegenen Straße in Krakau ab.

Hotel Zamek Królewski (Hotel Königsschloss), ul. Zamkowa 2, Tel. 2813232, www.zamekkrolewski.com.pl; DZ ab etwa 60 Euro. Das Hotel bietet 24 Zimmer in den historischen Gemäuern des Königsschlosses. Das komfortable Hotel ist also denjenigen zu empfehlen, die einmal dort schlafen möchten, wo einst Könige sich in der Nacht erholten.
Hotel Novum, ul. Grunwaldzka 15H, Tel. 2798900, www.hotelnovum.pl; DZ etwa

45 Euro. Drei-Sterne-Hotel mit 47 Zimmern im Stadtkern.
Restauracja na Zamku Królewskim (Restaurant im Königsschloss), ul. Zamkowa 2.
Restauracja Joanna, ul. Piękna 20a, Tel. 2813984, www.restauracja.niepolomice.pl. Polnische Küche in häuslicher Atmosphäre, im Sommer mit Außengastronomie, kinderfreundlich eingerichtet (mit Außenspielplatz).

Königsschloss, ul. Zamkowa 2, Tel. 2619851, www.muzeum.niepolomice.pl; tgl. 10–18 Uhr, Eintritt 2 Euro, ermäßigt 1,50 Euro.

Royal Kraków Golf & Country Club, Ochmanów 124, 32-003 Podłęże, Tel. 2819170 und 2819171, www.krakowgolf.pl. Zutritt zu dem 18 Greens umfassenden Golfplatz haben neben den Mitgliedern des Polnischen Golfverbandes auch Mitglieder der Europäischen Golfvereinigung EAG und des US-amerikanischen Verbands USGA.

Die Umgebung von Krakau

Dobczyce

Etwa 30 Kilometer südlich von Krakau, dort wo eine Staumauer den kleinen Fluss Raba zu einem See aufstaut und eine mittelalterliche Burgruine von einem Berg aus über die Umgebung wacht, liegt Dobczyce mit seinen etwa 14 000 Einwohnern, die sich zu einer Hälfte auf das Zentrum und zur anderen auf die eingemeindeten Dörfer der Umgebung verteilen.

Die Stadt, die seit 1994 partnerschaftliche Kontakte zum westfälischen Versmold unterhält, kann auf eine lange Geschichte zurückblicken. Schon vor 1310 wurde Dobczyce das Magdeburger Stadtrecht verliehen. Im Jahr 1340 bestätigte König Kazimierz III. Wielki es, indem er die Dobczycer von der Zollpflicht auf polnischem Boden befreite.

Verschiedene regelmäßig wiederkehrende Festivitäten ziehen auch Menschen aus der weiteren Umgebung nach Dobczyce. Besonders hervorzuheben sind dabei die Eröffnung der Tourismussaison am 3. Mai auf der Burgruine sowie das jeweils am 3. Juliwochenende stattfindende Stadtfest ›Dni Dobczyc‹ (Dobczycer Tage).

■ Das Zentrum

Die wohl interessanteste Sehenswürdigkeit der Stadt ist die teilweise restaurierte **Burgruine** aus dem 13. Jahrhundert, die einst zum Krakauer Verteidigungssystem gehörte und polnischen Königen als vorübergehende Unterkunft und als Schule für ihre Söhne diente. Kein geringerer als der Geschichtsschreiber Jan Długosz war der Lehrer der Königskinder auf der Dobczycer Burg. Stolz berichten die Dobczycer, dass sich unter anderem König Kazimierz III. Wielki und König Władysław II. Jagiełło mit seiner Königin Jadwiga auf ihrer Burg aufgehalten haben.

Heute beherbergt die Ruine, die zum Schutz vor der Witterung mit roten Wellblechdächern versehen wurde, ein **Heimatmuseum**. Es präsentiert Zeugnisse verschiedener Epochen von der Eiszeit bis zum Zweiten Weltkrieg. Den Besuchern der Sehenswürdigkeit eröffnet sich von der Terrasse ein schöner Blick auf den See und den Staudamm. Alljährlich Anfang Mai wird auf der Dobczycer Burgruine die örtliche Tourismussaison eröffnet. Auch zu anderen Feierlichkeiten wird die Burg gerne genutzt.

Nur etwa 200 Meter entfernt, noch auf dem Burgberg, befindet sich die **Johannes-der-Täufer-Kirche** aus dem 19. Jahrhundert mit ihrem separaten, steinernen Glockenturm. Die mittlere der drei Glocken, die Johannesglocke, stammt aus dem Jahr 1504. Unweit des Glockenturms steht auch die **Marysieńka-Linde**, ein Naturdenkmal, in das zur Erinnerung an den Sieg über die Türken bei Wien eine Marienstatue eingeschnitzt wurde. Sehenswert sind auf dem Burgberg auch ein kleines **Freilichtmuseum** mit der Dar-

Auf der Burgruine

stellung historischer Lebensweisen aus der Krakauer Umgebung. Einen Blick auf das etwa 60 Meter lange, erhaltene Stück der **Stadtmauer** mit einem Eingangstor aus dem 14. Jahrhundert sollte man ebenfalls werfen, wenn man sich auf den Weg nach oben begeben hat. Das aufwendig renovierte Dobczycer Zentrum am Fuße des Burgbergs zeugt von gelungenen Veränderungen nach der politischen Wende des Jahres 1989. An der Geschäftsstraße, Rynek (›Marktplatz‹ genannt), sind insbesondere die **Hauptkirche** sowie der **Feuerwehrturm** aus dem 19. Jahrhundert sehenswert. Auf dem Platz vor dem Feuerwehrturm befindet sich eine bildhauerische Darstellung des Heiligen Florian, dem Schutzpatron der Feuerwehrleute und der Hüttenarbeiter. Die **Skulptur** stammt aus dem 18. Jahrhundert und wurde aus Sandstein gefertigt.

Am Stausee

Im Stadtzentrum gegenüber der Hauptkirche befindet sich mit der ›Kawierenka Złoty Kłos‹ ein gemütliches kleines Café. Kuchen aus eigener Herstellung sowie kalte und warme Getränke werden dort angeboten. Zudem hat die Firma Wawel, einer der größten Schokoladenhersteller in Polen, im Stadtkern zwischen Kirche und Feuerwehrturm eine Filiale eröffnet, in der die Köstlichkeiten angeboten werden. Hintergrund der Errichtung dieses urigen Geschäfts ist, dass Wawel seine Produktionsstätte vor einigen Jahren von Krakau nach Dobczyce verlegt hat.

■ Der Stausee

Der etwas über 1000 Hektar große Stausee dient zur Trinkwassergewinnung für die gesamte Umgebung einschließlich Krakau und ist sehr zum Leidwesen der Stadtverwaltung, die ihn gern auch touristisch nutzen würde, noch nicht für den Wassersport oder für Bootsrundfahrten zugänglich. Dass zumindest für Schwimmer Bedarf besteht, zeigt sich im Sommer an den beiden bei heißem Wetter stets vollen Freibädern auf dem Gelände des Erholungsheims des Wasserwerks und auf dem Campingplatz an der Raba. Auch die nicht wenigen Mutigen, die im klaren, aber kalten Wasser des Flusses Raba abwärts des Stausees baden, machen deutlich, dass es einen Bedarf für die weitere touristische Erschließung des Gebietes gibt.

■ Hotel Dwór Sieraków

Ein echtes Highlight für die gesamte Region ist der im Jahr 2011 eröffnete Dwór Sieraków im Dobczycer Ortsteil Sieraków. Die Eigentümer verwandelten einen alten, heruntergekommenen Gutshof in ein Vier-Sterne-Hotel mit ausgezeichneter Küche und der größten Weinkarte in der Region. Wunderschön in einem Park mit über 100 Jahre alten Bäumen gelegen, lädt das dem Slow-Food-Gedanken folgende Restaurant regelmäßig freitags zu Weinevents ein. Überhaupt dreht sich vieles in dem Hotel um Trauben und Rebsaft, selbst das Wellnessangebot. Aber auch Konzertabende stehen häufiger auf dem Programm.

Dobczyce

Vorwahl: 012.
Postleitzahl: 32-410.
Touristeninformation PTTK, ul. Podgórska, Tel. 2711176, www.dobczyce.pl (in polnischer Sprache).

Neben der Anreise mit einem PKW empfiehlt es sich, Dobczyce mit einem der teilweise im Viertelstundentakt von Krakau nach Dobczyce verkehrenden Minibusse zu besuchen. Abfahrtsstellen sind in Krakau die Minibushaltestellen an der ul. Pawia, der ul. Warszawska und an anderen Stellen in der Nähe des Hauptbahnhofs.

Hotel Podzamcze, ul. Wąska 1, Tel. 2710585, www.podzamcze-dobczyce.pl; DZ etwa 40 Euro, Frühstück pro Person 5 Euro. Neues Hotel in einer Seitenstraße des Ortskerns. In zwölf modern eingerichteten Zimmern stehen insgesamt 29 Betten zur Verfügung. Empfehlenswertes Restaurant auch für Nicht-Hotelgäste.

Ośrodek Wypoczynkowy MPWiK (Erholungsheim des Wasserwerks), Góra Jałowcowa, Tel. 2713830; DZ mit Frühstück 25 bis 30 Euro. Hotel am Stausee mit solider Ausstattung für den Grundbedarf, wird gerne auch von Tagungsgästen genutzt. 140 Betten in verschiedenen Pavillons; Freibad und Grillstellen vorhanden.

Dwór Sieraków, Sieraków 233, Tel. 3122423, www.dworsierakow.pl. Vier-Sterne-Haus mit hochwertiger Küche und interessantem Veranstaltungsprogramm rund um den Wein. Etwas außerhalb im Dobczycer Ortsteil Sieraków gelegen.

Kawierenka Złoty Kłos, Rynek. Gemütliches kleines Café im Ortszentrum gegenüber der Hauptkirche, tgl. 9–20 Uhr.

Ośrodek Sportu i Rekreacji Dobek, ul. Turystyczna 1. Campingplatz und Holzhütten, Volleyballfeld und kleines Freibad. Übernachtung etwa 4 Euro.

Museum in der Burgruine, Tel. 2711176 oder mobil 0505/451570, www.zamek.dobczyce.pl. Juli/August Di–Fr 10–18, Sa/So 10–20 Uhr; Mai, Juni und September Di–Fr 10–16, Sa/So 10–18 Uhr. Von Oktober bis April kann das Museum in der Burgruine nur nach vorheriger Absprache besichtigt werden. Eintritt etwa 2 Euro.

Am Eingang zum Konzentrationslager

Karte S. 18

Auschwitz

In dem Namen der Stadt Auschwitz, in der das Konzentrationslager Auschwitz-Birkenau lag, ist wie in keinem anderen die Erinnerung an die Vernichtung der europäischen Juden verewigt. Die unfassbare Grausamkeit des NS-Regimes wird hier besonders deutlich. In Oświęcim, wie die Stadt auf Polnisch heißt, dominiert diese Geschichte das Leben bis heute. Oświęcim hat heute etwa 40 000 Einwohner.

Geschichte des Konzentrationslagers

Bereits Ende 1939 entstand im Amt des Höheren SS - und Polizeiführers in Breslau der Gedanke, ein Konzentrationslager anzulegen. Dieser Plan wurde mit den überfüllten Gefängnissen in Schlesien und mit der von den Nationalsozialisten erklärten Notwendigkeit zur Durchführung weiterer Massenverhaftungen unter der polnischen Bevölkerung Schlesiens und im Generalgouvernement begründet. Nach längerer Suche durch eine eigens zu diesem Zweck gebildete Kommission wählte man die verlassenen polnischen Vorkriegskasernen am Stadtrand von Oświęcim aus, das auf Deutsch Auschwitz heißt.

Mit der Errichtung des Lagers begannen die Nazis im April 1940. Rudolf Höss, der bis dahin Adjutant im Konzentrationslager Sachsenhausen gewesen war, wurde zum Kommandanten des Lagers Auschwitz ernannt. Am 14. Juni 1940 wurden mit 728 Polen aus dem östlich von Krakau gelegenen Tarnów die ersten politischen Häftlinge von der Gestapo nach Auschwitz verbracht. Damals befanden sich auf dem Gelände 14 eingeschossige und 6 zweigeschossige Gebäude. In den Jahren 1941 und 1942 mussten Häftlinge alle eingeschossigen Bauten um ein Stockwerk aufstocken und acht weitere Gebäude errichten, so dass das Lager Auschwitz schließlich aus insgesamt 28 zweigeschossigen Gebäuden sowie einer Küche und einigen Wirtschaftsbaracken bestand. Im Jahr 1941 entstand das Nebenlager Auschwitz II-Birkenau, und im Jahr 1942 errichtete man das Lager Auschwitz III-Monowitz auf dem Fabrikgelände der IG Farben. Weitere 40 kleinere Nebenlager wurden gebaut. Die Zahl der Häftlinge nahm immer mehr zu. Sie wurden in den Blocks und dort auch in den Kellern und Dachböden untergebracht. Zunächst waren es etwa 13 000 bis 16 000 Gefangene, 1942 stieg die Zahl auf etwa 20 000 Inhaftierte. Im Laufe der Zeit wurde Auschwitz zum größten nationalsozialistischen Konzentrationslager. Während man in der ersten Phase überwiegend Polen, besonders die polnische Elite, einlieferte, wurden nach und nach auch Menschen aus anderen besetzten Staaten nach Auschwitz gebracht. Nach der Wannseekonferenz am 20. Januar 1942, als Vertreter der obersten Reichs- und Parteidienststellen unter Vorsitz von Reinhard Heydrich die ›Endlösung der Judenfrage‹ organisiert hatten, wurde Auschwitz schließlich zum Ort des größten Massenmordes in der Geschichte der Menschheit, als dessen Ziel sich die Nazis die völlige Vernichtung der europäischen Juden gesetzt hatten. Die deportierten Juden wurden überwiegend bereits kurz nach ihrer Ankunft mit dem Zug im Lager Auschwitz II-Birkenau in die dortigen Gaskammern verbracht und ermordet. Die Schätzungen schwanken, die Historiker gehen von 1,1 bis 1,5 Millionen Ermordeten aus.

Gegen Ende des Zweiten Weltkrieges, als die Rote Armee immer weiter nach Westen vordrang, begann die SS mit der Demontage und Zerstörung der Gaskammern und Krematorien. Dokumente wurden vernichtet, Spuren sollten verwischt werden. Wer noch marschfähig erschien, wurde ins Reichsinnere getrieben. Die im KZ Verbliebenen befreite die Rote Armee am 27. Januar 1945. Seit 1996 ist dieses Datum in Deutschland der offizielle Gedenktag für die Opfer des Nationalsozialismus.

Bereits im Jahr 1947 errichtete man auf der Grundlage eines Gesetzes des Sejms auf dem Lagergelände das staatliche Museum Auschwitz-Birkenau. Die UNESCO nahm dieses im Jahr 1979 in die Liste des Weltkulturerbes auf.

Auschwitz heute

Auschwitz-Birkenau ist heute ein Museum. Dieser Museumscharakter wird besonders auf dem Gelände des ehemaligen Stammlagers Auschwitz deutlich, wo sich Ausstellungen zum Leben und Töten in den verschiedenen Blocks befinden. Das etwa drei Kilometer vom Stammlager entfernte Nebenlager Auschwitz II-Birkenau hingegen ist auch heute noch ein Ort der grausamen Stille.

Eine Besichtigung des Konzentrationslagers beginnt in aller Regel vor dem Eingangstor, das mit den ebenso bekannten wie zynischen Worten ›Arbeit macht frei‹ überschrieben ist. Im Dezember 2009

▲ *Das Innere einer Baracke in Birkenau*

sorgte ein Diebstahl dieses Schriftzugs für Aufsehen. Etwa ein Jahr später wurde ein Rechtsextremist aus Schweden von einem polnischen Gericht zu einer Haftstrafe verurteilt, weil er den Diebstahl des Schildes ›Arbeit macht frei‹ in Auftrag gegeben hatte.

Vom Eingangstor mit dem zynischen Schriftzug geht es zu den verschiedenen Blocks mit ihren Ausstellungen zur Geschichte des Lagers. Tafeln und Karten mit Fotos und Texten veranschaulichen den Lageralltag und liefern der Nachwelt Beweise über die auf diesem Gelände vollzogenen Verbrechen. Das Modell der Gaskammer und des Krematoriums II in Saal 4 im Obergeschoss des vierten Blocks zeigt zum Beispiel, wie die Menschen in den unterirdischen Auskleideraum gehen mussten und was anschließend mit ihnen geschah: Da die Männer der SS ihnen nach einer Selektion erklärt hatten, sie bekämen ein Bad, verhielten sich die Todgeweihten ruhig. Dann hatten sie ihre Kleidung abzulegen und in einen Raum zu gehen, der wie ein Duschraum mit Brausen an den Decken aussah. Doch ist niemals Wasser durch diese Brausen geflossen. Nach der Schließung der Gaskammern schütteten die SS-Männer durch einen Einwurf in der Decke das Gift Zyklon B in das Innere. Etwa 15 bis 20 Minuten dauerte dort der Todeskampf. Dann brach man den Ermordeten die Goldzähne heraus, schnitt ihnen die Haare ab, nahm ihnen den Schmuck ab und brachte die Leichen zum Verbrennen zu den Krematoriumsöfen oder auf den Scheiterhaufen. Saal 5 des vierten Blocks zeigt bei der Lagerbefreiung vorgefundenes, aus Menschenhaar hergestelltes Haargewebe. Gerichtsmediziner wiesen in den Haarmassen Spuren von Zyklon B nach. Beweise in Form von vorgefundenen Gegenständen der Ermordeten zeigt auch

Auschwitz-Birkenau

Die Umgebung von Krakau

die Ausstellung im fünften Block. In verschiedenen Sälen sind Massen von Schuhen, Koffern, Brillen, Prothesen, jüdischen Gebetsbüchern und Bürsten zu sehen und auch Schuhe und Koffer in verschiedensten Größen – die Nazis machten keinen Unterschied zwischen Erwachsenen und Kindern. Viele Besucher von Auschwitz empfinden gerade diesen Teil des Museums als den am schwersten zu ertragenen.

Anders als an den übrigen Häusern des Lagers verbindet die Blocks 10 und 11 eine hohe Mauer, die Todeswand. Tausende von Menschen wurden vor dieser Mauer erschossen. Im elften Block befand sich das Lagergefängnis. Das Museum zeigt heute die frühere Bedeutung des Gebäudes. Im Erdgeschoss tagte das Standgericht. Nicht selten wurden dort innerhalb von nur drei Stunden bis zu hundert Menschen zum Tode verurteilt. Die Exekutionen fanden sofort an der Todesmauer statt – Berufung ausgeschlossen. Das Untergeschoss, in dem

1941 bei einem Vergasungsversuch zur Tötung von Menschen etwa 600 sowjetische Kriegsgefangene und etwa 250 kranke Häftlinge starben, zeigt das Lagergefängnis mit seinen Zellen. In Zelle Nr. 18 sperrte man zum Hungertod Verurteilte ein. In Zelle Nr. 20, einer Dunkelzelle, erstickten Menschen. In Zelle Nr. 21 sind an der Wand Zeichnungen eines Häftlings erhalten. Erhalten ist auch das Krematoriumsgebäude des Stammlagers Auschwitz. In den Originalkrematoriumsöfen verbrannten die SS-Männer in den Jahren 1940 bis 1943 täglich etwa 350 Leichen.

Neben der Besichtigung der verschiedenen Lagerblöcke gibt auch ein im Filmsaal des Eingangsgebäudes mehrmals täglich in verschiedenen Sprachen gezeigter Film Aufschluss über das Lagerleben. Der Eintritt zum ehemaligen Konzentrationslager ist frei. Gruppen sind verpflichtet, sich einem Museumsführer anzuschließen. Dabei ist das Sprachenangebot an Museumsführern groß.

Zöpfchen

Der im Jahr 1921 in Radomsko geborene und im April 2014 in Wrocław (Breslau) gestorbene polnische Lyriker Tadeusz Różewicz hat sich in seinem berühmten, 1948 verfassten Gedicht ›Zöpfchen‹ mit den Grausamkeiten von Auschwitz auseinandergesetzt. Das Gedicht ist in der deutschen Übersetzung von Henryk Bereska in Różewiczs Gedichtband ›Zweite ernste Verwarnung‹ im Jahr 2000 im Hanser Verlag erschienen.

Zöpfchen

von Tadeusz Różewicz

*Nachdem alle frauen des transports
kahlgeschoren waren
legten vier mann mit besen
aus lindenzweigen
das Haar zusammen*

*Hinter den sauberen scheiben
liegt das steife haar
der in gaskammern erstickten
in diesem haar stecken nadeln
und hornkämme*

*Kein sonnenlicht erhellt es
kein wind zaust es
keine hand kein regen kein mund
berührt es*

*In großen kisten knäuelt sich
das trockene haar der vergasten
da ist ein graues zöpfchen
ein mäuseschwänzchen mit schleife
an dem in der schule
freche bengels zupfen.*

Tadeusz Różewicz

Auschwitz-Birkenau

Das etwa drei Kilometer vom Stammlager Auschwitz I entfernte Nebenlager Auschwitz II-Birkenau erreicht man heute entweder zu Fuß, mit den vom 15. April bis zum 31. Oktober im Stundentakt fahrenden Bussen oder mit dem Taxi – und natürlich mit dem eigenen Auto, doch sind Parkplätze dort rar. Von den über 300 Baracken des einst etwa 175 Hektar großen Geländes sind heute noch 45 steinerne und 22 hölzerne erhalten. Birkenau war ein reines Vernichtungslager, gebaut allein für den Massenmord. Zigtausende Menschen waren hier zeitgleich untergebracht. Im August 1944 erreichte die Zahl der männlichen und weiblichen Häftlinge die 10 000er-Grenze. Vom Turm der Hauptwache der SS am Eingang zum Nebenlager kann man sich einen Überblick über das Gelände verschaffen. Der Blick vom Turm führt direkt zur Eisenbahnausladerampe. Am Ende der Eisenbahnausladerampe sind die Ruinen von zwei Krematorien zu sehen. Als das Lager Anfang 1945 aufgegeben wurde, hatte die SS sie gesprengt, um ihre Spuren zu verwischen.

Bei einer Besichtigung auch heute noch gut vorstellbar sind die katastrophalen hygienischen Bedingungen im Lager Birkenau. Es fehlte an Wasser und Sanitäreinrichtungen, Rattenmassen machten sich breit. Ein Gang über das Lagergelände bietet die Möglichkeit, in die im Originalzustand erhaltenen Baracken hineinzugehen. Überwiegend gab es im Inneren keinen Fußboden. Häftlinge bewegten sich auf festgestampfter Erde. In den dreistöckigen Kojen wurden etwa acht Menschen auf einer Kojenebene zusammengepfercht.

Auf der gegenüberliegenden Seite des Turms der Hauptwache befindet sich heute das Internationale Mahnmal zur Ehre der Opfer von Faschismus und Vernichtung in Auschwitz. Es wurde 1967 eingeweiht und erinnert mit Tafeln in verschiedenen Sprachen an die auf diesem Boden begangenen Verbrechen.

Die Umgebung von Krakau

 Oświęcim (Auschwitz)

Vorwahl: 033.
Postleitzahl: 32-600.

Wer eine Anreise mit dem eigenen PKW plant, fährt von Krakau am besten über die Landesstraße 44 über Skawina und Zator oder aber zunächst über die Autobahn A4 und dann ab der Ausfahrt Chrzanów über die Straße 933 nach Oświęcim, etwa 80 km in westlicher Richtung. Vor dem ehemaligen Konzentrationslager befinden sich ausreichend Parkplätze.

Empfehlenswert ist eine Anreise mit dem Bus, organisierte Tagesausflüge von Krakau nach Auschwitz werden zu allen Jahreszeiten angeboten. Zwei Touristikbüros, die diese Fahrten anbieten, sind: **Jordan**, ul. Pawia 8, 31-154 Kraków, Tel. 012/4226091, www.jordan.pl.

Krakturs, ul. Kościuski 22, 30-105 Kraków, Tel. 012/4292598, www.krakturs.com.pl. Vom Krakauer Busbahnhof fahren auch mehrmals täglich Linienbusse nach Oświęcim. Die Busse halten am Eingang des Museums, die Fahrtzeit beträgt etwa 90 Minuten.

Man kann auch mit dem Zug von Krakau und Katowice nach Oświęcim fahren, muss dann aber noch zu Fuß zum etwas außerhalb gelegenen ehemaligen Konzentrationslager gehen.

Hotel Galicja, ul. Dąbrowskiego 119, Tel. 8436115, www.hotelgalicja.com.pl; DZ 55–65 Euro. Drei-Sterne-Hotel mit Zimmern unterschiedlicher Standards (Hotel Galicja und Hotel Galicja Superior). Im Rahmen des Wellnessangebots auch Jogakurse.

Hotel Kamieniec, ul. Zajazdowa 2, Tel. 8432564, www.hotelkamieniec.com.pl; DZ etwa 35 Euro. Einfaches Hotel mit 39 Betten in 14 Zimmern unterschiedlicher Größe.

Hotel Pierrot, ul. Jagiełły 2, Tel. (mobil) 0662/049377, www.noclegiosiwecim.pl; DZ mit Dusche/WC und Sat-TV etwa 40 Euro. Kleines und neues Hotel mitten im Zentrum der Stadt Oświęcim.

Centrum Dialogu i Modlitwy (Zentrum für Dialog und Gebet), ul. Maksymiliana Kolbego 1, Tel. 8431000, www.cdim.pl; DZ etwa 55 Euro, Gruppenpreise sind günstiger. Das Zentrum für Gebet und Dialog ist eine Einrichtung der katholischen Kirche und wurde 1992 vom Krakauer Kardinal Macharski in der Nähe des Museums im ehemaligen Konzentrationslager Auschwitz errichtet. Dies geschah in Zusammenarbeit mit Bischöfen aus ganz Europa und in Abstimmung mit Vertretern jüdischer Organisationen. 130 Betten sowie verschiedene Veranstaltungs- und Besprechungsräume.

Międzynarodowy Dom Spotkań Młodzieży (Internationales Jugendbegegnungshaus), ul. Legionów 11, Tel. 8432107, www.mdsm.pl. Die Internationale Jugendbegegnungsstätte verfügt über 100 Plätze in 22 Doppel-, 4 Dreibett- und 11 Vierbettzimmern, verteilt auf drei Häuser. Erwachsene zahlen 27 Euro pro Nacht, unabhängig davon, ob die Übernachtung im Einzel-, Doppel- oder Dreibettzimmer erfolgt. Übernachtung im Zelt 6 Euro pro Person.

Restauracja Menada, ul. Więźniów Oświęcimia 8, Tel. (mobil) 0606/911635, www.restauracja-menada.pl. Das nicht weit vom Museum im ehemaligen Konzentrationslager gelegene Restaurant führt eine Karte mit traditionellen polnischen Speisen sowie mit Gerichten aus aller Welt.

Staatliches Museum Auschwitz-Birkenau, ul. Więźniów Oświęcimia 20, Tel. 8432133 oder 8448100, www.auschwitz.org.pl. Mitte Dez. bis Febr. 8–15 Uhr, März, Nov. bis Mitte Dez. 8–16 Uhr, April u. Okt. 8–17 Uhr, Mai, Sept. 8–18 Uhr, Juni, Juli, Aug. 8–19 Uhr; Informationsbüro über ehemalige Häftlinge, Archiv, Bibliothek und Museumsverwaltung Mo–Fr 8–14 Uhr. Der Eintritt auf das Gelände der Gedenkstätte Auschwitz-Birkenau ist kostenlos. Führungen: Gruppen sind verpflichtet, einen Museumsführer zu nehmen. Sie können im Vorfeld über die Kontaktanschrift und die Telefon- und Faxnummern oder auch vor Ort bestellt werden. Fremdsprachige Führungen sind problemlos möglich.

Karte S. 18

Der schöne Rynek bildet den Mittelpunkt Tarnóws

Tarnów

Etwa 80 Kilometer östlich von Krakau, am Fluss Dunajec, liegt mit dem rund 120 000 Einwohner zählenden Tarnów die zweitgrößte Stadt der Wojewodschaft Kleinpolen. Allein schon wegen der schönen Altstadt lohnt sich ein Ausflug in die von Renaissancebauten und einer großen jüdischen Vergangenheit geprägte Stadt. Mit dem Zug ist die Stadt von Krakau aus sehr gut zu erreichen. Gleiches könnte für das Auto auch gelten, wäre nicht die E 40 von Krakau nach Tarnów regelmäßig hoffnungslos überfüllt. Die Stadt Tarnów wirbt heute mit dem Slogan, der polnische Wärmepol zu sein. Die Jahresdurchschnittstemperatur soll mit 8,8 Grad Celsius deutlich über dem polnischen Durchschnitt liegen.

Geschichte

Erste schriftliche Erwähnungen der Siedlung Tarnów gehen auf den Anfang des 12. Jahrhunderts zurück. Erst etwa 200 Jahre später, im Jahr 1308, taucht der Name der heutigen Stadt ein weiteres Mal auf. In einer Liste von Wundern aus dem Leben der seligen Kinga wird von einer Marta von Tarnów berichtet. Diese Marta soll auf dem linken Auge blind gewesen sein und mit dem rechten Bein gehinkt haben. Bei der Beichte vor dem Grab der seligen Kinga habe sie diese Leiden verloren. Marta von Tarnów ist damit die erste heute bekannte Einwohnerin der Stadt. Im Jahr 1330 verlieh König Władysław Łokietek die Stadtrechte an Tarnów. Die Einwohner der Stadt sollten sich, so hieß es damals, der gleichen Rechte wie die Einwohner der königlichen Stadt Krakau bedienen. Die Blütezeit Tarnóws ist eng mit Hetman Jan Tarnowski (1488–1561) verbunden. Tarnowski war ein Adliger und Gelehrter der Renaissance, der unter anderem mit

Erasmus von Rotterdam korrespondierte. Tarnowski erstellte schriftliche Anleitungen zur Ausübung öffentlicher Ämter in Tarnów, zum Verhalten gegenüber Feinden, zur Brandbekämpfung sowie zur Organisation der Handwerkszünfte. Darüber hinaus holte der von dem neuen Stil der Renaissance begeisterte Hetman Jan Tarnowski Baumeister und Künstler dieser Zeit von weit her in seine Heimatstadt. So kam durch ihn Bartolomeo Berecci nach Tarnów, der sich bereits in Krakau als Schöpfer der Sigismundkapelle auf dem Wawel einen Namen gemacht hatte. Gleich nach Tarnowskis Tod begann der Bildhauer Jan Maria Mosca Padwy, der sich anschließend Padovano nannte, mit der Fertigung eines Grabmals des gelehrten Hetmans Jan Tarnowski. Das kunstvolle Denkmal ist heute in der Kathedrale in der Altstadt zu besichtigen.

In dieser Blütezeit lebten etwa 1200 bis 2000 Menschen in Tarnów. Die Stadt bestand im 16. Jahrhundert aus einer Schule, einer Kirche, einer Synagoge und etwa 200 Häusern. Wahrscheinlich befand sich Ende des 16. Jahrhunderts auch eine protestantische Kirche in Tarnów. Zahlreiche Brände, Seuchen und Kriege vernichteten den im 16. Jahrhundert entstandenen Wohlstand der Stadt. Besonders schwerwiegend waren die Schäden in Folge des Einfalls schwedischer Truppen im Jahr 1655. Einer Überlieferung nach überlebten gerade einmal 768 Bürger Tarnóws diesen Raubzug.

Schon im Zuge der Ersten Polnischen Teilung im Jahr 1772 wurde die Stadt vom Habsburgerreich besetzt und gehörte fortan zur österreichischen Region Galizien. In dieser Zeit stieg Tarnów zur Kreisstadt und zum Bischofssitz auf. Aus einer im Jahr 1787 angefertigten kompletten Übersicht über die Bevölkerung ergab sich, dass damals 395 Christen und 1236 Juden in Tarnów lebten. Etwa drei Viertel der Bevölkerung waren somit jüdischen Glaubens. In den umliegenden Vorstädten war dieses Verhältnis umgekehrt: 957 Christen und 127 Juden wurden gezählt.

Da Krakau im Gegensatz zu Tarnów bis 1795 noch zu Polen gehörte, war Tarnów in der Anfangszeit der österreichischen Besatzung das Zentrum des westlichen Galiziens. Gleiches galt für die Zeit der sogenannten Freien Republik Krakau in der ersten Hälfte des 19. Jahrhunderts. Tarnów litt also nicht nur unter der Besatzung, es gewann in dieser Zeit auch an Bedeutung. Zwar unterstreicht man in Tarnów heute, dass General Józef Bem, Widerstandskämpfer im Kampf um die polnische Unabhängigkeit während der russisch-österreichisch-preußischen Besatzung des Landes, im Jahr 1794 in Tarnów geboren wurde und damit ein Kind der Stadt ist. Doch schlug der Krakauer Aufstand gegen die Besatzer des Jahres 1846 im 80 Kilometer entfernten Tarnów in eine blutige, von den Bauern im Kreis Tarnów getragene und vermutlich von den österreichischen Besatzern unterstützte Antiunabhängigkeitsrevolte um. Unter der Besatzung durch die Habsburger stieg die Bevölkerungszahl in Tarnów deutlich an. So zählte die Stadt im Jahr 1870 etwa 22 000 und im Jahr 1911 fast 40 000 Einwohner. Sie war damit nach Krakau und dem heute zur Ukraine gehörenden Lemberg (Lviv) die drittgrößte Stadt der Region Galizien. Mit dem Anstieg der Bevölkerungszahl ging eine spürbare Verbesserung der Infrastruktur einher. Unter anderem wurden in dieser Zeit Wasser- und Elektrizitätsleitungen gelegt und der Bahn-

hof erbaut. Nach dem Ersten Weltkrieg gehörte Tarnów wieder zum nun unabhängig gewordenen Polen.

Am 28. August 1939 explodierte in der Gepäckaufbewahrung des Bahnhofs eine in einem Koffer versteckte Zeitbombe. 20 Menschen starben, ein Deutscher wurde als Täter ausgemacht. Auch wenn sich dieser Vorfall tatsächlich vier Tage vor dem Überfall auf Polen an der Westerplatte an der Ostsee ereignete, so dürfte doch die heute in Tarnów aufgestellte These, der Zweite Weltkrieg habe in Tarnów begonnen, sehr zu hinterfragen sein.

Der Zweite Weltkrieg wirkte sich fatal auf die zu einem Großteil aus Juden bestehende Bevölkerung der Stadt aus. Am 9. November 1939, also ein Jahr nach den Pogromen gegen die jüdische Bevölkerung im Deutschen Reich, brannten die jüdischen Einrichtungen auch in Tarnów. Von der alten Synagoge blieb nur noch die Bima übrig. Am 14. Juni 1940 wurden 728 Einwohner Tarnóws ins Konzentrationslager Auschwitz abtransportiert. Sie waren die ersten Insassen des Lagers. Das von den Nazis in Tarnów eingerichtete Ghetto wurde im September 1943 aufgelöst, die Bewohner verschleppt und ermordet.

Die Besatzung durch die Nationalsozialisten endete am 18. Januar 1945, als die Rote Armee dorthin vordrang. Im kommunistischen Polen wurde die Stadt 1957 zum Sitz einer Wojewodschaft, einer polnischen Bezirksverwaltung. Diesen Status behielt sie bis Anfang 1999, als man die Wojewodschaften Tarnów, Krakau und Nowy Sącz im Zuge einer Verwaltungsreform zur Wojewodschaft Małopolska Zachodnia mit der Hauptstadt Krakau zusammenfasste. Seit dieser Zeit hat die Wojewodschaftsverwaltung ihren Hauptsitz in Krakau, Tarnów ist nur noch Sitz einer Nebenstelle.

Karte S. 177

Ein Stadtrundgang

Die wichtigsten Sehenswürdigkeiten befinden sich allesamt am und um den Marktplatz in der Altstadt. Die Besucher, die mit öffentlichen Verkehrsmitteln anreisen, kommen vom Hauptbahnhof oder dem nur wenige Meter davon entfernten Busbahnhof über die ul. Krakowska, eine der Haupteinkaufsstraßen, in das Zentrum. Dieser Fußweg dauert etwa 15 Minuten.

■ Kathedrale

Ein Stadtrundgang könnte an der Basilika am plac Katedralny beginnen. Seit 1972 trägt die Kathedrale den Namen ›Bazylika Mniejsza‹ (›Kleinere Kathedrale‹), weil sich an der ul. Krakowska zwischen Bahnhof und Altstadt eine größere Kirche befindet.

Die Altstadtkathedrale, Bazylika Mniejsza genannt, wurde ursprünglich im 14. Jahrhundert als einschiffiges Gebäude ohne Turm im Stil der Gotik errichtet. Erst nach und nach wurden ihr in den folgenden Jahrhunderten Kapellen hinzugefügt. So baute man gegen Ende des 14. Jahrhunderts an die Südseite der Kirche die Kaplica Bożego Ciała (Fronleichnamskapelle), die auch Kaplica świętego Krzyża (Heiligkreuzkapelle) genannt wird. Im Jahr 1415 folgte dann ebenfalls an der Süd-

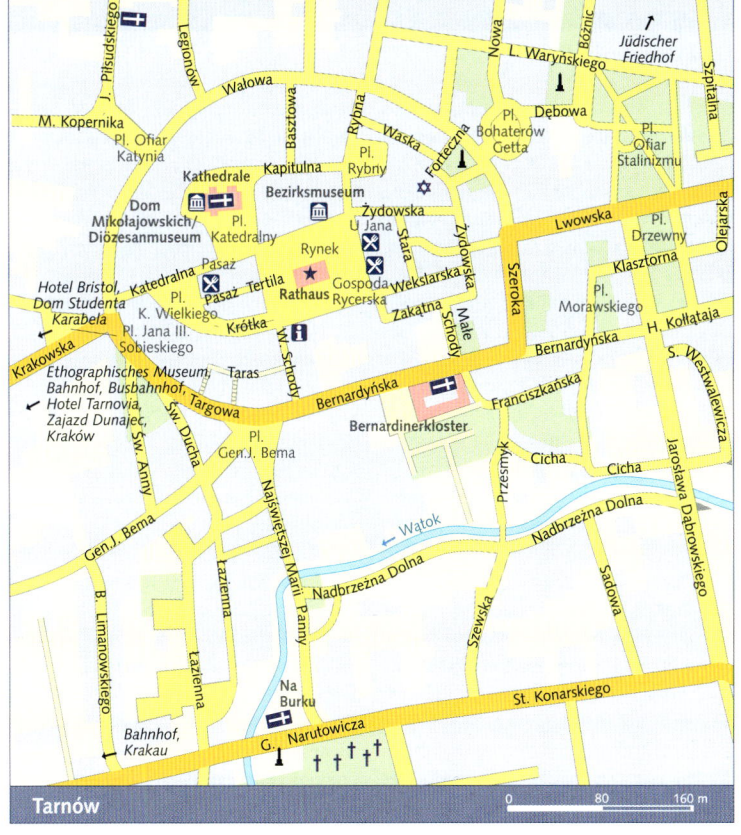

Tarnów

0   80   160 m

Die Umgebung von Krakau

Das Rathaus in der Mitte des Rynek

seite der Anbau der Kaplica Rozesłania Apostołów (Kapelle der Aussendung der Apostel). Diese Kapelle geht auf die Initiative des Hetmans Jan Tarnowski zurück. Daher ist in dem Sterngewölbe der Kapelle ein achtzackiger Stern zu sehen – das Siegelwappen der Elżbieta von Szternberg, der Ehefrau Tarnowskis. Gegen Ende des 15. und Anfang des 16. Jahrhunderts erfolgte dann der Anbau des Turms und des Altarraums. Über die damalige Höhe des Kirchturms ist nichts bekannt. Heute ragt er jedenfalls 72 Meter hoch in den Himmel. Weitere Kapellen wurden in der Folgezeit angebaut, so dass allmählich ein dreischiffiges Gebäude entstand. Erst im Jahr 1890 erhielt die Altstadtkathedrale im Zuge eines umfassenden Umbaus im Stil der Neogotik ihre heutige Gestalt.

Im Inneren der Kirche sind verschiedene **Grabmale** mit bildhauerischen Darstellungen von Verstorbenen zu sehen. Von besonderer Bedeutung ist das Grabmal Tarnowskis. Das auf der linken Seite des Altarraums angebrachte Werk des Bild-

hauers Jan Maria Padovano ist insgesamt fast 14 Meter hoch. Mittelpunkt des Kunstwerks ist die zwischen zwei aus rotem Marmor gefertigten Säulen stehende Grabnische und die darin befindliche und ebenfalls aus rotem Marmor bestehende Statue des Hetmans. Die untere der beiden Statuen stellt dessen Sohn Jan Krzysztof Tarnowski dar. Heldenszenen aus dem Leben des Hetmans und Wappenschilder runden das einzigartige Grabmal ab. An der rechten Seite des Altarraums ist das Grabmal der im Jahr 1517 verstorbenen Mutter Tarnowskis, der Barbara von Rożnów (Barbara z Rożnowa), zu sehen.

In der südwestlichen Ecke der Kathedrale befindet sich in der früheren Kaplica Rozesłania Apostołów ein weiteres bedeutendes, wahrscheinlich von Bartolomeo Berecci erschaffenes Grabmal. Es zeigt Barbara von Tęczyn, die 1521 verstorbene erste Ehefrau Jan Tarnowskis. Dieses Grabmal gilt als eine der schönsten und bedeutendsten Renaissancedarstellungen einer Frau.

■ Dom Mikołajowskich

Verlässt man die Kathedrale über den Südeingang, führt der Weg durch eine kleine Gasse um den Kirchturm herum. Direkt vor dem Turm steht am plac Katedralny 5 das zu einer Reihe von miteinander verbundenen Wohngebäuden gehörende Haus der Mikołajowskis (Dom Mikołajowskich). Von den beiden Nachbargebäuden unterscheidet sich dieses Haus durch seine nicht verputzte Klinkerbauweise. Das 1524 errichtete Haus der Mikołajowskis ist das älteste noch nahezu vollständig erhaltene Wohngebäude in der Stadt Tarnów. Ein mit einer Inschrift versehenes Wappen über dem Renaissanceportal weist auf diese Jahreszahl und auf den Erbauer des Hauses, Jan Mikołajowski, hin. Im Dom Mikołajskowich sowie in den beiden Nachbargebäuden befindet sich heute das **Museum der Diözese Tarnów**. Die Ausstellung umfasst Gegenstände mittelalterlicher Sakralkunst, Malerei, Bildhauerei und liturgische Kleidung.

■ Am Rynek

Über den Bogen um die Kirche herum gelangt man auf den Rynek, den 80 mal 90 Meter großen Marktplatz der Stadt. Unübersehbar befindet sich sich das historische **Rathaus** im Mittelpunkt dieses Platzes. Das viereckige Gebäude stammt ursprünglich aus dem 15. Jahrhundert und erhielt in der zweiten Hälfte des 16. Jahrhunderts sein heutiges, wenn auch durch Umbauten insbesondere gegen Ende des 19. Jahrhunderts verändertes, im Stil der Renaissance gestaltetes Äußeres. Ebenso wie der etwa 30 Meter hohe Rathausturm besteht der obere Teil des Hauptgebäudes aus nicht verputzten Klinkern. 28 Vertiefungen geben dem oberen Teil des Rathauses, der Attika, ein besonderes Erscheinungsbild. An der Südseite weist ein leider nicht mehr im Original, aber wohl getreu nachgebildetes Steinportal auf den Haupteingang hin. Heute beherbergt das ehemalige Rathaus eine Filiale des Bezirksmuseums. Erinnerungsstücke an General Józef Bem, militärische Gegenstände, Porzellan und polnische Malerei aus dem 19. und 20. Jahrhundert sind dort zu sehen.

Das Rathaus ist von schönen **Renaissancehäusern** umgeben. Die Mehrzahl der Gebäude stammt aus dem 18. Jahrhundert, aber auch einige noch ältere Häuser sind gut erhalten. Die Nummern 20 und 21 sind die vielleicht schönsten Gebäude am Rynek. Beide Häuser sind mit Arkaden versehen und an den Fassaden originell bemalt. Am Haus mit der Nummer 20 ist ein Schild mit einem Wappen zu sehen, das auf das Jahr 1565 als Datum der Errichtung hinweist. Im Nachbarhaus mit der Nummer 21 wohnte nach der ersten polnischen Teilung Richard d'Alton, ein österreichischer General irischer Abstammung, der 1772 an der Besetzung Tarnóws teilnahm. Auch dieses Gebäude wurde unter der öster-

Die Reste der früheren Synagoge

reichischen Besatzung als Quartier des Militärstabs genutzt. Heute ist in den Häusern das Bezirksmuseum untergebracht, das polnische und europäische Malerei sowie Glas- und Porzellansammlungen ausstellt.

■ Der jüdische Stadtteil

Wie erwähnt, stellten die Juden im 18. Jahrhundert die Mehrheit der Einwohnerschaft Tarnóws. Von den mit ihnen verbundenen Einrichtungen der Stadt ist seit dem Zweiten Weltkrieg nicht mehr viel übrig geblieben, einige Spuren lassen sich aber noch finden.

Von der Nordostecke des Marktplatzes ist rasch die ul. Żydowska, die Judenstraße erreicht. Von der im 17. Jahrhundert links der ul. Żydowska erbauten und im November 1939 abgebrannten Synagoge ist nur noch die **Bima** erhalten. Von diesem erhöhten Punkt wird in Synagogen die Thora verlesen.

Ein Eingangsportal führt von der ul. Żydowska auf den heute nur noch von

der Bima bebauten Platz, an dem früher die Synagoge stand. Die Überdachung, die die Reste des Baus vor der Witterung schützen soll, wurde in den 1980er Jahren aufgebaut. Seit einiger Zeit wird die Bima alljährlich im Juni für Konzerte im Rahmen der Tage des Andenkens an die Tarnówer Juden genutzt.

Hält man sich am Ende der geraden Straße, an der die ul. Żydowska nach rechts abknickt, nach links, so stößt man auf die ul. Forteczna. Durch eine schmale Pforte gelangt man nun zu einem 1985 hier aufgestellten **Denkmal**, das an den in Tarnów geborenen Józef Bem (1794–1850) erinnert. Bem kämpfte im 19. Jahrhundert gegen die österreichische Besatzung und für die Unabhängigkeit der polnischen und der ungarischen Nation. Ganz in der Nähe des Bem-Denkmals liegt der Plac Bohaterów Getta (Platz der Ghettohelden). Wie der Name bereits verrät, befand sich hier das von den Nazis 1942 errichtete und 1943 aufgelöste Ghetto.

Vom Platz der Ghettohelden führt die kleine Straße ul. Dębowa in die ul. Bóżnic zum **Denkmal** zu Ehren der Opfer des ersten Auschwitztransportes, der von Tarnów ausging. An dem Platz, auf dem sich das Denkmal befindet, steht seit 1904 auch die jüdische **Mikweh**, das rituelle Reinigungsbad. Seitdem das jüdische Leben in Tarnów im Zweiten Weltkrieg ausgelöscht wurde, wird das Gebäude nicht mehr religiös genutzt.

Von der ehemaligen Mikweh aus führt der Weg über die al. Mickiewicza und die al. Matki Boskiej Fatimskiej zu dem zwischen den Straßen ul. Szpitalna und ul. Słoneczna gelegenen **jüdischen Friedhof**. Der etwas abseits des Zentrums gelegene Friedhof ist eine der ältesten jüdischen Begräbnisstätten in Polen. Die ältesten Gräber stammen aus dem 17. Jahrhundert. Grabinschriften in hebräi-

Im Ethnographischen Museum

Karte S. 177

scher, polnischer und deutscher Sprache sind erhalten.

■ Weitere Sehenswürdigkeiten

Auch wenn sich die **Marienkirche** mit dem Namen ›Na Burku‹ (Auf dem Burek) an der Kreuzung ul. Panny Marii und ul. Narutowicza ein ganzes Stück außerhalb des Zentrums befindet, so ist doch der Gang dorthin empfehlenswert. Die schöne Holzkirche am kleinen Fluss Wątok wurde in der ersten Hälfte des 15. Jahrhunderts erbaut. Zur Zeit der polnischen Teilungen wurde in ihr regelmäßig am 3. Mai, dem heutigen Nationalfeiertag, anlässlich der Verfassung des Jahres 1791, ein patriotischer Gottesdienst gefeiert.

 Tarnów

Vorwahl: 014.

Postleitzahl: 33-100.

Informationszentrum, Rynek 7, Tel. 6889090, www.tarnow.travel. Neben dem üblichen Angebot auch Verleih von Fahrrädern. Zwischen Juni und September ist eine Zweigstelle in unmittelbarer Nähe von Bahnhof und Busbahnhof ebenfalls geöffnet. Allgemeine Infos zur Stadt unter www.tarnow.pl.

Das 80 km östlich von Krakau gelegene Tarnów ist über die E40 (Richtung Tarnów, Rzeszów, Medyka) mit dem Auto einfach zu erreichen, doch bilden sich auf der Straße ab Bochnia regelmäßig Staus.

Mindestens ebenso bequem wie mit dem Pkw ist Tarnów mit dem Bus oder dem Zug zu erreichen. Die tagsüber ein bis zwei Mal stündlich von Krakau nach Tarnów fahrenden Züge benötigen je nach Zugklasse für die Strecke etwa 60 bis 90 Minuten. Busse fahren vom Busbahnhof vor dem Krakauer

Gegenüber der Kirche Na Burku, an der ul. Narutowicza, liegt der 1788 angelegte **christliche Friedhof** der Stadt, der Stary Cmentarz (Alter Friedhof). Dort befindet sich unter anderem das Grab der 1795 in Tarnów verstorbenen Herzogin Maria Anna von Lubomir Radziwiłłowa, die an den österreichischen, polnischen und französischen Königshöfen für ihr überaus üppiges Leben bekannt war.

Sehenswert ist auch das **Ethnographische Museum** an der ul. Krakowska 10. Eine ständige Ausstellung zeigt die Geschichte und die Kultur der Roma, von denen heute nicht mehr viele in Kleinpolen leben. Zu sehen sind dabei auch einige Wagen, mit denen Romafamilien früher durch die Lande zogen.

Hauptbahnhof ab und sind etwa genauso lange unterwegs, wenn es unterwegs keine Staus gibt.

Bahnhof und Busbahnhof in Tarnów liegen etwa 1 km vom Marktplatz entfernt.

Hotel Bristol, ul. Krakowska 9, Tel. 6212279, www.hotelbristol.com.pl; DZ incl. Frühstück und Internetzugang 80 Euro. Unmittelbar an der Altstadt gelegenes 4-Sterne-Haus, Konferenzräume, kleiner Fitnessraum, Solarium und Restaurant.

Hotel Tarnovia, ul. Kościuszki 10, Tel. 6300350, www.hotel.tarnovia.pl; DZ 60 Euro. 3 Sterne, in der Nähe des Bahnhofs; Restaurant, Bar und Frisiersalon.

Zajazd Dunajec, ul. Krakowska 85, 33-113 Tel. 6741112, www.hoteldunajec.pl; DZ etwa 40 Euro. Zwei Sterne, an der Fernstraße nach Krakau im Ortsteil Zgłobice. Alle Zimmer mit Dusche/WC und TV.

Dom Studenta Karabela, ul. Al. Piaskowa 10, Tel. 6273899; DZ etwa 17 Euro. Einfache, nur in der Ferienzeit für Touristen nutzbare Unterkunft im Studentenwohnheim mit Etagenbad und -WC.

Die Umgebung von Krakau

Restauracja U Jana, Rynek 14, Tel. 6260564. Österreichische und polnische Küche in gehobener Atmosphäre, direkt am Marktplatz.

Gospoda Rycerska, ul. Wekslarska 1, Tel. 6275980. Verschiedene Pizzen und traditionelles polnisches Essen in urgemütlicher Atmosphäre, an der südöstlichen Ecke des Marktplatzes.

Pasaż, pl. Kazimierza Wielkiego 2, Tel. 6278278, www.pasaz.tarnow.pl. In der Altstadt, traditionelle polnische und auch europäische Küche, abends gelegentlich Jazzkonzerte.

Kawiarnia Leliwa, Rynek 5, Tel. 6554355. Stilvoll eingerichtetes Café.

Bezirksmuseum, Rynek 20–21, Tel. 6212149, www.muzeum.tarnow.pl; Di, Mi u. Fr. 9-15 Uhr, Do 9-17 Uhr, So 10-14 Uhr, Mo u. Sa geschlossen.

Bezirksmuseum, Filiale im historischen Rathaus, Rynek 1, Tel. 6212149; Öffnungszeiten wie Hauptstelle am Rynek.

Diözesanmuseum, Plac Katedralny 6, Tel. 6264554, www.muzeum.diecezja.tarnow.pl; Di und Sa 10–15, So 9–14 Uhr, jeweils 12–13 Uhr Mittagspause.

Ethnographisches Museum (Filiale des Bezirksmuseums), ul. Krakowska 10, Tel. 6220625, www.muzeum.tarnow.pl; Di, Mi u. Fr. 9-15 Uhr, Do 9-17 Uhr, So 10-14 Uhr, Mo u. Sa geschlossen..

Zakopane

Der wohl bekannteste Ferienort Polens liegt weder an der Ostsee noch in Masuren, sondern in der Hohen Tatra: Zakopane. Hier, in dem polnischen Wintersportzentrum, trifft man sich, auch die High Society des Landes kommt hierher. Ob Popstar oder Politgröße – wer in Polen ›in‹ sein will, muss vom Ski- oder Snowboardfahren in Zakopane erzählen können. Das lässt sich unter anderem an der ul. Krupówki ablesen, der in ganz Polen bekannten Einkaufsstraße.

Die Geschichte Zakopanes begann im 17. Jahrhundert, als der Name der Kreisstadt mit ihren heute rund 30 000 Einwohnern erstmals in einer Chronik erschien. Nach und nach siedelten sich immer mehr Menschen an, so dass ein Ort entstand. 1765 sollen es 37 Häuser und zwei Mühlen gewesen sein. Fünf Jahre später wurde Zakopane, ebenso wie Nowy Targ und Nowy Sącz, von Österreich einverleibt, das seine Grenzen um einige Kilometer verschoben hatte. In den 1760er Jahren begann man auch mit dem Aufbau einer Eisenhütte im heutigen Ortsteil Kuźnice. Eine lange Hüttenwesentradition setzte

ein, und Zakopanes Eisenwerk wuchs im 19. Jahrhundert zum größten metallurgischen Betrieb in Galizien. Heute sind nur noch Reste davon erhalten.

Längst lebt die Stadt von anderen Einnahmequellen. Im 19. Jahrhundert wurde Zakopane als Ferienort entdeckt. Es erschienen erste Reiseführer in polnischer Sprache über die Region und die Stadt. Bekannte Ärzte kamen aus Warschau, um sich länger im Ort aufzuhalten und Menschen zu behandeln, und 1873 gründete sich die Zakopaner Tatra-Gesellschaft, eine Tourismusorganisation. Einen wichtigen Schritt in der Entwick-

Zakopane hat sich ganz auf die Touristen eingestellt

Karte S. 183

lung zum touristischen Anziehungspunkt bildete schließlich der Anschluss an das Eisenbahnnetz im Jahr 1899.

Zwischen den beiden Weltkriegen entwickelte sich Zakopane zum Wintersportzentrum. Eine Sprungschanze entstand in dieser Zeit ebenso wie zwei Sportstadien und die Seilbahn auf den Kasprowy Wierch. Bereits 1929 war Zakopane erstmals Austragungsort einer Skiweltmeisterschaft. Nach dem Zweiten Weltkrieg dauerte es einige Jahre, bis Zako-

pane seine Rolle als Kur- und Ferienort zurückerobern konnte. Trotzdem ist es nach und nach gelungen, die alten Zeiten noch zu übertreffen.

Inzwischen hat sich die Bedeutung des Tourismus in der polnischen Wintersportmetropole deutlich verändert. Die Rolle der Stadt als Kurort verringerte sich immer mehr. Stattdessen wurde der Tatraort zum Kultur- und Sportzentrum. Heute kennt man Zakopane weltweit als Austragungsort des Skisprungweltcups.

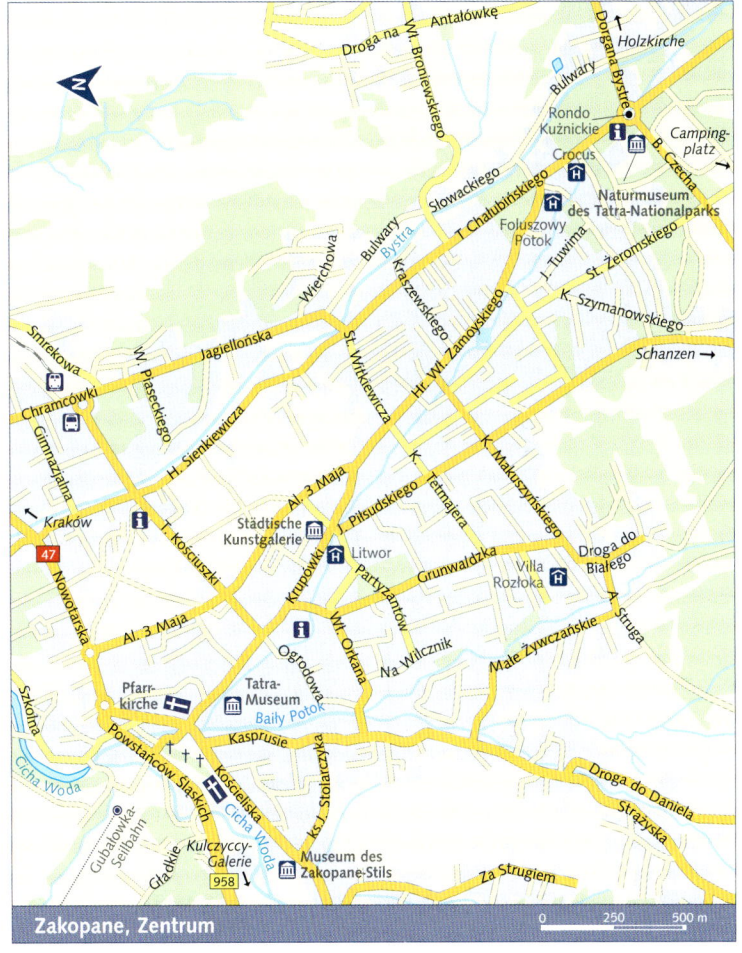

Zakopane, Zentrum

Die Umgebung von Krakau

Das Koliba-Haus, ein schönes Beispiel
für die Holzarchitektur

■ Architektur und Sehenswürdigkeiten

Zakopane kann stolz auf eine ausgeprägte und eigentümliche Architektur verweisen. Im sogenannten Zakopane-Stil erbaute Häuser zieren das Stadtbild nicht nur im Zentrum. Der Zakopane-Stil geht auf Stanisław Witkiewicz zurück, entstand in der zweiten Hälfte des 19. Jahrhunderts durch Fortentwicklungen der in Podhale, dem Tatravorland, vorherrschenden Architektur und ist an Formen der regionalen Schnitzkunst angelehnt. Bei den **Witkiewicz-Häusern** handelt es sich um Villen und große Pensionen, die aus Holzstämmen und auf hohen Mauerfundamenten errichtet sind. An der Südseite unter dem Dach befindet sich eine Veranda, im Dachbereich sind kleine Stuben eingerichtet.

Das älteste dieser Häuser ist die Villa Koliba in der ul. Kościeliska 18, die heute das Museum des Zakopane-Stils beherbergt. Weitere charakteristische Exemplare dieses Baustils sind das Tatra-Museum in der ul. Krupówki 10, das Haus ›Oksza‹ in der ul. Zamoyskiego 25 sowie die Holzkirche im Ortsteil Jaszczurówka. Ein besonders eindrucksvolles Beispiel eines Holzbaus ist auch die **Alte Kirche** in der ul. Kościeliska im Zentrum der Stadt. Sie ist die erste Holzkirche Zakopanes und stammt aus der Mitte des 19. Jahrhunderts. Im Inneren sind Meisterwerke der sakralen Volksmalerei zu sehen. Neben der Kirche befindet sich der Alte Friedhof, auf dem viele örtliche und auch regionale Persönlichkeiten begraben sind. Unter anderem fanden hier der erste Pfarrer in Zakopane, Józef Stolarczyk, und Dr. Tytus Chałubiński, der das bis dahin unscheinbare Bergdorf Zakopane in der zweiten Hälfte des 19. Jahrhunderts bekannt machte, ihre letzte Ruhe. Ebenso auf diesem Friedhof begraben liegt der 1930 verstorbene Regionalschriftsteller Władysław Orkan. Ihm werden noch

Jeweils im Januar, wenn sich die Elite des Skisprungs an der Wielka-Krokiew-Schanze im Süden der Stadt versammelt, schaut die Sportwelt auf die Kreisstadt in der Hohen Tatra. Schon Wochen vor dem alljährlichen Großereignis sind die rund 70 000 Gästebetten im Ort ausgebucht. Polnisch hört man in diesen Tagen wenig in den zahlreichen Kneipen, Restaurants und Bars, wenn die Sportler aus aller Welt mit ihren Teams anreisen. Zakopane ist jedoch zu jeder Jahreszeit ein Anziehungspunkt für ausländische Touristen. Einer der Höhepunkte der jährlichen Aktivitäten des Tourismusverbandes ist das jeweils in der zweiten Augusthälfte stattfindende Festival der Bergfolklore, das die Tradition der Góralen in lebhafter Weise darstellt. Auch außerhalb der regelmäßigen Feste und Wettbewerbe, besonders aber zu Ferienzeiten, ist man in Zakopane niemals allein. Die Stadt ist lebhaft, im Sommer wie im Winter.

Karte S. 183

heute große Verdienste für das kulturelle Leben in Zakopane zugeschrieben. Leider hat man in der zweiten Hälfte des 20. Jahrhunderts auch in Zakopane mit der Errichtung von Plattenbauten begonnen. Zwar prägen diese bei Weitem nicht das Gesicht der Stadt, doch passen sie kaum zu der traditionellen Holzbauarchitektur und trüben an einigen Stellen das Stadtbild.

■ **Museen und Galerien**

Zakopane ist nicht nur etwas für Sportinteressierte, auch kulturell hat die Stadt einiges zu bieten. Das älteste Museum vor Ort und zugleich auch eines der ältesten Polens ist das nach Dr. Tytus Chałubiński benannte **Tatra-Museum**. Die Ausstellung zeigt die Geschichte der Entdeckung der Tatra sowie die ethnographische Entwicklung in der Region. Ferner beherbergt das Museum eine Bibliothek und ein Archiv.

Ein weiteres wichtiges Museum für den Tatraort ist das **Museum des Zakopaner Stils** in der Villa Koliba. Das Museum ist nach Stanisław Witkiewicz, dem Begründer des einzigartigen Zakopaner Holzbaustils, benannt und stellt die Inneneinrichtung in Häusern dieser Architekturrichtung aus. Die Villa Koliba ist das älteste im Zakopane-Stil erbaute Haus.

Interessant ist auch das **Naturmuseum des Tatra-Nationalparks**. Naturwissenschaftliche Entdeckungen und Ausstellungen zur Geographie und Hydrographie der Hohen Tatra stehen im Mittelpunkt dieses Museums.

In der ul. Krupówki 41 wird eine städtische **Kunstgalerie** betrieben, und Liebhaber orientalischer Teppiche kommen in der nach Włodzimierz und Jerzy Kulczycy benannten **Galerie** in der ul. Koziniec 8, einer Filiale des Tatra-Museums, auf ihre Kosten.

Zahlreiche private **Galerien** wie die von Rudolf Krzyżak in der ul. Krupówki 35a oder Henryk Burzec in der ul. Piaseckiego 14 bieten Kunstinteressierten vielseitige Besichtigungsmöglichkeiten. Nicht übersehen werden darf, dass Kunst in Zakopane wie auch in anderen Touristenorten der polnischen Berge häufig Volkskunst meint und weniger an Ausstellungen moderner Kunst in den Großstädten Europas anschließt.

Die Umgebung von Krakau

Im Inneren der Alten Kirche an der ul. Kościeliska

Władysław Orkan

Ein Name, dem man häufiger in der Bergregion Kleinpolens begegnet, ist Władysław Orkan. Im Jahr 1875 als Franciszek Ksawery Smaciarz in Poręba Wielka im heutigen Kreis Limanowa geboren, wuchs der später unter dem Namen Władysław Orkan bekannte Schriftsteller und Dichter im polnischen Tatravorland in bescheidenen Verhältnissen auf: Sein Vater war Holzfäller.

Nach der Grundschulzeit ging der junge Franciszek nach Krakau, um dort das Gymnasium zu besuchen – allerdings ohne großen Erfolg. Auch wenn er in der Schulzeit bereits erste schriftstellerische Erfahrungen sammelte, verließ er die Schule ohne das Abitur.

Im Jahr 1898 veröffentlichte Władys-ław Orkan mit ›Nowele‹, einer Novellensammlung, sein erstes literarisches Werk. Es folgten weitere in der polnischen Literatur viel beachtete Erzählungen, Dramen und Gedichte wie ›Nad Urwiskiem‹ (›Über dem Abgrund‹), ›Wina i kara‹ (›Schuld und Strafe‹) und ›Tobie Podhale‹ (›Dir, Tatravorland‹).

Orkans Werke handeln überwiegend vom Leben im polnischen Dorf mit all seinen Sorgen und Nöten. Aber auch Naturschönheiten, die der Naturliebhaber in zahlreichen ausgiebigen Wanderungen erkundete, sind Gegenstand von Orkans literarischen Texten. Sein Werk wird ebenso wie das Schaffen des Krakauer Künstlers Stanisław Wyspiański der Kunst- und Literaturrichtung des Jungen Polen zugerechnet.

Władysław Orkan, Zeichnung von I. Rembowski (1919)

Das Schicksal bürdete Orkan einiges im Leben auf – zunächst der frühe Tod seiner ersten Frau, dann die schwere Erkrankung seiner Tochter, des einzigen Kindes. Im Mai 1930, als Władysław Orkan seine in Krakau im Sterben liegende Tochter besuchen wollte, starb er selbst dort. Man bestattete ihn zunächst auf dem Rakowicki-Friedhof, auf dem viele bekannte Krakauer Persönlichkeiten ihre letzte Ruhestätte fanden. Ein Jahr später hingegen wurde Orkan auf den kleinen Friedhof in der Nähe der Alten Kirche in der ul. Kościeliska in Zakopane umgebettet.

Zahlreiche Straßen, Schulen und öffentliche Gebäude im Tatravorland sind heute nach Władysław Orkan benannt. So trägt das Regionalmuseum in der Holzkirche in Rabka den Namen des Dichters. In Nowy Targ wurde nur wenige Jahre nach Orkans Tod ein Denkmal zu seinen Ehren aufgestellt. Und in Władysław Orkans Geburtsort, dem zur Gemeinde Niedźwiedź im Kreis Limanowa gehörenden Dorf Poręba Wielka, befindet sich ein Museum, das den Lebensweg des Schriftstellers darstellt.

■ **Wintersport in Zakopane**

Dass Zakopane grundsätzlich über ausgezeichnete Wintersportbedingungen verfügt, ist mittlerweile weit über die Grenzen Polens hinaus bekannt. Nicht nur für skisprungbegeisterte Zuschauer, die jährlich im Januar zum Weltcup in den Tatraort kommen, sondern auch für aktive Sportler hat die Stadt viel zu bieten. Zahlreiche Skilifte sind in der Umgebung vorhanden.

Ein Skilift mit angeschlossener Skischule befindet sich an der ul. Szymoszkowa direkt neben dem Hotel ›Kasprowy‹. Der einige Kilometer östlich vom Stadtzentrum gelegene Hang ist eher etwas für Anfänger, Profis werden hier keinen Reiz bei der Abfahrt verspüren. Aber man kann auch einfach den Kindern mit ihren Eltern auf dieser Piste zusehen. Die am Fuße des Hangs gelegene Hütte bietet nicht nur ›Skilehrlingen‹ gemütliche Bedingungen zum Après-Ski.

Eine weitere Möglichkeit zur Auffahrt bietet die Standseilbahn auf den Berg Gubałówka, die nicht nur von Wanderern, sondern auch von Ski- und Snowboardfahrern gerne genutzt wird. Ein Höhenunterschied von 300 Metern wird dann überwunden. Die Abfahrt vom Gipfel des Gubałówka auf Skiern direkt ins Zentrum von Zakopane ist durchaus empfehlenswert. Die Piste ist abends beleuchtet und, falls notwendig, auch mit künstlichem Schnee versehen. Eine 100 Meter lange und 13 Meter breite Halfpipe macht auch Snowboardfahrern Appetit auf den Gubałówka. Auf dem Berg befindet sich auch ein kleiner Zuglift, der auf einer Strecke von 300 Metern etwa 70 Meter in die Höhe fährt.

Besonders reizvoll ist die Abfahrt vom Gipfel des Kasprowy Wierch, den man mit der Gondelbahn erreicht. Die untere Station befindet sich im Tal des Ortsteils Kuźnice, die Endstation auf einer Höhe von 1959 Metern; sie ist ein beliebtes Ziel zahlreicher Wintersportfreunde. Die Gondelbahn auf den Kasprowy Wierch überwindet auf einer Strecke von 4291 Metern einen Höhenunterschied von 931 Metern. 180 Personen können pro Stunde befördert werden.

Weitere Skilifte befinden sich in der Nähe der Sprungschanze Wielka Krokiew und an vielen anderen Orten in der Umgebung. Zu bedenken ist allerdings, dass eine Schneegarantie in Zakopane ebenso wie an anderen Orten der Hohen Tatra nicht besteht. Gelegentlich, wenn auch selten, können im Winter schneefreie Tage auch in höheren Lagen der Tatra vorkommen. Zu berücksichtigen ist auch, dass trotz zahlreicher Skilifte insbesondere in Zakopane an Wochenenden und zur Hauptferienzeit mit längeren Wartezeiten vor den Skiliften zu rechnen ist.

ℹ Zakopane

Vorwahl: 018.

Postleitzahl: 34-500.

Touristeninformation (Centrum Infomacji Turystycznej), ul. Kościuszki 17, Tel. 182012211, www.zakopane.pl.

Von Krakau aus fährt man mit dem Pkw nach Zakopane am besten auf der E77 in südlicher Richtung. Rund 90 Minuten muss man dafür einkalkulieren. Die Straße kann mitunter voll sein.

Die mehrmals täglich direkt vor dem Ausgang des Krakauer Hauptbahnhofs nach Zakopane verkehrenden Linienbusse fahren ebenfalls auf der E77, der ›Zakopianka‹. Die Fahrt dauert etwa zwei Stunden. Züge fahren ebenfalls mehrmals täglich vom Krakauer Hauptbahnhof.

Die Umgebung von Krakau

In Zakopane gibt es eine große Auswahl an Unterkünften. Einige Tipps:

Hotel Litwor, ul. Krupówki 40, Tel. 2020255, www.litwor.pl; DZ ab etwa 150 Euro. 5 Sterne, in der bekannten Geschäftsstraße im Herzen von Zakopane, zweifellos eines der exklusivsten Hotels der Stadt. Umfangreiche im Haus vorhandene Freizeitmöglichkeiten wie Sauna, Kraftraum, Schwimmbad und Solarium ergänzen die komfortablen Zimmer; bewachte Parkplätze.

Hotel Crocus, ul. Chałubińskiego 40, Tel. 2026500, www.hotelcrocus.pl; DZ 135–150 Euro. In der Nähe der Skisprungschanze Wielka Krokiew, vier Sterne, modern und elegant, insgesamt 96 Betten und umfangreiches Wellnessangebot.

Dwór Karolówka, ul. Chłabówka 1, Tel. 2011317, www.karolowka.pl; DZ etwa 60 Euro. Drei Sterne, auf 950 Meter Höhe außerhalb des Stadtzentrums. 32 Zimmer mit 78 Betten bieten auch für Familien mit Kindern einen ordentlichen Komfort.

Pension Foluszowy Potok, ul. Zamoyskiego 42, Tel. 2066328, www.foluszowypotok.pl; Übernachtung/Frühstück etwa 15 Euro pro Person. Die Pension mit ihren insgesamt 31 Betten in Zwei- und Dreibettzimmern, allesamt mit Dusche/Bad und WC sowie Fernsehen und Internetanschluss ausgestattet, ist eine günstige und familienfreundliche Alternative zu den exklusiveren Hotels. Bei vorheriger Anmeldung wird auch Mittagessen und Abendbrot serviert.

Willa Roztoka, ul. Tetmajera 26, Tel. 2015333, www.roztoka.zakopane.pl; 20 Euro pro Person mit Frühstück. 5 Fußminuten von der ul. Krupówki, 60 Betten, alle Zimmer mit Bad, TV und Wasserkocher; Halbpension ist möglich.

Campingplatz Pod Krokwią, ul. Żeromskiego, Tel. 2012256, www.podkrokwia.pl.

Gut geführter Campingplatz, etwa 1 km vom Stadtzentrum entfernt, ganz in der Nähe der Sprungschanze. Zeltplatz, Holzhütten und Gästezimmer vorhanden, ab 2,50 Euro pro Person, Zelt ab 3 Euro, Übernachtung in einer Hütte ab 10 Euro pro Person; Hallenbad in der Nähe.

Tatra Museum Dr. Tytus Chałubiński, ul. Krupówki 10, Tel. 2015205, www. muzeumtatrzanskie.pl, Mo–Sa 9–17, So 9–15 Uhr.

Museum des Zakopane-Stils (Villa Koliba), ul. Kościeliska 18, Tel. 2013602, www. muzeumtatrzanskie.pl; Mo–Sa 9–17, So 9–15 Uhr.

Naturmuseum des Tatra-Nationalparks, ul. Chałubińskiego 42a, Tel. 2023312; Mo–Sa 8–15 Uhr.

Biographisches Museum Władysław Orkan, Poręba Wielka 109, 34-735 Niedźwiedź, Tel. 3317088; Di–Sa 9–16 Uhr.

Städtische Kunstgalerie, ul. Krupówki 41, Tel. 2012792, www.galeria.zakopane.pl; Di–Fr 10–17, Sa/So 10–14 Uhr.

Galerie Kulczyccy, ul. Koziniec 8, Tel. 2012936, Mi–Sa 9–16, So 10–18 Uhr.

Fahrradverleih u.a.:

Wypożyczalnia skuterów i rowerów (Scooter- und Fahrradverleih), ul. Krupówki 75; Tel. mobil 0048/601221884.

B.S. Tyrala, Dolina Chochołowska, Tel. 2658555.

Verleih von Ski- und sonstigen Wintersportausrüstungen:

Alpin Sport, ul. Krupówki 11, Tel. 2017095.

GO!Ski Zakopane, ul. Jagiellońska 30, 0048/664/278864 (mobil). Ski- und Snowbordschule mit professionellem Angebot.

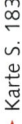

Karte S. 183

Die Góralen

In der großstädtisch geprägten Krakauer Bevölkerung kursieren gelegentlich Witze über die Góralen, das polnische Bergvolk. Ein Kalauer lautet so: »Frage: Wie übersetzt man folgenden Satz in die Góralensprache: ›Entschuldigen Sie bitte, ich habe Sie nicht richtig verstanden. Könnten Sie das bitte noch einmal wiederholen?‹ Antwort: ›Hääh?!‹«

In der Tat ist die Ausdrucksweise der Góralen derber als im übrigen Land. Ihr unverkennbarer Dialekt, der aus einem ›a‹ ein ›o‹ macht, verstärkt diesen Eindruck. Dennoch oder gerade deswegen ist die in Zakopane und Umgebung gepflegte Gebirgsfolklore eine echte Attraktion für die Region. Die Abgeschiedenheit von der übrigen Welt und die an Stelle des Ackerbaus vorherrschende Tierzucht haben über die Jahrhunderte hinweg einige kulturelle Eigenarten der Bergbevölkerung konserviert. Viele der zu besonderen Anlässen gepflegten Bräuche wie zum Beispiel spezielle Tänze haben ihren Ursprung in der Zeit, als die Góralen noch als Schafshirten in der Tatra lebten. Auch wenn sich die Tatraregion heute eigentlich nicht mehr von der Zivilisation des übrigen Europa unterscheidet, so leben die Góralen vielleicht doch noch stärker im Einklang mit der Natur.

Folklore genießt in der Bergregion einen hohen Stellenwert. Die Trachten ähneln denen aller Bergbewohner in den Karpaten. Männer tragen enge, helle und oben und unten bunt bestickte Hosen und weiße, zusammengeklammerte Leinenhemden mit einer Lederweste und einem flachen Hut mit runder Krempe. Frauen trugen ursprünglich graue oder blaue Röcke mit weißen Schürzen und helle Westen, darüber eine nur wenig bestickte Bluse, ein Tuch und Lederschuhe. Erst Ende des 19. Jahrhunderts näherte sich die Frauenkleidung den Krakauer Trachten an und wurde bunter.

Anders als bei den Krakauer Trachten, die nur noch von Folkloregruppen getragen werden, gilt die typische Góralentracht auch heute noch als normale Alltagskleidung, vielleicht bei Männern noch etwas ausgeprägter als bei Frauen. Bei einem Besuch in Zakopane bestehen gute Chancen, einen Mann in regionaltypischen Hosen und Hemden sowie mit entsprechender Kopfbedeckung zu entdecken. Eine lange Tradition hat auch die Rivalität zwischen den Krakauern und der Tatrabevölkerung. Sie drückt sich nicht nur in Witzen aus, sondern hielt Ende des 18. Jahrhunderts auch Einzug in das polnische Kulturgut. Eine Oper mit dem Titel ›Krakowiacy i Górale‹ (›Krakauer und Góralen‹) behandelt diese Konkurrenz. Aber die Oper des Komponisten Jan Stefani und des Dichters Wojciech Bogusławski lässt am Ende keinen Zweifel zu: Wenn es wirklich ernst wird, dann halten Stadt- und Bergvolk zusammen und kämpfen gemeinsam.

Ein Górale in Zakopane in typischer Tracht

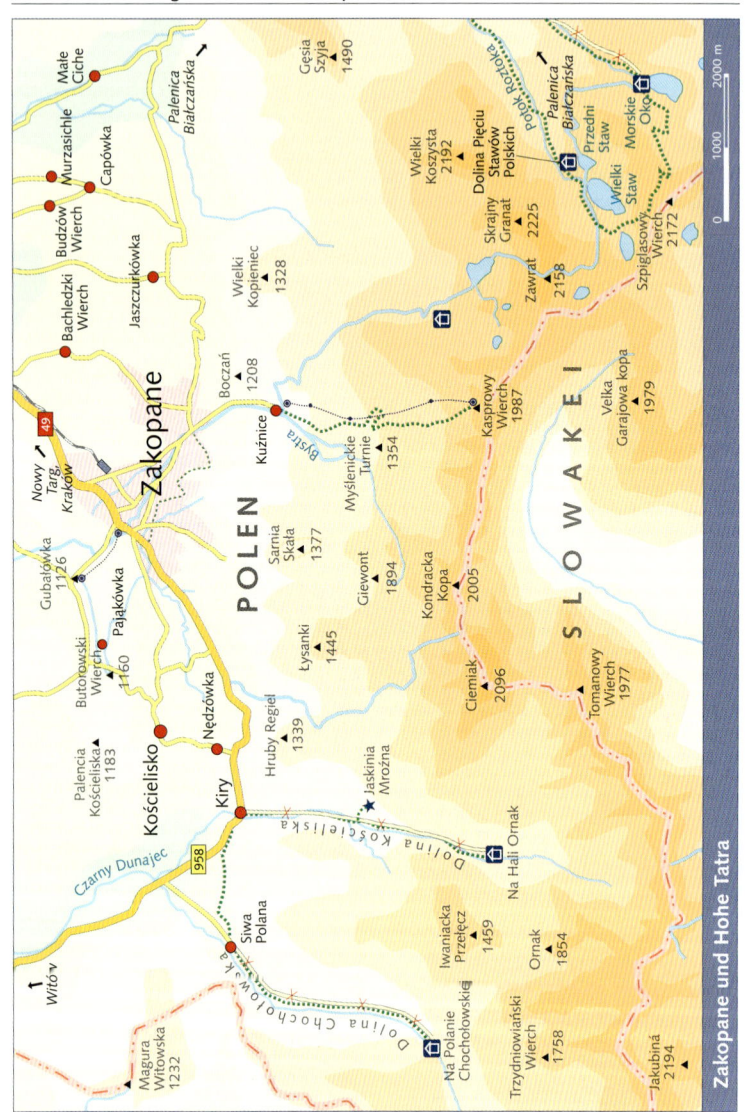

Zakopane und Hohe Tatra

Wanderungen in und um Zakopane

Die Hohe Tatra ist eines der kleinsten Hochgebirge der Welt und ein Anziehungspunkt für Wanderfreunde und Naturliebhaber. Die verschiedenen Wanderwege in und um Zakopane vollständig darzustellen, ist schier unmöglich. Im Folgenden werden daher nur sechs besonders schöne und beliebte Wanderungen und Ausflüge vorgestellt.

■ Gubałówka

Allen, die sich erstmals in Zakopane aufhalten, ist ein Ausflug auf den Berg Gubałówka zu empfehlen. Dorthin gelangt man, wenn man die ul. Krupówki in nördlicher Richtung entlangschreitet und über den Marktplatz mit seinen zahlreichen Buden und Händlern zur Standseilbahnstation am Fuße des Berges kommt. Von dort aus kann man, wenn man nicht gute 30 Minuten auf dem steilen Wanderweg nach oben gehen möchte, mit einer schienenbetriebenen modernen Standseilbahn auf den 1126 Meter hohen Gipfel des Gubałówka fahren. Nach einigen Minuten Auffahrt an der Bergstation angelangt, eröffnet sich dem Betrachter ein herrlicher Panoramablick über Zakopane und die Hohe Tatra. Neben dem Genuss dieser Aussicht laden Restaurants, Imbissstände und Souvenirläden zum Verweilen auf dem Gubałówka ein. Nicht nur im Sommer, sondern gerade auch im Winter, wenn bei klirrender Kälte in den mit Schnee bedeckten und mit Eiszapfen behangenen Hütten Glühwein am Lagerfeuer angeboten wird, ist es auf dem Gubałówka gemütlich.

Folgt man der asphaltierten Straße auf dem Kamm nach Westen, gelangt man durch Nadelwälder zu einem Ort, von dem aus man etwas weiter unten eine Skipiste, deren Sesselliftstation sich im Tal an der Polana Szymoszkowa befindet, sehen kann. Möchte man diese Strecke von der Standseilbahnstation bis zum Sessellift nicht zu Fuß gehen, kann man sich im Winter von einem Góralen auf von Pferden gezogenen Schlitten kutschieren lassen. Mit einer Schafswolldecke zugedeckt, ist diese Fahrt mit Nikolaus' Schlitten eine romantische Reise über den Gubałówka.

An der oberen Seilbahnstation angelangt, kann zu Fuß den Hang hinab bis ins Tal

So kommt man am schnellsten auf den Berg Gubałówka

gewandert werden, um dann nach Osten wieder in das Stadtzentrum zu gelangen. Wer bei der Auffahrt zum Gubałówka hingegen gleich einen Rückfahrschein erworben hat, kann den romantischen Weg durch den Nadelwald zurückgehen und mit der Standseilbahn wieder in die Nähe der Zakopaner Flaniermeile Krupówki fahren.

■ Kasprowy Wierch

Für all die, die gut zu Fuß sind, stellt eine Wanderung auf den 1987 Meter hohen Kasprowy Wierch, den wohl bekanntesten Berg im polnischen Teil der Hohen Tatra, eine besondere Attraktion dar. An den Fuß des vom Stadtzentrum etwa 1,5 Kilometer entfernten Berges gelangt man zu Fuß, mit dem Bus oder auch mit der Pferdekutsche über die ul. Chałubińskiego und den Ortsteil Kuźnice. In Kuźnice befindet sich eine Seilbahnstation. Eine geschlossene Gondel überwindet von dort aus bequem in etwa

Die Umgebung von Krakau

Der majestätische Kasprowy Wierch

zehn Minuten eine Höhendifferenz von 936 Metern zum Gipfel und legt dabei eine Strecke von mehr als vier Kilometern zurück.

Ein Erlebnis der besonderen Art ist jedoch der Aufstieg mit eigenen Kräften. Um nach oben zu kommen, folgt man von der Seilbahnstation dem grün markierten und fast parallel zur Bahnstrecke verlaufenden Wanderweg. Zunächst führt der Pfad durch Wald und am Bach Bystra vorbei und dann nach einer großen Schleife an die auf einer Höhe von 1360 Metern gelegene Zwischenstation an der Seilbahn am Gipfel des Myślenickie Turnie, wo die Seilbahn ihre Richtung um 30 Grad ändert. Hier angekommen, lohnt sich ein Blick nach Westen auf den Berg Giewont.

Ab der Zwischenstation wird der Pflanzenbewuchs dünner. Nicht mehr Wälder, sondern Zwergkiefern und Gräser säumen den nun immer steiler ansteigenden Wanderweg. Etwa zwei Stunden muss man für die Wanderung vom Myślenickie Turnie zum Gipfel des Kasprowy Wierch noch einplanen, wenn man sich für den Aufstieg aus eigener Kraft entschieden hat. Dann ist das Ziel erreicht. Am Gipfel angekommen, wird der anstrengende Weg bei schönem Wetter mit einzigartigen Ausblicken auf die Hohe Tatra belohnt. Die Endstation der Seilbahn befindet sich auf 1959 Meter Höhe, nur etwa 18 Meter unter dem Gipfel. An die Seilbahnstation grenzt eine Berghütte mit einem ausreichenden Speisen- und Getränkeangebot, wobei die Preise mangels Konkurrenz nicht gerade zimperlich sind. Dass nach einer ausgiebigen Pause der Abstieg ins Tal deutlich schneller geht als der Aufstieg, bedarf keiner Erklärung. Wer des Laufens müde ist, kann mit der Seilbahn nach Kuźnice zurückfahren.

■ Dolina Chochołowska

Wie die Wanderungen auf die Berggipfel haben auch Erkundungen der Täler um Zakopane ihre ganz besonderen Reize. Eines dieser schönen Täler ist die Dolina Chochołowska südwestlich vom Zakopaner Stadtzentrum. Um dorthin zu gelangen, nimmt man am besten einen der zahlreichen Busse oder Kleinbusse, die von dem Parkplatz vor dem Hauptbahnhof in Zakopane nach Siwa Polana fahren. Von dort sind es etwa acht Kilometer bis zum Ziel der Wanderung, einer Herberge im Tal. Auf einem zunächst noch asphaltierten Weg geht man den Bach Siwa Woda (Graues Wasser) entlang durch Wiesen, bis der Wanderweg in einen Wald führt. Nach etwa drei Kilometern endet nicht nur der Wald, sondern auch der asphaltierte Weg. Nun geht es auf befestigten, aber nicht geteerten Waldpfaden zunächst am Bach mit dem Namen Potok Chochołowski weiter. Einige hundert Meter nach dem Ende des

Asphaltweges biegt man nach Osten ab in den Weg ›Ścieżka nad Reglami‹. Nun wechseln sich wieder Wiesen und Waldbewuchs ab, bevor sich dem Wanderer eine im Frühjahr und Sommer eindrucksvoll bunte Wiese mit dem Namen Polana Chochołowska eröffnet. Auf ihr befinden sich alte Hirtenhütten – im Jahr 1983 soll sich hier Papst Johannes Paul II. auf seiner zweiten Wallfahrt nach Polen mit Lech Wałęsa getroffen haben. Die Góralen können noch heute davon berichten, dass sie ihrem Landsmann aus dem Vatikan bei seinem Besuch in der Dolina Chochołowska Oscypek, den geräucherten Schafsmilchkäse der Region, mit auf den Weg nach Rom gaben.

Von der Wiese aus ist es nicht mehr weit zur Herberge ›Na Polanie Chochołowskiej‹. Diese auf 1148 Meter Höhe liegende Hütte, die man nach gut zwei Stunden vom Parkplatz in Siwa Polana erreicht, bietet nicht nur Speisen und Getränke, sondern auch 133 Übernachtungsplätze.

Die Umgebung von Krakau

Auf dem Berg Gubałówka

Oscypek am Straßenrand

ESSAY

Was ist das nur, was die ältere Dame mit dem Kopftuch dort am Straßenrand den Passanten anbietet? Hat sie Gebäck in ihrem Korb – oder Kerzen? Es ist nichts von dem – es ist Oscypek, eine regionale Besonderheit, die schon so manchen Touristen auf eine falsche Fährte gelockt hat. Oscypek ist ein aus Podhale, dem Tatravorland, stammender, traditionell aus Schafsmilch hergestellter Käse, der heute ganz überwiegend aus einer Mischung von Schafs- und Kuhmilch produziert wird. Der Käse muss einige Zeit in Holzfässern in einer Salzmasse ziehen und wird dann in geschnitzten Holzformen gepresst und geräuchert, so dass er bei der Härtung sein typisches Äußeres erhält. Was dann nach süßem Gebäck aussieht und unerfahrene Touristen zu einem kräftigen Biss verführt, ist tatsächlich ein salziger Hartkäse, der eigentlich nur in sehr dünnen Scheiben zu genießen ist.

Besucher Kleinpolens werden immer wieder auf Frauen treffen, die den Oscypek am Straßenrand verkaufen. Er gehört einfach zu dieser Region wie das Weißbier zu Bayern. Nur so ist auch der Trubel zu verstehen, den es im Zuge der Verhandlungen über Polens Beitritt zur Europäischen Union um den Oscypek gab. Die Europäische Kommission rügte im Vorfeld des EU-Beitritts die Nichteinhaltung europäischer Hygienenormen bei der Herstellung des Góralenkäses, ein grundsätzlich erforderlicher Pasteurisierungsprozess fehle bei der traditionellen Herstellung. Die Senner sollten zudem bei der Produktion Schürzen und Handschuhe tragen. Und die Holzfässer, in denen der Oscypek in der Salzmasse gelagert wird, sollten schließlich gegen leicht zu reinigende Metallbehälter ausgetauscht werden.

Doch die Europäische Union hatte die Rechnung ohne die Käseproduzenten gemacht. Die Góralen gingen für ihren traditionellen Käse auf die Barrikaden, demonstrierten in ihrer ›Hauptstadt‹ Zakopane und schrieben Behörden und Abgeordnete an. Schließlich wurde der Oscypek beim Patentamt als regionale Besonderheit angemeldet. Der Käseproduktion ohne Pasteurisierung und Schürzen, dafür aber in Holzfässern, stand seitdem nichts mehr entgegen.

Ein typischer Oscypek-Verkaufsstand

■ Dolina Kościeliska

Großer Beliebtheit bei den Tatratouristen erfreut sich das Tal Dolina Kościeliska, das ebenfalls südwestlich von Zakopane, aber östlich der Dolina Chochołowska liegt und das vielleicht das schönste Tal der westlichen Tatra ist. Auch dorthin gelangt man mit dem Bus oder dem Kleinbus vom Zakopaner Hauptbahnhof aus. Doch fährt man nun nicht bis zum Ende der Route, sondern steigt bereits in Kiry aus. Wer dann am Anfang der etwa acht Kilometer langen Wanderung bis zum anderen Ende des Tals steht, darf sich auf eine Tour durch eine abwechslungsreiche Landschaft mit Felsen, Wiesen und Wasserquellen freuen.

Der Bach Kirowa Woda, dem an einigen Stellen Felsen immer wieder seine Breite nehmen, zeigt den Weg auf dem ersten Abschnitt der Wanderung durch die Dolina Kościeliska. Nach etwa 15 Minuten gelangt man an eine weite Wiese, die den Namen Wyżnia Mietusia Kira trägt. An der Wiese kreuzt der Weg zur Dolina Chochołowska die Strecke. Wer dort schon war und sich nun zum Tal Dolina Kościeliska aufmacht, geht an dieser Wegkreuzung geradeaus. Über weitere Wiesen erreicht man schließlich das aus Felsen gebildete Tor mit dem Namen Brama Kraszewskiego. Dort führt der Weg links über eine kleine Brücke an einer Quelle vorbei und über einen schwarzen Weg zur Jaskinia Mroźna (Frosthöhle). Diese etwa 500 Meter lange Höhle, die den Namen Frosthöhle nicht zu Unrecht trägt, befindet sich in einem Berg mit dem Namen Organy auf einer Höhe von 1112 Metern; eine Besichtigung erfordert aufgrund des steilen Anstiegs einige Anstrengung. Für den Eintritt in die Höhle sind 3 zł zu bezahlen. Sie lohnen sich, denn der Gang durch die steinerne Enge mit einigen Stalaktiten und Stalagmiten ist ein Höhepunkt einer Tatratour. Am Ausgang

Wasserfall bei Zakopane

führen Stufen aus Holz und Felsen in das Tal Dolina Kościeliska zurück. Durch eine weitere Wiese wandert man nun wieder am Gebirgsbach vorbei und gelangt zu einer Schlucht mit dem Namen ›Wąwóz Kraków‹. Einige steile Pfade führen vom Wanderweg ab zu weiteren begehbaren Höhlen. Weiter entlang der Hauptstrecke wird der Weg nun schmaler und lässt den Bach mal links und mal rechts liegen. Nach zwei weiteren Wiesen bietet die Berghütte ›Na Hali Ornak‹ auf einer Höhe von 1108 Metern Wanderern Erholung und Unterkunft.

Denjenigen, die noch nicht genug erlebt haben und sich noch nicht auf dem gleichen Weg zurück zur Bushaltestelle begeben möchten, bietet sich von der Herberge aus noch ein weiterer, etwa eine halbe Stunde dauernder Ausflug zu einem Bergsee mit dem Namen Smreczyński Staw an. Ein Wanderweg in unmittelbarer Nähe zur Herberge Ornak führt über einen steilen Aufstieg dorthin. Der mühsame Weg wird mit romantischen Blicken auf einen in den

Wäldern der Hohen Tatra liegenden See belohnt. Spätestens jetzt sollte man sich aber wieder auf den gut zwei Stunden dauernden Rückweg machen.

■ Morskie Oko

Ein ganz besonderes Erlebnis ist der Anblick auf den einige Kilometer östlich von Zakopane gelegenen Bergsee mit dem Namen Morskie Oko (Meeresauge). Dieser See befindet sich in unmittelbarer Nähe zur polnisch-slowakischen Grenze am Fuße des höchsten polnischen Berges, dem 2499 Meter hohen Rysy. Morskie Oko ist eines der beliebtesten Ausflugsziele in der Hohen Tatra. Vom Minibusbahnhof in Zakopane – er liegt in der Nähe des Hauptbahnhofs – dauert die Anreise bis zum Ausgangsparkplatz in Palenica Białczańska etwa eine halbe Stunde, und man kann sich angesichts des außerordentlichen Bekanntheitsgrades des Morskie Oko stets sicher sein, nicht allein auf diesem Parkplatz zu stehen. Gerade an Wochenenden im Sommer machen sich Tausende auf den Weg, und die Möglichkeiten, Autos in der Nähe des Eingangs in den Nationalpark und damit in der Nähe des Wanderwegs zum Morskie Oko abzustellen, sind begrenzt. Eine asphaltierte Straße führt vom Parkplatz zu dem Bergsee. Heute ist die Straße nicht mehr für den Kraftfahrzeugverkehr zugänglich. Mit Touristen beladene Pferdekutschen und leicht auf die Vierbeiner einpeitschende Góralen haben diesen Weg längst für sich erobert. Die romantische Kutschentour durch die idyllische Bergwelt der Hohen Tatra ist eine lohnenswerte Angelegenheit. Schon am Parkplatz warten die Kutschen auf potentielle Gäste. Von der Endstation der Droschkentour bis zum Morskie Oko ha-

ben Wanderer noch etwa 25 Minuten zurückzulegen. Die insgesamt etwa acht Kilometer lange Strecke vom Parkplatz in Palenica Białczańska mit einem Höhenunterschied von 430 Metern kann aber auch komplett zu Fuß erobert werden. Links des asphaltierten Wegs fließt zunächst der kleine Grenzfluss Białka. Ein Blick über den Bach hinweg eröffnet herrliche Aussichten auf den slowakischen Teil der Hohen Tatra. Dem Asphaltweg weiter folgend, gelangt man nach einiger Zeit an den Bach Rybi Potok, der die Richtung bis zum Bergsee weist.

Morskie Oko, das Ziel dieser Wanderung, ist mit seiner Länge von etwa 860 Metern und einer Breite von etwa 560 Metern der größte Bergsee der Hohen Tatra. Das bis zu 50 Meter tiefe Wasser ist sichtbar klar, und eine Auszeit in dieser Bergidylle hinterlässt bleibende Eindrücke.

Die Wanderung über die asphaltierte Strecke dauert nicht ganz zwei Stunden.

■ Über das Tal Pięciu Stawów Polskich zum Morskie Oko

Wer mehr Zeit hat und eine anspruchsvolle Wanderung nicht scheut, kann vom Parkplatz in Palenica Białczańska auch über das Tal der fünf polnischen Teiche, die Dolina Pięciu Stawów Polskich, zum Morskie Oko gelangen. Statt der zwei Stunden, die der direkte Weg in Anspruch nimmt, sind für diese Strecke 4,5 Stunden einzuplanen.

Zunächst beginnt man den Aufstieg über die bereits auf dem direkten Weg zum Morskie Oko zu benutzende Straße. Nach etwa 30 Minuten verlässt man aber den asphaltierten Weg und biegt am Bach Potok Roztoka über eine kleine Brücke nach rechts ab. Von der Brücke

Der Gebirgssee Morskie Oko ist ein beliebtes Ausflugsziel

sollte ein Blick auf die nach dem polnischen Dichter Adam Mickiewicz benannten Wasserfälle geworfen werden, bevor man dann durch einen Wald weitergeht. Warnschilder auf dem weiteren Weg weisen auf Bären hin. Aus diesem Grund sollten Touristen auch keine Essensreste am Wegesrand liegen lassen, denn sie ziehen die in dieser Region Europas noch heimischen Bären an.

Nach einiger Zeit gelangt man zur oberen Waldgrenze, und von nun an führt der Pfad durch Zwergkieferfelder. Links abbiegend, führt später ein schwarz markierter, sehr steiler Wanderweg direkt zur Berghütte ›W Dolinie Pięciu Stawów Polskich‹ im Tal Dolina Pięciu Stawów. Die Hütte befindet sich auf einer Höhe von 1672 Metern am Przedni Staw, dem Vorderen Teich. Es besteht aber auch die Möglichkeit, dem grünen Pfad folgend zu einem Wasserfall zu gehen, an dem

der Gebirgsbach Roztoka etwa 70 Meter tief in den Wielki Staw, den Großen Teich, fällt. Auch über den grünen Pfad, der wesentlich flacher ansteigt, gelangt man zu der Herberge am Przedni Staw. Von dort sind die anderen Teiche – der Mały Staw (Kleiner Teich), der Czarny Staw (Schwarzer Teich) und der Zadni Staw (Hinterer Teich) – nicht mehr weit. Wenn man sich nach einer Pause an der Berghütte zum Morskie Oko aufmachen will, hat man sich am blau gekennzeichneten Weg zu orientieren. Über einen steilen Weg zum Gipfel des Świstowa Czuba gelangt man allmählich wieder auf die asphaltierte Straße zum ab dort nicht mehr fernen Morskie Oko, wo der anstrengende Weg mit einer ausgiebigen Ruhepause belohnt werden kann. Auch hier bieten sich mit der Herberge ›Morskie Oko‹ Übernachtungsmöglichkeiten.

 Wanderungen in und um Zakopane

Vorwahl: 018.

🛏

Alle genannten Unterkünfte liegen postalisch in 34-500 Zakopane.
Herberge Na Polanie Chochołowskiej, Tel. 2070510, www.chocholowska.zakopane.pl. Einfache Herberge mit 121 Betten, DZ mit Waschbecken 20 Euro, Frühstück pro Person zusätzlich 3 Euro.
Berghütte Na Hali Ornak, skr. pocztowa 191 (Postfach), 34-500 Zakopane, Tel. 2070520. Einfache Herberge mit etwa 100 Gästebetten, Übernachtung pro Person 10 Euro.

Herberge Morskie Oko, skr. pocztowa 201 (Postfach), 34-500 Zakopane, Tel. 2077609, www.schroniskomorskieoko.pl. Zweckmäßige Übernachtungsmöglichkeit auf 1410 Meter Höhe, mit 78 Gästebetten in Drei- bis Sechs-Bettträumen sowie in Schlafsälen für 16 Personen. Übernachtung pro Person 7–12 Euro.
Berghütte W Dolinie Pięciu Stawów Polskich, skr. pocztowa 196 (Postfach), 34-500 Zakopane, Tel. 2077607, www.piecsta wow.pl. Einfache Herberge mit 68 Betten in 12 Zimmern, vom DZ bis zum 10-Personen-Schlafsaal, pro Person 8–12 Euro.

Eine Floßfahrt auf dem Dunajec

Nordöstlich der Hohen Tatra befindet sich das Kalksteinmassiv der Pieninen mit seinen beeindruckenden Landschaften und schroffen Bergen sowie dem Grenzfluss Dunajec. Manche Menschen in der Region Kleinpolen sind der Mei-

nung, dass gerade die Pieninen mit ihrer reichhaltigen Flora und Fauna und dem Dunajec-Durchbruch die touristisch sehenswerteste Attraktion Polens bilden. Am eindrucksvollsten erschließt sich dem Besucher dieser Nationalpark bei einer Floßfahrt. Sie ist jedem zu emp-

Der Dunajec windet sich durch eindrucksvolle Gebirgszüge

Die Umgebung von Krakau

fehlen – vorausgesetzt, man hält sich nicht in den Wintermonaten in der Region auf. Wer nicht mit dem Floß fahren möchte, dem sei die Wanderung am Ufer des Dunajec entlang empfohlen. Ein teilweise ausgebauter Wanderweg vereinfacht die Tour. Dabei sollte keinesfalls der Ausweis vergessen werden, da man sich ständig im Grenzgebiet aufhält. Seit einiger Zeit werden von Krakau aus Tagestouren in die Pieninen zu einer Floßfahrt auf dem Dunajec angeboten.

Diese beginnt in Kąty, einem Vorort von Sromowce Wyżne. An der mit Restaurantbetrieben, Sanitäranlagen und Parkplätzen gut auf die Touristenströme vorbereiteten Abfahrtsstelle steigt man in eines der hölzernen und mit Tannengrün zum Schutz vor Wasser geschmückten Flöße. Ein solches Gefährt besteht aus fünf schmalen und langen, aneinander-

gebundenen Kähnen und kann bis zu zwölf Personen aufnehmen. Zwei erfahrene Flößer pro Boot lenken die Fahrgäste mit Holzstaken auf dem Grenzfluss. Die Flößer erkennt man an der Abfahrtsstelle sofort an ihren traditionellen blauen und mit verschiedenen Verzierungen bestickten Westen und ihrem Góralenhut. Schon beim Einsteigen begrüßen sie die Gäste nicht selten mit einem derben Spruch im polnischen Bergdialekt. Dann beginnt die Fahrt. Links liegt Polen, rechts die Slowakei.

Nach etwa zwei Kilometern erreicht man auf der rechten Flussseite mit Majere die erste Ortschaft. Auf der polnischen Seite hingegen erlaubt die Landschaft einen Blick auf die ›Trzy Korony‹ (›Drei Kronen‹), das höchste Gebirgsmassiv der Pieninen, das mit dem Berg Okrąglica eine Höhe von 982 Meter erreicht. Weitere zwei Kilometer flussabwärts weisen die Flö-

Auf dem Weg nach Szczawnica

ßer auf das slowakische Dorf Czerwony Klasztor (›Rotes Kloster‹) hin. Im 18. Jahrhundert siedelte sich dort eine deutsche Minderheit aus Schwaben an. Die kleine Kirche, die auf der rechten Seite zu sehen ist, wurde in dieser Zeit gebaut. Etwas weiter in der slowakischen Landschaft ist eine kleine Holzkirche aus dem 16. Jahrhundert zu sehen. Nach einigen weiteren Kilometern ist man am Durchbruch des Dunajec angelangt. Mehrere scharfe Kurven um die Berge haben die Flößer dann zu absolvieren, und der ursprünglich breite Fluss wird deutlich schmaler und an einigen Stellen auch spürbar schneller. Links und rechts erheben sich hohe

Felsen mit so interessanten Namen wie Świnia Góra (›Schweinefels‹) und Wilcza Skała (›Wolfsfels‹).

Man ist nun am attraktivsten Abschnitt der Route angelangt. Auf einer Länge von sechs Kilometern sind bizarre Felsformationen in der engen Schlucht zu bestaunen. Erst wenige Kilometer vor der Anlegestelle in Szczawnica werden die Felsen rechts und links wieder kleiner. Auf der rechten Seite erscheint ein kleiner Grenzübergang. Die polnisch-slowakische Grenze verläuft durch den Berg Bystrzyk, und die Floßinsassen fahren nun wieder auf ausschließlich polnischem Boden.

Nach etwa 2,5 Stunden und 18 Kilometern Fahrt erreicht man den Ort Szczawnica, die Endstation der meisten von Polen aus startenden Floßfahrten. An der Anlegestelle befindet sich eine Vielzahl von Restaurants, Kiosken und Souvenirgeschäften, ältere Damen verkaufen Pantoffeln und geräucherten Schafskäse. Wer die längere Floßfahrt nach Krościenko gebucht hat, fährt noch etwa 4 Kilometer und 30 Minuten weiter. Von beiden Orten, Szczawnica und Krościenko, fahren Busse zurück zum Ausgangspunkt, nach Kąty. Floßfahrten auf dem Dunajec werden vom 1. April bis zum 31. Oktober angeboten.

ℹ Dunajec-Floßfahrt

Polskie Stowarzyszenie Flisaków Pieninskich (Polnische Pieninenflößergesellschaft), Biuro Spływu, 34-443 Sromoce Wyżne, Tel. 018/2629721, www.flisacy.pl. Öffnungszeiten der Kassenschalter in Kąty bei Sromowce Wyżne: April 9–16 Uhr, Mai bis August 8.30–17 Uhr, September 8.30–16 Uhr, Oktober 9–15 Uhr. November bis März geschlossen.
Fahrt bis Szczawnica 49 zł incl. Eintritt in den Pieninen-Nationalpark, ermäßigte Karten die Hälfte. Gruppen erhalten auf Anfrage spezielle Tarife.

Fahrt bis Krościenko 59 zł incl. Eintritt in den Pieninen-Nationalpark, ermäßigte Karten die Hälfte. Gruppen erhalten auf Anfrage spezielle Tarife.
Die Rückfahrt mit dem Bus ist zusätzlich kostenpflichtig.
Organisierte Tagesfahrten von Krakau in die Pieninen zur Floßfahrt auf dem Dunajec haben einige Reisebüros im Programm, so z.B.:
Reisebüro Jordan, ul. Gęsia 8, Tel. 4224033, www.jordan.pl.
See Kraków, ul. Floriańska 6, Tel. 4294499, www.seekrakow.pl.

Die polnische Sprache

Hätte die menschliche Zunge Knochen, müsste sie bei einigen Schülern der polnischen Sprache ständig eingegipst sein. Das glauben zumindest viele, die erstmals versuchen, polnische Worte laut vorzulesen. Ein wahrer Zungenbrecher ist zum Beispiel das Wort neunzig auf Polnisch: ›dziewięćdziesiąt‹. Mit den im Deutschen vorkommenden Lauten würde man das Wort wohl als ›dschjewjendschischont‹ ausschreiben, auch wenn diese Schreibweise wegen der fehlenden Sonderzeichen im Deutschen nur eine Annäherung bleiben kann. Dschjewjendschischont: wer diese Aussprache geschafft hat, sollte jemanden fragen, ob er ihm erklären kann, wie man mit deutschen Lauten die Zahl ›neunhundertneunundneunzig‹ ins Polnische übersetzt und ausschreibt.

Beim Anblick von den für deutsche Augen unglaublichen Konsonantenhäufungen wie zum Beispiel bei dem Wort ›pszczelarz‹ (Imker) schrecken viele vor einer intensiveren Auseinandersetzung mit der Sprache zurück, obwohl im östlichen Mitteleuropa Polnischkenntnisse ein enormer Vorteil sind. Denn mit dem Polnischen kann man sich auch mit Slowaken gut verständigen, und auch in Tschechien helfen Polnischkenntnisse über die alltäglichen Verständigungsschwierigkeiten hinweg. Schließlich zählt Polnisch zu den westslawischen Sprachen und ist daher mit dem Tschechischen, dem Slowakischen und dem von der sorbischen Minderheit im Osten Deutschlands gesprochenen Sorbisch eng verwandt. Verwandtschaften bestehen auch zu anderen slawischen Sprachen wie Russisch, Bulgarisch und Slowenisch.

Das Polnische kennt acht Vokale und 27 Konsonanten. Diese werden mit einem an das Polnische angepassten lateinischen Alphabet wiedergegeben. Neben den auffallend vielen Zischlauten und den Nasalen ist das ›ł‹, ein wie das englische ›w‹ (wonderful, win) ausgesprochener Buchstabe, eine Besonderheit.

Polnisch ist sicher keine einfache, aber eine sehr schöne Sprache. Und man kann sie lernen, wenn man in der Anfangsphase die Aussprache der für deutsche Zungen schwierigen Zischlaute und später die für die slawischen Sprachen typischen Unterscheidungen zwischen vollendeten und unvollendeten Verben sowie das Denken in sieben grammatischen Fällen in den Griff bekommt. Immerhin ist die Aussprache im Gegensatz zum Deutschen oder Englischen fast vollständig regelmäßig dem Schriftbild entsprechend. Am Ende des Buches findet sich ein kleiner Sprachführer und eine polnisch-deutsche Speisekarte.

Eine gute Adresse zum Polnischlernen ist in Krakau die private Sprachschule Prolog. Seit 1994 werden dort regelmäßig intensive Polnischkurse für Ausländer angeboten: **Prolog** – Szkoła Języków Obcych (Fremdsprachenschule), ul. Bronowicka 37, 30-084 Krakau, Tel. 6384565, www.prolog.edu.pl.

Empfehlenswert sind auch die drei- bis sechswöchigen Kurse der ›Sommerakademie der polnischen Sprache und Kultur‹, die von der Jagiellonen-Universität jährlich veranstaltet werden; Informationen unter www2.uj.edu.pl/SL/german.html.

Sprachführer

Aussspracheübersicht

Buchstaben(n)	Aussprache
e	offenes ›e‹ wie in ›Echo‹
o	offenes ›o‹ wie in ›offen‹
ó	entspricht ›u‹ wie in ›Muff‹
y	bezeichnet dumpfes ›i‹ wie in ›Bitte‹
ą	ähnlich dem französischen ›o‹-Nasal wie in ›mon‹, abhängig vom folgenden Laut auch wie ›am‹ oder ›an‹
ę	ebenfalls ein Nasalvokal, ähnlich dem französischen ›e‹-Nasal in ›fin‹, abhängig vom nachfolgenden Laut auch wie ›em‹ oder ›en‹

Die Verbindungen ›au‹ und ›eu‹ sind wie zwei einzelne Vokale auszusprechen. Gleiches gilt für Konsonantenverbindungen: Zum Beispiel wird ›ck‹ nicht zu ›k‹ (korrekte Aussprache: ›tzk‹) und ›nn‹ nicht zu ›n‹ verkürzt.

c	entspricht dem deutschen ›z‹, vor ›i‹ wie ›ć‹
ć	weiches (palatalisiertes) ›tsch‹
h, ch	bezeichnen denselben Laut, immer hart wie das deutsche ›ch‹ in ›Buch‹
cz	entspricht ›tsch‹
j	wie deutsches ›j‹
ł	entspricht dem englischen ›w‹ wie in ›what‹, am Wortende wird es fast immer verschluckt
ń	ist ein weiches ›n‹, man kann sich ein nachgestelltes, angedeutetes ›j‹ denken, etwa wie in ›Cognac‹ oder ›Anja‹
r	ist immer ein starkes, rollendes Zungen-›r‹ wie im Bayerischen
rz, ż	bezeichnen denselben Laut und werden wie französisches ›j‹ in ›journal‹ artikuliert
s	ist immer stimmlos, wie in ›Szene‹ oder ›Bus‹
ś	ein weiches (palatalisiertes) ›sch‹
sz	entspricht ›sch‹
z	wie stimmhaftes s in ›Sommer‹, doch im Auslaut stimmlos
ź	wie französisches ›g‹ in ›Giselle‹

Sprachführer

deutsch	polnisch
Allgemeine Wendungen	
Danke	dziękuję
Bitte	proszę
Entschuldigung, Verzeihung	przepraszam
Guten Tag	dzień dobry
Guten Abend	dobry wieczór

deutsch	polnisch
Gute Nacht	dobranoc
Auf Wiedersehen	do widzenia
Hallo/Tschüss	cześć
Ja	tak
Nein	nie
Verzeihung	przepraszam
Ich spreche kein Polnisch!	Nie mówię po polsku!
Ich verstehe nicht!	Nie rozumiem!
Wie geht es Ihnen?	Jak się Pan ma? (wenn der Gesprächspartner ein Mann ist) Jak się Pani ma? (wenn der Gesprächspartner eine Frau ist)
Wie geht's?	Jak się masz?
Wie heißen Sie?	Jak się Pan/Pani nazywa?
Wie heißt du?	Jak masz na imię?
gut, einverstanden	dobrze
Deutschland	Niemcy
Österreich	Austria
Schweiz	Szwajcaria
Polen	Polska

Ortsangaben

hier	tu/tutaj
dort	tam
links	lewo
nach links	na lewo
rechts	prawo
nach rechts	na prawo
geradeaus	prosto
gegenüber	na przeciw
nah	blisko
weit	daleko
Wo ist ...?	Gdzie jest ... ?

deutsch	polnisch
Wie komme ich nach ...?	Jak dojść do ...?

Zeitangaben

Wann?	Kiedy?
Wie lange?	Jak długo?
Wie spät ist es?	Która jest godzina?
morgens/früh	rano
nachmittags	po południu
abends	wieczorem
jetzt	teraz
heute	dzisiaj
gestern	wczoraj
morgen	jutro
Tag	dzień
Nacht	noc
Woche	tydzień
Monat	miesiąc
Jahr	rok

Zahlen

null	zero
eins	jeden
zwei	dwa
drei	trzy
vier	cztery
fünf	pięć
sechs	sześć
sieben	siedem
acht	osiem
neun	dziewięć
zehn	dziesięć
hundert	sto
tausend	tysiąc

deutsch	polnisch
Unterwegs	
Bahnhof	dworzec, stacja kolejowa
Bahnsteig	peron
Zug	pociąg
Busbahnhof	autobusowy, dworzec PKS
Fahrkarte	bilet
Flughafen	lotnisko
Abfahrt	odjazd
Ankunft	przyjazd
Hotel	hotel
Unterkunft	noclegi
Zimmer	pokój
(Jugend-)Herberge	schronisko (młodzieżowe)
Wanderheim	dom wycieczkowy
Biwakplätze	pola biwakowe
Boot	łódź
Kanusport	kajakarstwo
Kanurouten	szlaki kajakowe
wandern	wędrowanie
Wanderkarte	mapa turystyczna
Wanderweg	szlak turystyczny
Fahrrad	rower
Angel	wędka
Angelschein	zezwolenie wędkarskie
See	jezioro
Fluss	rzeka
Naturschutzgebiete	rezerwaty przyrody
Notfall	
Hilfe!	Ratunku! Pomocy!
Apotheke	apteka
Arzt	lekarz

deutsch	polnisch
Zahnarzt	dentysta
Krankenhaus	szpital
Rettungswagen	pogotowie ratunkowe
Polizei	policja
Pannenhilfe	pogotowie techniczne
Notarzthilfe	pogotowie ratunkowe
Feuerwehr	straż pożarna

Post/Geld

deutsch	polnisch
Postamt	poczta
Brief	list
Briefmarke/n	znaczek pocztowy/znaczki pocztowe
Telefon	telefon
Geld	pieniądze
Geldautomat	bankomat
Bank	bank
Wechselstube	kantor
Kreditkarte	karta kredytowa

Einkäufe

deutsch	polnisch
Geschäft	sklep
Bäckerei	piekarnia
Fleischerei	sklep mięsny
Lebensmittelgeschäft	sklep spożywczy
Buchhandlung	księgarnia
Kaufhaus	dom towarowy/handlowy
Wieviel kostet das?	Ile to kosztuje?

Hinweise

polnisch	deutsch
benzyna (bezołowiowa)	Benzin (bleifrei)
ciepła	warm
dla kobiet	Damen
dla mężczyzn	Herren

polnisch	deutsch
dla (nie)palących	für (Nicht)raucher
grozi śmiercia	Lebensgefahr
koniec	Ende
objazd	Umleitung
ostrożnie, uwaga	Vorsicht, Achtung
palenie wzbronione	Rauchen verboten
parking strzeżony	bewachter Parkplatz
przejście wzbronione	Durchgang verboten
stacja benzynowa	Tankstelle
ustępy, toalety	Toiletten
uwaga	Vorsicht, Achtung
wejście	Eingang
wyjście	Ausgang
wstęp wzbroniony	Betreten verboten
wolne	frei
wyjazd	Ausfahrt (an Autobahnen)
zajęte	besetzt
zamknięte	geschlossen
zarezerwowany	reserviert
zimna	kalt

Im Restaurant

Speisekarte	jadłospis
Frühstück	śniadanie
Mittagessen	obiad
Herr Ober/mein Herr ...	proszę pana
Frau Ober/meine Dame ...	proszę pani
Prost!	Na strowie! Na zdrowie!
Bitte die Rechnung!	Proszę o rachunek!

Eine typische Speisekarte

Zupa	**Suppen**
Barszcz	Rote-Rüben-Suppe

polnisch	deutsch
Flaki	Kuttelsuppe
Kapuśniak	Deftige Weiß- und Sauerkohlsuppe
Krupnik	Graupensuppe mit Fleischeinlage
Zupa Szczawiowa	Sauerampfersuppe
Zupa Pomidorowa	Tomatensuppe
Żurek	Saure Roggenmehlsuppe mit Wursteinlage und hartgekochten Eierhälften
Przekąska	**Vorspeisen**
Golonka w galarecie	Eisbein in Aspik
Nadziewane rolmopsy	Gefüllte Rollmöpse
Śledzie w occie po polsku	Eingelegte Heringe nach polnischer Art
Śledzie w śmietanie	Hering in Sahne
Szynka w galarecie	Schinken in Aspik
Drugie Danie	**Hauptgerichte**
Bigos	Sauerkraut, Weißkohl, Pflaumen und Fleisch zusammen gekocht
Dzik	Wildschwein
Golonka	Schweinshaxe, gekocht oder geschmort
Gołąbki	Kohlrouladen
Jeleń	Hirsch
Kaczka	Ente
Kotlet schabowy	Schweinekotelett
Kurczak	Hähnchen
Pieczeń wieprzowa	Schweinebraten
Pierogi	Piroggen (Teigtäschchen mit Gemüse-, Fleisch- oder süßer Füllung)
Rulada	Rindsroulade
Sarna	Reh
Szaszłyk	Fleischspieße
Szawarma	gegrilltes Hackfleisch
Ryba	**Fisch**
Dorsz	Dorsch
Gładzica	Scholle

polnisch	deutsch
Karp	Karpfen
Śledź	Hering
Łosoś	Lachs
Okoń	Barsch
Płotka	Plötze
Pstrąg	Forelle
Sandacz	Zander
Sieja/Sielawa	große/kleine Maräne
Szczupak	Hecht
Węgorz	Aal
Dodatki	**Beilagen**
frytki	Pommes Frites
Jarzyna	Gemüse
Kluski	Nudeln, Klöße
makaron	Nudeln
Ryż	Reis
Sałatka	Salat
Ziemniaki	Kartoffeln
Deser	**Nachtisch**
Lody	Eis
Makowiec	Mohnkuchen
Naleśniki	Pfannkuchen mit Obst oder Eis
Sernik	Käsekuchen
Szarlotka	Apfelkuchen
Napoje	**Getränke**
Herbata	Tee
Kawa	Kaffee
Piwo	Bier
Szampan	Sekt
Sok	Saft
Wino	Wein
Woda mineralna	Mineralwasser

Reisetipps von A bis Z

Autofahren

Das Straßennetz in Polen wird von Jahr zu Jahr besser, nach Krakau führt mittlerweile eine gut ausgebaute Autobahn. Es empfiehlt sich sehr, die zulässigen Höchstgeschwindigkeiten einzuhalten. Diese sind für PKW:
Innerhalb geschlossener Ortschaften: 50 km/h
Außerorts: 90 km/h
Schnellstraße: 100 km/h
Zweispurige Schnellstraße: 120 km/h
Autobahn: 140 km/h
Die Alkoholgrenze im Straßenverkehr liegt bei 0,2 Promille. Kraftfahrzeuge müssen das gesamte Jahr über mit Licht fahren.
Die Pannenhilfe des polnischen Motorverbandes PZM ist landesweit unter Tel. 981 zu erreichen, der Notruf des ADAC ist in Polen telefonisch unter 061/8319888 zu erreichen.

Ärztliche Versorgung

Die ärztliche Versorgung in den Städten und Ferienorten ist grundsätzlich gut. Selbst in kleineren Orten gibt es kleine medizinische Versorgungszentren, Krankenhäuser in allen größeren Städten.

Baden

Viele Orte in Kleinpolen verfügen über öffentlich zugängliche Bäder, so etwa die Kreisstädte Bochnia und Myślenice. Das mit Abstand größte und attraktivste Bad ist der in Krakau an der ul. Dobrego Pasterza 126 gelegene Park Wodny (Wasserpark). Weitere Informationen zu den Bädern finden sich in den Kapiteln und Infoteilen zu den jeweiligen Städten.

Behinderte

Viele öffentliche Gebäude, Hotels und Ferieneinrichtungen sind inzwischen behindertengerecht eingerichtet. Problematisch ist leider immer noch die Reise mit öffentlichen Verkehrsmitteln. Rollstuhlfahrer sollten sich daher für eine Anreise mit dem Pkw entscheiden. Weitere Informationen erhält man beim Verein Integracja in Warschau, ul. Andersa 13, 0048/22/5306570, www.integracja.org.

Bus/Minibus

Kleinpolen ist für sein ausgezeichnetes Bussystem bekannt. Kleinbusse, in Polen Minibusse genannt, fahren aus allen Städten in der Nähe von Krakau mehrmals täglich, nicht selten sogar mehrmals stündlich, nach Krakau. Daneben gibt es zahlreiche private Busunternehmer und das staatliche Beförderungsunternehmen PKS, die Krakau mit allen Orten in Kleinpolen verbinden. Mit Bussen und Minibussen kommt man für wenig Geld in nahezu alle Orte Kleinpolens, so dass man auch ohne Auto in der Region sehr mobil sein kann.

Diplomatische Vertretungen

Botschaft der Bundesrepublik Deutschland, ul. Dąbrowiecka 30, 03-932 Warschau, Tel. 0048/22/6173011-15, www.warschau.diplo.de.
Generalkonsulat der Bundesrepublik Deutschland, ul. Stolarska 7, 31-043 Kraków, Tel. 0048/12/4243000.
Botschaft der Republik Österreich, ul. Gagarina 34, 00-748 Warschau, Tel. 0048/22/8410081, www.ambasada austrii.pl.
Generalkonsulat der Republik Österreich, ul. Napoleona Cybulskiego 9, 31-123 Kraków, Tel. 0048/12/4249930.
Botschaft der Schweiz, al. Ujazdowskie 27, 00-540 Warschau, 0048/22/6280481, www.eda.admin.ch/warsaw.

Ein Konsulat der Schweiz gibt es in Krakau nicht.

Camping

In Polen gibt es viele Campingplätze. Leider können noch nicht alle mit den im Westeuropa geltenden Standards mithalten. Oft sind Abstriche bei den Sanitäreinrichtungen zu machen. Trotzdem ist seit Jahren eine kontinuierliche Verbesserung der Standards auf den Campingplätzen auch in der Region Małopolska zu verzeichnen. Empfehlenswerte Campingplätze werden in diesem Reiseführer bei den Unterkunftstipps zu den einzelnen Städten und Orten genannt.

Einkaufen

Ein Ladenschlussgesetz gibt es in Polen nicht. Supermärkte haben in Städten oft werktags von 6 bis 22 Uhr und an den Wochenenden, auch sonntags, bis 20 Uhr geöffnet. In Großstädten sorgen einige 24-Stunden-Shops für eine Rund-um-die-Uhr-Versorgung.

Einreisebestimmungen

Seit dem Beitritt Polens zur EU ist für die Einreise nur noch ein gültiger Personalausweis erforderlich.

Fahrradfahren

Auch wenn Radwege in Krakau verhältnismäßig selten sind, lässt sich die Stadt auch mit dem Fahrrad gut erkunden. In den südlicheren Gegenden der Region Kleinpolen ist Fahrradfahren hingegen nur etwas für Geübte: Je weiter man in den Süden fährt, desto gebirgiger wird die Landschaft. Hinzu kommt, dass das Radwegenetz in ganz Polen noch ausbaufähig ist und Fahrradfahrer oftmals von Autofahrern nicht als vollwertige Verkehrsteilnehmer betrachtet werden. Weil Radfahren im Vergleich zu Deutschland oder gar den Niederlanden weniger populär ist, ist im Falle einer Panne die Versorgungsdichte mit Ersatzteilen für hochwertige Fahrräder auch entsprechend geringer. Trotzdem sind einige der anspruchsvollen Bergstrecken durch die Natur Kleinpolens ein gutes Gelände für Mountainbikefans. Daneben gibt es in der Umgebung von Krakau interessante Radwanderstrecken. Einige dieser Touren werden in diesem Reiseführer vorgestellt. Weitere Informationen über Radwanderrouten in ganz Polen erteilt die polnische Touristikgesellschaft PTTK in Warschau, Tel. 0048/22/8262251, www.pttk.pl.

Geldautomaten

Geldautomaten findet man inzwischen in jeder Kleinstadt der Region. In der Krakauer Innenstadt gibt es zahlreiche Geldautomaten am Marktplatz, am Bahnhof, in der ul. Floriańska und anderswo. Mit Kreditkarten und deutschen EC-Karten kann man in der Regel problemlos Geld abheben.

Golf

Der Golfsport erfreut sich in Polen steigender Popularität, auch wenn das Netz der Golfplätze noch recht große Maschen hat. Ein kleinerer Golfplatz befindet sich in Niepołomice. Der wohl größte der Region Kleinpolen, der Kraków Valley Golf & Country Club, befindet sich in der etwa 20 Kilometer westlich von Krakau gelegenen Stadt Krzeszowice. Der 18-Loch-Platz mit einer Gesamtlänge von 6518 Metern wurde vom US-amerikanischen Architekten Ronald Fream entworfen. Eine Golfschule, eine Schießsportanlage, ein Reitstall und ein Hotel gehören zur Anlage. Anschrift: Kraków Valley & Country Club, Paczółtowice, 32-063 Krzeszowice 3, Tel. 0048/12/2586500. Weitere Informationen im Internet unter www.krakow-valley.com.

Grenzübergänge

Zwischen Polen und Deutschland existieren folgende Grenzübergänge:

Linken–Lubieszyn (Personen- und Güterverkehr)

Pommellen–Kołbaskowo (Autobahn, Personen- und Güterverkehr)

Rosow–Rosówek (nur Personenverkehr)

Schwedt–Krajnik Dolny (Personen- und Güterverkehr)

Hohenwutzen–Osinów Dolny (keine Lkw, keine Reisebusse)

Kietz–Kostrzyn (Personen- und Güterverkehr)

Frankfurt/O.–Słubice (keine Lkw, keine Reisebusse)

Frankfurt/O.–Świecko (Personen- und Güterverkehr)

Guben–Gubin (Personen- und Güterverkehr)

Forst–Olszyna (Autobahn, Personen und Güterverkehr)

Bad Muskau–Łęknica (nur Personenverkehr)

Podrosche–Przewóz (Personenverkehr, keine Reisebusse)

Ludwigsdorf–Jędrzychowice (Personen- und Güterverkehr)

Görlitz–Zgorzelec (nur Personenverkehr)

Zittau (Chopinstraße)–Sieniawka (Personen- und Güterverkehr bis 7,5 t)

Zittau (Friedenstraße)–Porajów (Personenverkehr, keine Reisebusse)

Handkuss

Gelegentlich treffen Frauen in Polen noch auf Vertreter der Alten Schule. Gerade bei älteren Herren ist die nach außen dargestellte besondere Achtung gegenüber Frauen noch verbreitet. Frau sollte sich also nicht wundern, wenn ihr zur Begrüßung die Hand geküsst und im Geschäft die Tür aufgehalten wird. Einem ungeübten Ausländer kann die Manier, einer polnischen Dame zur Begrüßung die Hand zu küssen, indessen nicht empfohlen werden. Die Gefahr, dass der richtigerweise nur oberflächliche Handkuss zu einem für die Dame unangenehmen und für den Herren peinlichen Erlebnis wird, ist nicht gering. Dem ungeübten Ausländer empfiehlt sich daher die Begrüßung einer Dame per Handschlag. Wer jedoch als Mann einer Dame in Geschäften, Behörden und auch im Haus nicht die Tür aufhält und ihr nicht den Vortritt gewährt oder sie aber beim Essen nicht als erste bedient, kann in Polen leicht als ungehobelter Klotz angesehen werden.

Informationsstellen

In vielen Orten Kleinpolens gibt es Touristeninformationsstellen, deren Mitarbeiter meist auch Englisch und/oder Deutsch sprechen. Diese Stellen sind in diesem Reiseführer jeweils in den Informationsrubriken der vorgestellten Städte und Orte zu finden. Eine kompetente Adresse in Deutschland und gute Anlaufstelle vor Reisebeginn sind:

Polnisches Fremdenverkehrsamt, Kurfürstendamm 71, 10709 Berlin, Tel. 030/2100920, www.polen-info.de.

Polnisches Fremdenverkehrsamt, Fleschgasse 34/2a, 1130 Wien, Tel. 01/524-7191.

Internet

Das Internet ist auch in Polen lange schon ein selbstverständliches Informationsmedium. Viele Hotels und Museen und nahezu alle Touristeninformationsstellen sind inzwischen im Internet vertreten. Großen Zulauf hatten in den vergangenen Jahren auch die Internetcafés erfahren. In der jüngsten Zeit werden sie hingegen von den Hausanschlüssen verdrängt. Trotzdem gibt es sowohl in Krakau als auch in kleinen Städten vielfach öffentlichen Zugang zum Internet. Wer ein Internetcafé sucht, sollte nach einem Schild mit der Aufschrift ›Kawiarnia Internetowa‹ oder einfach nur nach ›Internet‹ Ausschau halten.

Kartenspiele

Während ein geselliges Skat- oder Doppelkopfspiel in deutschen Kneipen nicht als verwerflich angesehen wird, ist öffentliches Kartenspielen in Polen verpönt. In Kneipen, Restaurants und Zugrestaurants empfiehlt es sich daher, das Kartenspiel in der Tasche zu lassen, wenn man nicht einen schiefen Blick des Wirts oder gar einen höflichen, aber direkten Hinweis auf den Ausgang des Lokals erhalten möchte.

Kino

Kinofilme werden in Polen in ihrer Originalsprache mit polnischen Untertiteln gezeigt. Somit kann auch, wer nicht der polnischen Sprache mächtig ist, in den vollen Kinogenuss kommen, sofern er die Originalsprache, in der Regel Englisch, versteht. Lediglich Kinderfilme werden stets in polnischer Sprache gezeigt.

Kreditkarten

In den Geschäften der Innenstädte der Großstädte, gerade auch in Krakau, können größere Einkäufe nahezu ausnahmslos auch mit Kreditkarte bezahlt werden. Ebenso wird die EC-Karte weitgehend akzeptiert. Auch in kleineren Städten ist der bargeldlose Zahlungsverkehr inzwischen verbreitet.

Maut

Zwar gibt es in Polen keine generelle Maut, doch sind weite Teile des polnischen Autobahnnetzes gebührenpflichtig. So sind von Cottbus bzw. Dresden aus kommend auf der A4 für die Abschnitte zwischen Wrocław (Breslau) und Katowice sowie zwischen Katowice und Krakau an verschiedenen Stationen insgesamt etwa 34,20 zł (Stand Ende 2014) für einen Pkw zu zahlen. Es kann auch mit Euro bezahlt werden, allerdings zu einem etwas schlechteren als dem tagesüblichen Kurs (s. S. 127).

Notruf

Landesweit einheitlich:
Polizei: 997 oder 112.
Feuerwehr: 998 oder 112.
Rettungsdienst: 999 oder 112.

Öffnungszeiten

Ein Ladenschlussgesetz gibt es in Polen nicht. Das macht sich an einigen 24-Stunden-Geschäften sowie besonders an den Sonntagen bemerkbar. Sonntags dürfen Geschäfte grundsätzlich öffnen, nur an gesetzlichen Feiertagen haben die Türen der Einzelhandelsgeschäfte geschlossen zu bleiben.

Post

In jeder polnischen Stadt ist die Post mit einer Anlaufstelle vertreten. Zudem gibt es natürlich auch auf dem Land überall Briefkästen. Sie sind rot.

Postleitzahlen

Kleinstädte in Polen haben in aller Regel nur eine Postleitzahl. In Großstädten wie Krakau variieren die Postleitzahlen von Bezirk zu Bezirk.

Reiseveranstalter

Dreizack Reisen, Graunstr. 36, 13355 Berlin, Tel. 030/46777146, www.dreizackreisen.de.
Ex Oriente Lux Reisen GmbH, Brachvogelstraße 1, 10961 Berlin, Tel. 030/39603871, Fax 39603879, www.eol-reisen.de.
Go East Reisen, Bahrenfelder Chaussee 53, 22761 Hamburg, Tel. 040/896909-0, Fax 894940, www.go-east.de, info@go-east.de.
in naTOURa Natur- und Erlebnisreisen,

Reisetipps A bis Z

Zum Gallbühl 32, 37079 Göttingen, Tel. 0551/5046571, Fax 5046924, www. innatoura-polen.de, info@innatoura-polen.de.

Intercontact Gesellschaft für Studien- und Begegnungsreisen mbH, In der Wässerscheid 49, 53424 Remagen, Tel. 02642/2009-0, Fax 2009890, www.ic-gruppenreisen.de.

Ost Reise Service, Postfach 144033, 33634 Bielefeld, Tel. 0521/4173333, Fax 4173344, www.ostreisen.de.

Perelingua Sprachreisen, Varziner Str. 5, 12159 Berlin, Tel. 030/8518001, Fax 8516983, www.perelingua.de, info@perelingua.de.

StattReisen Berlin e.V., Malplaquetstraße 5, 13347 Berlin, Tel. 030/4553028, 45803947, Fax 45800003, www.statt reisenberlin.de, info@stattreisenberlin.de.

Studiosus Reisen München GmbH, Riesstraße 25, 80992 München, Tel. 089/50060-0, Fax 5006010, www.stu diosus.com, info@studiosus.com.

Ventus Reisen GmbH. Spezialist für Gruppen- und Individualreisen, Krefelder Str. 8, 10555 Berlin, Tel. 030/39100332-333, Fax 3995587, www.ventus.com, office@ventus.com.

Wikinger Reisen, Kölner Str. 20, 58135 Hagen, Tel. 02331/9046, Fax 904704, www.wikinger.de, mail@wikinger.de.

Wer die individuelle Anreise nach Krakau vorzieht, kann dort auf die örtlichen Anbieter, die auch deutschsprachige Touren in das Umland anbieten, zurückgreifen. Zu nennen sind hier insbesondere:

Bird service, Sw. Krzyza 17, 31-023 Kraków 1, Tel. 0048/12/2921460, www.bird.pl.

Marco der Pole – Studienreisen nach Mittelosteuropa, ul. Kanonicza 15, 31-002 Kraków, Tel. 0048/12/4302117, Fax 4302131, www.marcoderpole.com.pl.

Strom

Die Netzspannung beträgt 220 Volt, die Steckdosen entsprechen der Euro-Norm; kein Adapter erforderlich.

Tankstellen

Mit Tankstellen ist Kleinpolen gut versorgt. Die Benzinpreise sind rund 10 Prozent niedriger als in Deutschland. Bemerkenswert ist auch das im Vergleich zu Deutschland sehr gut ausgebaute Netz an Tankstellen mit LPG-Gas-Angebot. An den Zapfsäulen in Polen werden die unterschiedlichen Benzinsorten nach ihrer Oktanzahl benannt.

Taxi

Taxifahren ist in Polen verhältnismäßig billig, auch wenn die Tarife lokal deutlich differieren. Die Radio-Taxis (Funktaxis), deren Visitenkarten in vielen Hotels und Restaurants ausliegen, sind in aller Regel seriöse Unternehmen. Bei weiteren Strecken ist dennoch eine Preisvereinbarung vor Fahrtantritt zu empfehlen.

Telefon

Das Mobilfunknetz funktioniert in Polen nahezu lückenlos. Selbst im Hochgebirge, zum Beispiel auf dem Kasprowy Wierch bei Zakopane, sollte das Handy funktionieren.

Die Telefonvorwahl vom Ausland nach Polen ist 0048. Die innerpolnischen Vorwahlen für die einzelnen Städte werden in diesem Reiseführer jeweils in den Infokästen angegeben. Die Vorwahl nach Deutschland ist 0049, nach Österreich 0043 und die Schweiz 0041.

Zu beachten ist aber, dass aufgrund einer Systemumstellung bei innerpolnischen Gesprächen nun in jedem Falle die jeweilige Ortsvorwahl zu wählen ist, auch wenn man sich in dem Ort des Zieltelefons befindet. Wer also von einem Krakauer Festnetztelefon aus ein anderes Festnetztelefon in Krakau anrufen möchte, muss auch zunächst die Vorwahl 012 wählen.

Toiletten

Öffentliche Toiletten erkennt man entweder an der Aufschrift ›Damski‹ (Damen) und ›Męski‹ (Herren) oder an einem Kreis (für die Damen) und einem Dreieck (für die Herren). Die zentralste öffentliche Toilette in Krakau befindet sich am Marktplatz in den Tuchhallen, direkt gegenüber der Marienkirche.

Trinkgeld

Fünf bis zehn Prozent Trinkgeld sind auch in polnischen Restaurants und Gaststätten üblich.

Unterkunft

Unterkünfte werden in diesem Reiseführer in den Inforubriken zu den jeweiligen Städten angegeben. Bei den Übernachtungspreisen besteht ein enormes Stadt-Land-Gefälle. Während sich die Preise für Hotelübernachtungen in Krakau nicht mehr von Hotels in österreichischen, deutschen und schweizerischen Großstädten und Touristenorten unterscheiden, besteht weiter südlich die Möglichkeit, bei nicht immer niedrigerem Standard für deutlich weniger Geld Urlaub zu machen. Informationen zu einem sich in Polen immer größerer Beliebtheit erfreuenden Urlaub auf dem Lande erhält man im Internet unter www.agro turystyka.pl.

Wandern

Zum Wandern eignet sich die Region Kleinpolen ausgezeichnet. Auf zahlreichen Pfaden können sich Wanderfreunde von den Schönheiten der Natur überzeugen. Einige der Wege sind in diesem Reiseführer beschrieben, nämlich in den Kapiteln über Zakopane und den Ojców-Nationalpark.

Wintersport

Kleinpolen mit seiner Winterhauptstadt Zakopane ist das Zentrum des polnischen Wintersports. Auch auf größere Anstürme von Skifahrern ist man in den Wintersporthochburgen bestens vorbereitet. Nicht auf allen Pisten werden Profis ausreichend herausgefordert. Ein- bis zweimal jährlich in den Skiurlaub fahrende Hobbyabfahrtsläufer kommen aber in jedem Fall auf ihre Kosten. Wintersportausrüstungen wie Skier und Schlittschuhe können überall in den Touristenzentren in der Hohen Tatra ausgeliehen werden. Oft befinden sich diese Einrichtungen direkt an den Skiliften.

Zeit

Es gilt wie in Deutschland die mitteleuropäische Zeit (MEZ) mit Umstellung von Sommer- auf Winterzeit.

Zeitungen

Polnische Zeitungen sind selbstverständlich an jedem Kiosk zu bekommen. Deutsche, österreichische und schweizerische Tages- und Wochenzeitungen kann man im Krakauer Hauptbahnhof, am Flughafen Balice und in größeren Hotels sowie in den Buchhandlungen der Kette Empik kaufen, zum Beispiel in den großen Einkaufszentren wie der Galeria Krakowska am Hauptbahnhof.

Die Bibliothek des Goethe-Instituts in Krakau verfügt ebenfalls über ein gutes Angebot deutscher Tageszeitungen. **Goethe-Institut,** Rynek Główny 20, Tel. 4225829; Öffnungszeiten der Bibliothek Mo und Mi 12–16, Di und Fr 14–18 Uhr.

Zoll

Seit dem 1. Mai 2004 ist Polen Mitglied der Europäischen Union und damit des

Binnenmarktes und auch des Schengener Abkommens. Die früheren Kontrollen an der Grenze zu Polen sind damit entfallen. Für Waren des privaten Gebrauchs sind bei der Einfuhr aus EU-Mitgliedsstaaten nach Deutschland allerdings sogenannte Richtmengen zu beachten. Die genauen und aktuell geltenden Einfuhrbeschränkungen für die Rückkehr nach Deutschland und Österreich sind unter www.zoll.de bzw. unter www.bmf.gv.at/zoll abzurufen.

Literaturhinweise

Basiura, Ewa/Zarzycki, Krzysztof, Legenden aus dem Alten Krakau, Krakau 1995.
Brix, Emil (Hg.), Europa erlesen. Krakau, Klagenfurt 2002.
Dedecius, Karl, Panorama der polnischen Literatur des 20. Jahrhunderts. Abt.V. Panorama. Ein Rundblick, Zürich 2000.
Dübell, Richard, Der Sohn des Tuchhändlers. Historischer Roman, Köln 2008.
Dziwisz, Stanisław, Mein Leben mit dem Papst: Johannes Paul II. wie er wirklich war, Leipzig 2007.
Haidinger, Martin, Österreichs heimliche Hauptstädte. Flair und Mythos der bedeutenden k. u. k. Metropolen, Wien 2014.
Huelle, Paweł, Mercedes-Benz, München 2005.
Kerski, Basil/Eberwien, Wolf-Dieter, Die deutsch-polnischen Beziehungen 1949–2000. Eine Wert- und Interessengemeinschaft? Opladen 2001.
Kijowska, Marta, Krakau. Spaziergang durch eine Dichterstadt, München 2005.
Kijowska, Marta, Polen, das heißt nirgendwo. Ein Streifzug durch Polens literarische Landschaften, München 2007.
Krzemiński, Adam, Polen im 20. Jahrhundert. Ein historischer Essay, München 3. Aufl. 2012.
Löw, Andrea/Roth, Markus, Juden in Krakau unter deutscher Besatzung 1939–1945, Göttingen 2011.

Möller, Steffen, Viva Polonia: Als deutscher Gastarbeiter in Polen, 2. Auflage, Frankfurt 2009.
Pankiewicz, Tadeusz, Die Apotheke im Krakauer Ghetto, München 1995.
Różewicz, Tadeusz, Zweite ernste Verwarnung, München 2000.
Seltmann, Uwe von, Todleben. Eine deutsch-polnische Suche nach der Vergangenheit, München 2012.
Szczypiorski, Andrzej, Die schöne Frau Seidenmann, Zürich 1991 (auch als Taschenbuchausgabe erhältlich).
Szymborska, Wisława, Auf Wiedersehen, Bis morgen. Gedichte, Frankfurt a.M. 1998.
Veillères, Claire, Wir leben in Polen, München 2010. Ein Buch für Kinder.
Weigel, George, Zeuge der Hoffnung. Johannes Paul II. Eine Biographie, Paderborn 2011.

Karten

Zu Krakau und Kleinpolen sind mehrere aktuelle Karten im deutschsprachigen Buchhandel erhältlich, kostenlose Stadtpläne gibt es im Krakauer Touristenbüro. Durchgängig zweisprachig – deutsch und polnisch – beschriftete Karten gibt der Höfer Verlag heraus: www.höferverlag.de

Kraukau und Kleinpolen im Internet

www.polen.travel Internetseite des Polnischen Fremdenverkehrsamts in Deutschland.

www.krakow.pl Internetseite der Stadt Krakau.

www.krakau.travel Deutschsprachige Internetseite mit vielen touristischen Informationen, herausgegeben vom Festival- und Verstaltungsbüro der Stadt Krakau.

www.mpk.krakow.pl Internetseite der Krakauer Verkehrsbetriebe mit Fahrplaninformationen zum Öffentlichen Nahverkehr, auch auf Deutsch.

www.lotnisko-balice.pl Seite des Krakauer Flughafens.

www.pkp.pl, Die Polnische Staatsbahn im Internet.

www.autostrada-a4.pl Internetseite der Betreiberfirma des mautpflichtigen Autobahnabschnitts zwischen Katowice und Krakau, mit Informationen von Preisen für die Durchfahrt bis hin zum Wetter.

www.gddika.gov.pl Seite der Staatlichen Generaldirektion der Landesstraßen und Autobahnen mit vielen Informationen über Baustellen, Mautgebühren u.v.m., leider ausschließlich auf Polnisch.

www.polhotels.com und **www.hotele. pl** Verlässliche Buchungsportale für Unterkünfte.

www.polen.diplo.de Portal der deutschen Vertretungen in Polen.

www.polska.gov.pl Offizielles Förderportal der Republik Polen.

www.goethe.de/ins/pl/kra Das Krakauer Goethe-Institut im Internet.

www.krakow.oei.org.pl Seiten des Österreich Instituts in Krakau.

Die Autoren

Joanna Walas-Klute wurde 1975 in Myślenice geboren und wuchs in Dobczyce auf. Nach dem Abitur studierte sie Kunst und Pädagogik an der Pädagogischen Akademie Krakau, lernte an der Linguistischen Fakultät der Universität Bielefeld Deutsch und absolvierte nach dem Abschluss des Kunst- und Pädagogikstudiums im Rahmen eines DAAD-Stipendiums ein Ergänzungsstudium an der Hochschule für Bildende Künste Braunschweig. Heute lebt Joanna Walas-Klute, die den Kontakt zu ihrer Heimat Małopolska weiterhin intensiv hält, im westfälischen Versmold und arbeitet am dortigen Gymnasium des Christlichen Jugenddorfwerks Deutschlands (CJD) als Kunstlehrerin.

Thorsten Klute wurde 1974 im westfälischen Versmold geboren. Er studierte Jura an der Universität Bielefeld, lernte Polnisch in Krakau und absolvierte in Dresden einen Aufbaustudiengang zur Osterweiterung der Europäischen Union. Thorsten Klute arbeitete nach dem Referendariat zunächst als Rechtsanwalt, bevor er im Jahr 2004 zum Bürgermeister von Versmold gewählt wurde. Ende 2013 wechselte er als Staatssekretär für Integration in die nordrhein-westfälische Landesregierung.

Anhang

Bildnachweis

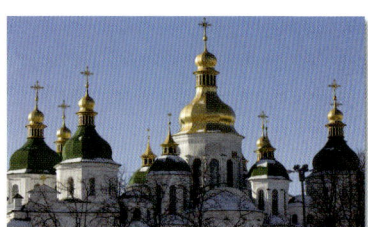

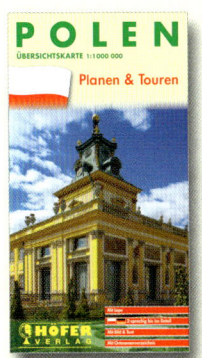

384 Seiten
Euro 16.95 (D)/ 17.50 (A)
ISBN 978-3-89794-242-4

WIEN

Wien ist nach dem Fall des Eisernen Vorhangs zurück in das Zentrum des europäischen Kontinents gerückt. In einem Tempo, das noch immer als gemütlich bezeichnet werden kann, wird die traditionsreiche City an der Donau wieder zur Drehscheibe zwischen Ost und West.

Dieser Stadtführer will Lust auf jene Seiten Wiens machen, die in herkömmlichen Reiseführern nicht oder nur am Rande zu finden sind. Angeboten werden zwölf eindrucksvolle Touren durch die Stadt, dazu fundierte Hintergrundinformationen, Essays sowie Extra-Texte von ausgewählten JournalistInnen zu Geschichte und Gegenwart, Kunst und Kultur, Essen und Trinken und vor allem zum Wiener Lebensgefühl.

480 Seiten
Euro 16.95 (D)/ 17.50 (A)
ISBN 978-3-89794-269-1

BERLIN

Berlin ist zweifellos eine der interessantesten Städte der Welt: Sehenswürdigkeiten, Kultureinrichtungen, ein buntes Nachtleben und der Charme des Unfertigen ziehen jedes Jahr Millionen Besucher an.

Die Autoren dieses Buches stellen nicht nur alle wichtigen Sehenswürdigkeiten ausführlich vor, sondern begeben sich auch auf die Suche nach dem Lebensgefühl einer Metropole, in der Menschen aus unzähligen Nationen zusammenleben. In zahlreichen Gastbeiträgen werfen Berliner Journalisten mal kritische, mal erstaunte und mal verliebte Blicke auf ihre Stadt. Eine Stadt, die den ständigen Wandel zum Lebensprinzip erhoben hat und sich dennoch abseits des Hauptstadt-Trubels erstaunliche Refugien und Idyllen bewahren konnte.

www.trescher-verlag.de

Trescher Verlag

POLEN ENTDECKEN
mit den Reiseführern aus dem Trescher Verlag

MEHR WISSEN.
BESSER REISEN.

MEHR WISSEN.
BESSER REISEN.

Reiseführer aus dem
Trescher Verlag

POTSDAM
240 Seiten
Euro 12.95 (D)/13.40 (A)
ISBN 978-3-89794-272-1

OSTSEEKÜSTE
MECKLENBURG- VORPOMMERN
300 Seiten
Euro 14.95 (D)/15.40 (A)
ISBN 978-3-89794-273-8

ALLGÄU
312 Seiten
Euro 14.95 (D)/15.40 (A)
ISBN 978-3-89794-217-2

BAYERISCHER WALD
264 Seiten
Euro 14.95 (D)/15.40 (A)
ISBN 978-3-89794-248-6

LAUSITZ
324 Seiten
16.95 (D)/17.50 (A)
ISBN 978-3-89794-238-7

SACHSEN
444 Seiten
Euro 16.95 (D)/17.40 (A)
ISBN 978-3-89794-319-3

DRESDEN
288 Seiten
Euro 12.95 (D)/13.40 (A)
ISBN 978-3-89794-214-1

BRESLAU
350 Seiten
Euro 14.95 (D)/15.40 (A)
ISBN 978-3-89794-256-1

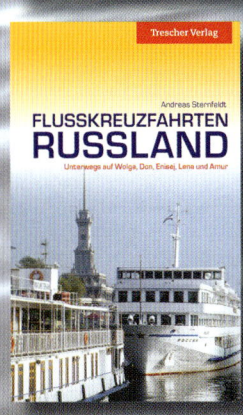

Kartenlegende

⛴	Autofähre	🅿	Parken
🚉	Bahnhof	✉	Post
S	Bank	✕	Restaurant
🍸	Bar	⛿	Ruine/Ausgrabungsstätte
⚓	Brunnen	★	Sehenswürdigkeit
🏰	Burg/Festung	★	Sehenswürdigkeit
🏰	Burgruine	🚠	Seilbahn
🚌	Busbahnhof	🏖	Strand
☕	Café	✡	Synagoge
⛺	Campingplatz	🎭	Theater
🗼	Denkmal	🚪	Tor
⛪	Dorfkirche	ℹ	Touristeninformation
⛴	Fähre	🗼	Turm
✈	Flughafen	🦁	Zoo
⚓	Hafen		
⛰	Höhle		
🏨	Hotel		Autobahn
@	Internetcafé		Schnellstraße
🎬	Kino		Hauptstraße
⛪	Kirche		sonstige Straßen
⛪	Kloster	E 65	Europastraße
⛪	Klosterruine	A 65	Autobahn
✚	Krankenhaus	243	Bundesstraße
🗼	Leuchtturm		Eisenbahn
🛒	Markt	⊖	Grenzübergang
🏛	Museum		Staatsgrenze
🦉	Naturschutzgebiet		Hauptstadt
♫	Oper	●	Stadt/Ortschaft

Kartenregister